Krista & Johannes Gerloff

Der Alltag fängt am Sonntag an

Ein Erlebnismosaik aus dem jüdischen Land

hänssler

Krista und Johannes Gerloff leben seit 1994 in Israel und haben mittlerweile fünf Kinder. Krista ist hauptberuflich Familienmanagerin und schreibt immer wieder Artikel über ihr Erleben in Israel. Johannes arbeitet als Nahost-Korrespondent des Christlichen Medienverbundes KEP. Ihre Artikel werden bei der Nachrichtenagentur **www.israelnetz.com** veröffentlicht.

2. Auflage 2006
Hänssler-Paperback
Bestell-Nr. 394.332
ISBN 3-7751-4332-7

Internet: www.haenssler.de
E-Mail: info@haenssler.de
Umschlaggestaltung: Arne Claußen
Titelfotos und Fotos im Innenteil: Johannes Gerloff
Satz: Vaihinger Satz + Druck, Vaihingen/Enz
Druck und Bindung: Ebner & Spiegel, Ulm
Printed in Germany

ecpa International Member of the Evangelical Christian Publishers Association

Inhalt

Inhalt

Einleitung

Wo du hingehst, da will ich auch hingehen; wo du bleibst, da bleibe ich auch. Dein Volk ist mein Volk, und dein Gott ist mein Gott. Wo du stirbst, da sterbe ich auch, da will ich auch begraben werden. Der Herr tue mir dies und das, nur der Tod wird mich und dich scheiden. (Rut 1,16-17)

Im Juli 1988 haben wir uns diese Worte aus dem Buch Rut erstmals zugesprochen, in der Prager Nikolauskirche am Altstädter Ring, in einer sehr persönlichen Weise, als Hochzeitsversprechen, wie es in der tschechoslowakisch-hussitischen Kirche üblich ist. Im Laufe der letzten zehn Jahre hat das Gelübde der Rut gegenüber ihrer Schwiegermutter Naomi aber eine wörtlichere Dimension für uns bekommen. Unser Leben wurde mehr und mehr mit dem des Volkes Israel verflochten.

Wir sind im April 1994 nach Jerusalem gekommen, mitten hinein in die Umsetzung der Verträge von Oslo, die Welle der Selbstmordattentate, die heftigen Diskussionen und Demonstrationen und dann den Krieg, der heute als Al-Aksa-Intifada weltweit Prominenz errungen hat. Als Familie haben wir diese Zeit aus der Sicht Israels erlebt und beschreiben sie in diesem Buch auch aus dieser Sicht.

Wenn jemand denselben Zeitraum nur wenige Kilometer von uns entfernt mit den Palästinensern erlebt hat, wird er ganz andere Eindrücke gewonnen haben. Das ist legitim. Wir erheben nicht den Anspruch einer umfassenden Analyse des Lebens im Staat Israel. Wer dieselbe Zeit als Jude in Tel Aviv oder als Christ in der Jerusalemer Altstadt oder als Druse in Galiläa erlebt hat, wird ganz anderes zu erzählen wissen.

Einer der großen und vielleicht entscheidenden Unterschiede zu unserem »alten Leben« in Europa ist, dass ein Leben mit Israel vom Kalender des jüdischen Volkes geprägt ist. Der Ruhetag ist hier nicht der Sonntag, sondern der Sabbat, an dem wir auch in den Gottesdienst gehen. Der Sonntag ist der erste Tag der Woche, ein ganz normaler Arbeitstag, an dem die Kinder in den Kindergarten und zur Schule gehen.

Und das Jahr beginnt in Israel auch nur bedingt am 1. Januar. In unserem Erfahrungsbereich mit traditionell oder orthodox geprägten jüdischen Menschen beginnt das Jahr im September oder Oktober mit dem jüdischen Neujahrsfest. Deshalb nehmen wir Sie auch mit hinein in einen Gang durch das jüdische Jahr, erklären jüdische Feste und welche Bedeutung sie für uns als Christen gewonnen haben.

Im Psalm 23 übersetzte Martin Luther: »Er führet mich auf rechter Straße um seines Namens willen«. Wörtlich steht da im Hebräischen: »Er führet mich in Kreisen der Gerechtigkeit …« Diese »Kreise der Gerechtigkeit« entsprechen viel mehr dem Lebensgefühl eines Menschen, der im Wochenzyklus von Sabbat zu Sabbat lebt, und in einem Jahreskreis, der durch die jüdischen Feste bestimmt ist.

Die Worte der Moabiterin Rut, der Urgroßmutter des Königs David, werden in der rabbinischen Literatur als Paradebeispiel für die Konversion eines Heiden zum Judentum gedeutet. Und wir werden immer wieder gefragt, ob das nicht auch unser Weg sei. Aber mit dem Bekenntnis zum Gott Israels und dem Anerkennen seines besonderen Weges mit dem jüdischen Volk ist nicht notwendigerweise eine Konversion zum Judentum verbunden. Das wird schon im alttestamentlichen Buch Rut deutlich.

Insgesamt sechs Mal wird Rut als »Moabiterin« bezeichnet und das ausschließlich, nachdem sie erklärt hat, dass ihr Lebensweg unlösbar mit dem ihrer israelitischen Schwiegermutter verbunden ist. Damit widerspricht das Buch Rut der rabbinischen Lehre, dass man einen Konvertiten nicht an seine Herkunft erinnern darf. Vielleicht unterstreicht es aber auch nur die Tatsache, dass das Entscheidende unserer Identität nicht unsere Entscheidung, sondern die Wahl Gottes ist.

In keinem Land begegnet man so vielen Menschen, die auf der Suche nach ihrer Identität sind. Seit seinen Anfängen bemüht sich das Volk Gottes, so zu sein wie alle anderen Völker – und unzählige Nichtjuden suchen sich und der Welt mit aller Gewalt zu beweisen, dass sie eigentlich zu Israel gehören.

Vielleicht als Antwort auf diese unendliche Sehnsucht, immer sein zu wollen, was man nicht ist, hat die jüdische Tradition im

Morgengebet der Synagoge ein Gebet verordnet, das vielen negativ aufstößt. Jeden Morgen beten orthodoxe Juden: »Gelobt seist du, Herr, unser Gott, König der Welt, dass du mich nicht als Heiden geschaffen hast!« Anstatt dem Judentum Rassismus oder Chauvinismus vorzuwerfen, sollten wir Nichtjuden vielleicht beten lernen: »Gelobt seist du, Herr, unser Gott, König der Welt, dass du mich nicht als Juden geschaffen hast!«

Der Reichtum, den der Schöpfer der Welt uns in den sozialen, ethnischen und geschlechtlichen Unterschieden geschenkt hat, werden wir erst entdecken, wenn wir ein uneingeschränktes Ja dazu finden. Der Dank dafür, »dass du mich nicht als Juden geschaffen hast«, schließt nicht aus, dass ich mich darüber freue, darüber staune und dafür dankbar bin, dass er meinen Freund und Nächsten als Juden geschaffen hat. In diesem Sinne sind wir als deutsch-tschechische oder tschechisch-deutsche Familie mit Israel auf dem Weg, um zu entdecken, was Gott durch sein Volk der Welt geschenkt hat.

Krista und Johannes Gerloff
im Oktober 2005/Rosch HaSchanah 5766

Der Anfang

Die auf den Herrn harren, kriegen neue Kraft, dass sie auffahren mit Flügeln wie Adler, dass sie laufen und nicht matt werden, dass sie wandeln und nicht müde werden.
(Jesaja 40,31)

»Tröstet, tröstet mein Volk« (Jesaja 40,1) ist das Motto der Internationalen Christlichen Botschaft Jerusalem, auf deren Bitte hin wir nach Jerusalem kamen. Voll guter Vorsätze hatten wir uns vom Odenwald und unserer gemütlichen Wohnung zwischen Wiesen und Wäldern verabschiedet. Der gesamte Hausrat war bei Freunden und Verwandten untergestellt, bevor wir uns mit zwei Koffern, zwei Rucksäcken und zwei kleinen Kindern auf den Weg nach Jerusalem machten.

Anfangs waren wir in der Wohnung eines älteren Ehepaares untergebracht, das gerade außer Landes war, in Gilo, ganz im Süden von Jerusalem. Natürlich fanden wir dort nichts, was sonst in einem Haushalt mit kleinen Kindern selbstverständlich ist, wie beispielsweise einen Hochstuhl oder ein Kinderbett. Beim Blick aus dem Fenster sahen wir statt der weidenden Pferde und Schafe jetzt rasende Autos, anstelle des grünen Waldes steiniges Gelände, bewachsen mit Dornen und Disteln.

Am ersten Morgen im Verheißenen Land weint unser Ältester, damals gerade drei Jahre alt: »Ich will nach Hause!« Ich lasse mir nichts anmerken. Aber innerlich weine ich auch. Mir fehlt, was man gemeinhin »Pioniergeist« nennt. Unsere einjährige Tochter versteht nicht viel von alledem.

Nur langsam gewöhnen wir uns an die schrillen Autoalarme, das ständige Hupen und auch an die riesigen Kakerlaken, die man in Tschechien »Schwaben« und im Schwabenland »Russen« nennt. Bei einem Spaziergang überrascht uns der »Chamsin«, ein trockener, heißer Wüstenwind, der alles in Sandstaub hüllt. Wir kehren nach Hause zurück, mit Augen und Nasen voller Sand. »Das Gras verdorrt, die Blume verwelkt; denn des Herrn Odem bläst darein. Ja, Gras ist das Volk« (Jesaja 40,7). Wie soll ich, die ich jeden Abend weine, jemanden trösten?

Weil ich nicht einschlafen kann, laufe ich in der Nacht durch die Wohnung. Mein Blick fällt auf das Losungsbüchlein der Brüderunität. Da steht für den heutigen Tag: »Siehe, der Herr lässt es hören bis an die Enden der Erde: Saget der Tochter Zion: Siehe, dein Heil kommt!« (Jesaja 62,11). Mir wird klar, dass wir nicht einfach die Koffer packen können. Gott möchte uns hier haben und er hat einen Auftrag für uns.

Die »Tochter Zion« tut derweil alles, um uns davon abzubringen. In der Nachbarswohnung setzt jeden Abend um 23 Uhr laute Musik ein. Alles Klingeln und Klopfen hilft nichts.

Dann bekomme ich einen Anruf von der Telefongesellschaft. Die Dame am Apparat möchte mit dem Wohnungsbesitzer sprechen. Mit Mühe stammle ich meinen ersten Satz auf Hebräisch: »Ani Lo Medaberet Ivrit – Ich spreche kein Hebräisch.« Dann bemühe ich mich, ihr auf Englisch zu erklären, dass der Besitzer nicht hier wohnt. »Sie können nicht nur kein Hebräisch, nicht einmal Englisch sprechen Sie!«, ertönt es aus dem Hörer.

»Herr Jesus«, flehe ich im Gebet, »wenn du wirklich von diesem Volk abstammst, dann habe ich mir nur eine Vorstellung von dir gemacht. Vielleicht kenne ich dich gar nicht?! Auch unser Geschmack, mein Gott, scheint sich ganz wesentlich zu unterscheiden: Ich liebe Wälder und Wiesen und im Sommer den erfrischenden Regen. Du scheinst Trockenheit, Steine, Disteln und die Wüste zu lieben. Bitte, gib mir deine Liebe zu diesem Volk und Land!«

»Du hast Recht, am Anfang des Kapitels Jesaja 40 steht: ›In der Wüste bereitet dem Herrn den Weg …‹ Mir war aber nicht klar, dass es hier so heiß ist und so viele Steine gibt. Zum Glück versprichst du zum Schluss des Kapitels ›dem Müden Kraft und Stärke genug dem Unvermögenden‹. Ich fahre sicher nicht ›mit Flügeln wie Adler‹ auf – schon gar nicht in die dritte Etage, wenn ich jetzt wieder schwanger bin …«

Unsere Nachbarn sind dann vom Urlaub zurückgekommen und haben sich entschuldigt. Freunde, die ihre Wohnung benutzt haben, hatten vergessen, beim Radio eine Einschaltautomatik abzuschalten. Es ist eine nette Familie mit zwei Kindern. Dann kommt ein Handwerker, um kleine Reparaturen zu machen. Geduldig bringt er mir ein paar erste Worte auf Hebräisch bei.

Schließlich ziehen wir in eine andere Wohnung nach Alt-Katamon um. Säkulare und orthodoxe Juden wohnen in diesem Stadtteil gemischt und ganz nahe liegt ein wunderschöner Park. Bald erkennen wir viel Gemeinsames mit diesen jüdischen Menschen, die das Alte Testament studieren und ernst nehmen. Auch unsere neuen Nachbarn sind sehr freundlich. Sie freuen sich mit uns über unsere Sprachfortschritte und sind sogar bereit auf unsere Kinder aufzupassen.

Unser erstes Au-pair-Mädchen kommt an. Dadurch bekomme ich die Möglichkeit einen Sprachkurs zu besuchen. Ich fange an, Hebräisch und etwas von der Kultur zu verstehen. Außerdem begegnen mir im »Ulpan«, wie der Hebräischkurs genannt wird, viele Menschen, die sich in der gleichen Lage befinden. Sie sind erst vor kurzem nach Israel gekommen, müssen die Sprache lernen und wie wir ganz neu anfangen. Langsam, langsam wird mir die Stadt Jerusalem mit ihren vielen Gegensätzen vertrauter.

Nach ein paar Monaten bekommen wir endlich auch wieder ein Auto. Jetzt können wir am Sabbat, wenn keine öffentlichen Verkehrsmittel fahren, regelmäßig in eine Gemeinde gehen. Wir machen Ausflüge in die Natur und entdecken die Schönheit des Landes Israel. Wie viele verschiedene Steine es hier doch gibt!

Unsere Freunde bekommen einen Brief mit der Überschrift: »Du wollest dich aufmachen und über Zion erbarmen; denn es ist Zeit, dass du ihm gnädig seist, und die Stunde ist gekommen. Denn deine Diener finden Gefallen an seinen [Zions] Steinen und lieben ihren Staub« (Psalm 102,14-15).

In Katamon wurde dann unsere zweite Tochter geboren. Der Herr segnet uns! Wir erleben das Frühjahr 1996 mit einer Serie von brutalen Terroranschlägen auf Busse in Jerusalem und in der Fußgängerzone von Tel Aviv. Diese Ereignisse zwingen mich auf die Knie.

Je intensiver ich bete, desto mehr empfinde ich meine Zugehörigkeit zu Volk und Land Israel. Ich gehöre hierher! Unsere Nachbarn fragen, ob wir mit unseren Kindern nicht lieber nach Deutschland zurückgehen wollen, wenn es hier jetzt so gefährlich ist. Mir ist es zur Gewissheit geworden: Nein, das wollen wir nicht. Gerade jetzt müssen wir hier bleiben!

Schade, dass wir nicht vom Messias gesprochen haben

So fürchte dich nun nicht, denn ich bin bei dir. Ich will vom Osten deine Kinder bringen und vom Westen her sammeln, ich will sagen zum Norden: Gib her!, und zum Süden: Halte nicht zurück! Bring her meine Söhne von ferne und meine Töchter vom Ende der Erde, alle, die mit meinem Namen genannt sind, die ich zu meiner Ehre geschaffen und zubereitet und gemacht habe. *(Jesaja 43,5-7)*

Im Ulpan, der Sprachschule für Neueinwanderer, sitzen wir an kleinen Tischen wie in einer richtigen Volksschule. Hinter mir sitzt Ilana, eine Mutter von sechs Kindern, die vor kurzem mit ihrer Familie aus Amerika eingewandert ist. Heute ist sie besonders schick gekleidet. Statt dem üblichen Hut – eine Kopfbedeckung ist für verheiratete orthodox-jüdische Frauen Pflicht – trägt sie eine Perücke. Ihr Mann ist Juwelier. Sie ist zu Hause, versorgt die Kinder und widmet sich ihrem Perückenstyling.

Einen ersten Hebräischkurs hat Ilana bereits in New York absolviert. Davon hatte sie sich erhofft, einen religiösen jüdischen Mann zu treffen. Sie selbst stammt aus einer säkularen Familie und hatte kaum Kontakte zu orthodoxen Juden. Aber sie sehnte sich nach einem Leben mit Gott und wollte ihre Kinder einmal in seinen Geboten unterweisen.

Hinten in der Ecke sitzt Nora, eine ältere Jüdin aus Russland. Dort durfte sie nicht Hebräisch lernen. Trotzdem hat ihre Mutter sie heimlich unterrichtet. Dadurch hat sie eine Ahnung vom Judentum, im Unterschied zu vielen anderen russischen Juden.

Nora erinnert sich daran, wie Stalin alle Juden nach Sibirien schicken wollte und was für eine Angst sie und ihre Eltern damals ausgestanden haben. Kurz bevor Stalin seinen Plan verwirklichen konnte, starb er. »Das war genau an Purim«, erzählt sie. Mit diesem Fest feiert das jüdische Volk den Sieg über den persischen Fürsten Haman, der alle Juden vernichten wollte.

Nora liebt Konzerte und geht gerne ins Theater. »Wie viele es davon in Moskau gab!«, schwärmt sie und empfiehlt uns, alle Vorstellungen im »Jerusalem-Theater« zu besuchen. Neueinwanderer bezahlen dort keinen Eintritt.

Rachel kommt auch aus Amerika. Sie besucht in Jerusalem nur ihre Kinder. Ihr Mann ist ein Rabbiner der Reformbewegung und sie unterstützt ihn in seinem Dienst. Gemeinsam mit einer Freundin arbeitet sie als »Schadchen«, als Ehevermittlerin. Fünfzig glückliche Paare haben sich mit ihrer Hilfe schon gefunden.

Fatima ist leicht körperbehindert. Die junge arabische Muslima erzählt, dass sie in einem christlichen Heim aufgewachsen ist. Heute wohnt sie bei ihrer Schwester in einem der arabischen Stadtteile Jerusalems. Mit ihren Nichten teilt sie sich das Kinderzimmer. Sie will gut Hebräisch lernen, um sich nach einem Computerkurs endlich selbständig machen zu können. Außer Fatima sind noch andere junge Araber im Ulpan. Sie alle hoffen auf einen guten Arbeitsplatz.

Andrea kommt aus Deutschland. Sie arbeitet als Journalistin einer renommierten Wochenzeitung und fängt gleich ein Gespräch über Siedlungen an. Die Siedler aus Hebron kann sie ganz offensichtlich nicht leiden. Ihrer Ansicht nach protzen sie zu sehr mit ihren Waffen und behaupten ihre Stellung kompromisslos mit den Ellenbogen.

Unsere Lehrerin Gila fordert uns auf zu erzählen, was wir in den Nachrichten gehört haben. Alle Studenten lernen so als Erstes Ausdrücke wie »Terrorist«, »Anschlag«, »verletzt«, »erschossen«, »tot« oder »Bombe«.

Auch heute sind die Nachrichten nicht erbaulich. Auf der Straße von Jerusalem nach Efrat hat ein arabischer Terrorist auf vorbeifahrende Autos geschossen. Er hat einen Mann, der mit seiner Tochter unterwegs war, getroffen.

Schoschana fängt aufgeregt an zu erzählen. Das waren ihre Nachbarn. Sie seien sehr nette Menschen. Als sie mit ihrem Mann eingewandert war, wurden sie gerade von diesen Nachbarn in die Familie aufgenommen. Mosche ist am Bein verletzt und liegt im Krankenhaus.

»Zrrrrr, zrrrrr«, meldet sich just in dem Augenblick Schoschanas Mobiltelefon zu Wort. »Das sind sie! Das sind sie!«, erklärt sie der ganzen Klasse. »Wie geht es ihm?«, fragt sie ins Telefon. Gila macht sie taktvoll darauf aufmerksam, dass sie ihr Gespräch doch draußen im Korridor weiterführen möge.

»Aber wo ist eigentlich Mirjam? Mirjam ist heute gar nicht im Unterricht erschienen«, stellt unsere Lehrerin plötzlich fest. »Weiß jemand etwas von ihr?« Da öffnet sich die Tür und unsere italienische Mirjam steht da. »Wenn man vom Teufel spricht ...«, geht es mir durch den Kopf. Gila hat genau denselben Gedanken, aber fasst ihn in ein hebräisches Sprichwort: »Schade, dass wir nicht vom Messias gesprochen haben!«

Eine Neueinwanderin aus Äthiopien

Das erste Zeugnis

... nicht durch Heer oder Kraft,
sondern durch meinen Geist ... (Sacharia 4,6)

Unser Ältester legt uns das erste Schulzeugnis auf den Tisch. Mit dem Wörterbuch in der Hand suche ich der hebräischen Sprache Herr zu werden. Auf dem Umschlag steht »100 Jahre Zionismus«, darunter das Staatswappen Israels, ein siebenarmiger Leuchter zwischen zwei Ölzweigen. Das Bild ist dem Propheten Sacharia, Kapitel 4, Vers 6 entnommen. Im Hintergrund wehen israelische Fahnen. Außerdem steht da der Text der israelischen Nationalhymne neben dem Foto der Klagemauer. Unter dem Porträt Theodor Herzls befindet sich das Klassenbild: Ein blonder Junge unter lauter dunkelhaarigen Kindern.

Er absolviert die erste Klasse in einem für Israel sehr bedeutsamen Jahr. Hundert Jahre davor, im Jahre 1897, hatte in Basel der erste Zionistenkongress stattgefunden. Initiator war der österreichische Journalist Theodor Herzl, Verfasser des Buches »Der Judenstaat. Versuch einer modernen Lösung der Judenfrage«. Jetzt hängt sein Bildnis über dem Foto einer Gruppe israelischer Lausbuben, für die dieser Staat die größte Selbstverständlichkeit der Welt ist. Dabei wohnen sie in Manahat, einem israelischen Viertel, das es vor fünf Jahren noch gar nicht gegeben hat – direkt neben dem ehemals arabischen Dorf Malcha.

Ein Jahr später wurde der 50. Jahrestag der Entstehung des Staates Israel gefeiert. Und schon redet man darüber, dass die Jugend die Werte des Zionismus verloren hat. Man fragt sich warum? Ist ein Grund dafür, dass das Hauptziel erreicht ist? Jeder Jude auf der Welt hat die Möglichkeit in einem freien jüdischen Staat zu leben, wie das die israelische Hymne zum Ausdruck bringt:

Solange tief im Herzen die jüdische Seele lebt,
solange das Auge Ausschau nach dem Zion hält, dort im Osten,

ist unsere Hoffnung nicht verloren.
Eine Hoffnung, die zweitausend Jahre alt ist:
ein freies Volk in einem eigenen Land zu sein,
im Land Zions und in Jerusalem.

Aber zurück zum Schulzeugnis: Es gibt keine Noten, nur eine schriftliche Beurteilung. Also, her mit dem Wörterbuch, damit ich erfahren kann, wie erfolgreich unser Sohn in Mathematik war: »Du gebrauchst deinen Verstand mittels Nachdenkens«, entziffere ich. Ratlos wende ich mich an meinen Mann: »Hast du eine Ahnung, was es bedeuten könnte?« – »Na, dass er sein Gehirn einschaltet.« – »Ach so!!!«

An der ersten Stelle steht aber das Benehmen, dann Gruppenarbeit, Lesen und Schreiben (selbstverständlich von rechts nach links), Zuhören und Reden, Turnen, Kunst und Musik. Das ganze Zeugnis ist in der zweiten Person, als Brief an den Schüler, geschrieben, was ihm einen sehr persönlichen Ton verleiht. Zum Schluss noch eine Notiz der Klassenlehrerin: »Es war mir eine Freude, deine Fortschritte zu sehen und zu beobachten, wie du dich öffnest und an Selbstbewusstsein gewinnst.«

Unsere vierjährige Tochter brachte vom christlichen Kindergarten auch eine Mappe mit einem Gruppenfoto. Auf der ersten Seite steht der Vers 6 aus Psalm 122: »Betet für den Frieden Jerusalems!«, oder wie Martin Luther es übersetzt hat: »Wünschet Jerusalem Glück!« Und: »Vergesse ich dich, Jerusalem, so verdorre meine Rechte.«

Diese Zeilen schreibe ich einen Tag, nachdem in Jerusalem wieder abgerissene Körperteile aufgesammelt wurden, dieses Mal auf dem jüdischen Markt Mahaneh Jehudah. Zwei palästinensische Selbstmordattentäter haben ihr Leben und das Leben von weiteren 18 Menschen grausam beendet. Mehr als 150 Verletzte sind zu beklagen. Für mich ist das eine ganz konkrete Mahnung: »Betet für den Frieden Jerusalems!«

Schule in Israel

Die Schule ist in Israel kostenlos und für jeden Pflicht. Sie beginnt mit dem letzten Kindergartenjahr, also im fünften Lebensjahr eines Kindes. Dadurch soll im Lande der vielen Kulturen und Sprachen eine gute Kenntnis der hebräischen Sprache garantiert werden, ganz unabhängig davon, ob im Elternhaus Russisch, Amharisch oder Französisch gesprochen wird.

Die Kindergärten spielen im Prozess der Homogenisierung der vielfältigen jüdischen Gesellschaft eine unersetzbare Rolle. Der erste jüdische Kindergarten im Land Israel wurde 1898 in Rischon LeZion gegründet, das damals noch zum Osmanischen Reich gehörte. Es waren dann die Kinder, die ihren Eltern das Hebräisch beibrachten, das sie im Kindergarten gelernt hatten.

In der zweiten Hälfte des 19. Jahrhunderts wurden vor allem in Jerusalem deutsche, englische und französische Schulen gegründet. Juden aus Osteuropa lehrten in ihren Schulen auf Jiddisch, sephardische Juden auf Ladino oder Arabisch. Anfang der 80er Jahre des 19. Jahrhunderts begann Elieser Ben Jehuda auf der Alliance School in Jerusalem Hebräischunterricht zu erteilen. Er konnte weitere Lehrer für seine Sache gewinnen, die dann anfingen auch andere Fächer in hebräischer Sprache zu unterrichten.

Zum Schulwesen des modernen Staates Israel gehören auch jüdisch-religiöse Schulen und arabische Schulen. Die Grundschule dauert sechs Jahre. Daran schließen sich bis zum Abitur zweimal drei Jahre weiterführende Schulen an, so dass alle Israelis eine zwölfjährige Schulzeit absolvieren. Die jüdische Jugend Israels erwartet nach der Schule die Armee. Erst danach können die jungen Männer und Frauen anfangen zu studieren. Die israelischen Araber werden an ihren eigenen Schulen in arabischer Sprache unterrichtet. Hebräisch ist allerdings eines der Pflichtfächer.

In den vergangenen Jahren wurde noch ein neuer Schultyp entwickelt, der unter dem Namen »Tali« bekannt wurde und besonderen Wert auf jüdische Studien legt. Diese Schulen sind nicht orthodox, ermöglichen den Schülern ohne einen religiösen Hintergrund aber religiöse und biblische Werte kennen zu lernen.

Neben diesen Schulen gibt es in Israel noch eine ganze Reihe von Privatschulen und teilweise privaten Schulen. Das in Amerika beliebte »Home schooling«, das Unterrichten der Kinder zu Hause, ist in Israel zwar erlaubt, aus zwei Gründen aber nicht beliebt. Die israelische Gesellschaft gibt sich sehr emanzipiert und die meisten Frauen sind berufstätig. Der zweite Grund wurde schon oben erwähnt: Die Schule spielt eine entscheidende Rolle bei der Integration von Neueinwanderern und dem Aufbau einer verbindenden nationalen Identität.

Sonderschulen und Kindergärten für Kinder mit speziellen Bedürfnissen sind in Israel auf einem hohen Niveau. Christen sind im jüdischen Staat Israel eine Minderheit. Es gibt aber christliche Schulen und in Jerusalem auch eine messianisch-jüdische Schule und einen Kindergarten. In letzter Zeit ist aus einer Initiative in Jerusalem außerdem eine Schule entstanden, in der mit viel Rücksicht auf die jeweilige Kultur und Religion jüdische und arabische Kinder miteinander unterrichtet werden.

Gleiches Outfit für alle

Und Gott der Herr machte Adam und seiner Frau Röcke von Fellen und zog sie ihnen an. (1. Mose 3,21)

Im Blick auf die Frauenmode gibt es zwischen Deutschland und Israel kaum einen Unterschied. Die Hosen beginnen immer weiter unten und die Hemden werden immer kürzer. Manche T-Shirts sind kaum noch von knappen Unterhemden zu unterscheiden.

Das ist ein Grund dafür, warum das israelische Erziehungsministerium im Jahre 2004 den Schulen empfohlen hat, eine Schuluniform einzuführen. Ein Merkblatt des Erziehungsministeriums unterstreicht, dass man so den Schülern helfen will, sich züchtig zu kleiden.

Diese Empfehlung betrifft vor allem die säkularen Schulen in Israel. In den jüdisch-orthodoxen und arabischen Schulen des Landes existiert das Problem der unzüchtigen Kleidung nicht. An arabischen Schulen werden oft klassische Schuluniformen getragen. An den religiösen jüdischen Schulen tragen die Mädchen lange Röcke und langärmelige Blusen. Manche orthodoxe Schulen haben auch ihre eigene Schuluniform.

Was für die nicht-religiösen Schulen jetzt empfohlen wird, ist keine klassische Schuluniform, sondern eher ein einheitliches Outfit mit dem Emblem der Schule, für die heißen Tage T-Shirts und wenn es kalt ist, Kapuzenpullis. Mehrere Farben stehen zur Auswahl, die Mädchenkleidung hat einen anderen Schnitt als die der Jungs und die Kinder dürfen sagen, was ihnen gefällt. Diese Einheitskleidung können die Schüler entweder in bestimmten Kleiderläden oder direkt in der Schule kaufen.

Jede Schule darf selbst entscheiden, ob sie sich auf die Kleiderempfehlung des Erziehungsministeriums einlässt. Ganz demokratisch werden Eltern, Erzieher und Schüler an der Entscheidung beteiligt. Allen werden die Vorteile einer einheitlichen Kleidung erklärt. Neben Zucht und Ordnung spricht vor allem auch die schwierige wirtschaftliche Lage dafür, weil so die immer größer werdenden sozialen Unterschiede weniger sichtbar sind. Deshalb stärkt nach Ansicht des Erziehungsministeriums das gleiche Outfit für alle das Zusammengehörigkeitsgefühl.

Kaum einer will nicht einsehen, dass es in der Schule ums Lernen geht – und nicht darum, neueste Modehits oder den eigenen Körper zu präsentieren, um sich dann gegenseitig zu beneiden oder gar die wirtschaftlich Schwächeren unter Druck zu setzen. Wenn Kinder in (Fast-) Strandkleidung zum Unterricht erschienen, ist es schon vorgekommen, dass die Eltern angerufen und darum gebeten wurden, ihr Kind wieder abzuholen. Manchmal ist die israelische Hitze einfach zu verführerisch.

Andererseits werden spezielle Wünsche der Kinder gerne berücksichtigt. So gibt es eine Schule, die ihren Schülern erlaubt, am Freitag die Einheitskleidung im Schrank zu lassen und die schönsten Kleider ihrer Wahl anzuziehen. Immerhin bereitet man sich am Freitag ja auf den Höhepunkt der Woche, den Sabbat, vor.

Arabische Schulmädchen in der Altstadt von Jerusalem

Gedenke des Sabbat-Tages

... denn er ist ein Zeichen zwischen mir und euch von Geschlecht zu Geschlecht, damit ihr erkennt, dass ich der Herr bin, der euch heiligt. *(2. Mose 31,13)*

Viele wünschen sich, bei einer orthodoxen jüdischen Familie den feierlichen Sabbat-Anfang, den »Erev Schabbat«, mitzuerleben. Für mich ist dieser Wunsch in Erfüllung gegangen, als wir von einer Familie aus unserer Nachbarschaft eingeladen wurden. Nur war dann alles ganz anders, als ich es erwartet hatte.

Den siebten Tag, den biblischen Ruhetag, könnte man mit unserem Sonntag vergleichen. Aber manches ist auch anders. Der Sabbat beginnt mit dem Sonnenuntergang. Im biblischen Schöpfungsbericht beginnen alle Tage mit dem Abend: »Es ward aus Abend und Morgen ...« In Israel wird es früher dunkel als in Europa. Deshalb beginnt der Sabbat im Sommer etwa um sieben Uhr. Im Winter kann es auch schon um vier Uhr sein.

Orthodoxe Juden beenden alle Arbeiten. Gekocht und gebacken wird vorher. Am Samstag wird entweder kalt gegessen oder die Speisen werden vom vorherigen Abend her warm gehalten, andere Speisen garen mehrere Stunden, die ganze Nacht hindurch, bis sie dann am Sabbatmittag gar sind, wie beispielsweise der berühmte »Tscholent«, ein Eintopf.

Vom biblischen Verbot, am Sabbat Feuer anzuzünden, leiten Juden nicht nur ab, dass sie den Herd nicht anmachen dürfen. Am Sabbat dürfen keinerlei Elektrogeräte angeschaltet werden. Die Zündung vom Auto ist ebenso tabu wie der Telefonhörer. Raucher haben eine einzigartige Gelegenheit zu beweisen, dass sie von Zigaretten wirklich nicht abhängig sind. Aus diesem Grund wird nicht fotografiert. An der Klagemauer sind an Festtagen »Touristenvertreiber« zu beobachten, die jeden an das Fotoverbot erinnern, der diese besonderen Augenblicke gerne mit der Kamera festgehalten hätte.

In orthodox jüdischen Familien kehrt Ruhe ein. Es klingelt kein Telefon – und das in einem Land, in dem die »Mobiltelefonlosen« Exoten sind – Fernseher und Radios sind ausgeschaltet. Man geht in die Synagoge, sitzt gemeinsam am Tisch und geht spazieren. Da die meisten orthodoxen Familien sehr kinderreich sind, gibt es immer kleine Kinder, mit denen die Eltern auf den Spielplatz gehen.

Säkulare Juden halten sich nicht so sehr an diese Regeln. Für sie ist der Sabbat ein Ruhetag und vor allem ein Tag, an dem die ganze Familie etwas gemeinsam unternehmen kann. Dazu muss ich noch bemerken, dass auch nicht-orthodoxe Familien in Israel in der Regel zwei bis fünf Kinder haben. Während also die eine Hälfte der jüdischen Bevölkerung Israels (die orthodoxe) zu Hause bleibt, macht sich die andere Hälfte (die säkulare) auf den Weg in die Natur. Und weil Israel nicht besonders groß ist, ist es am Sabbat nicht leicht, ein Plätzchen zu finden, wo niemand spaziert, picknickt oder auch einfach nur das Autoradio dröhnen lässt. Vom Wetter her ist dies praktisch das ganze Jahr über möglich.

Am Sabbat fahren in Israel keine öffentlichen Verkehrsmittel und alle Geschäfte sind geschlossen – abgesehen von ein paar »weltlichen« Ausnahmen im Großraum Tel Aviv oder in Eilat, und dort sind es Privatunternehmen. Der Staat hält den Ruhetag ein. Vor nicht allzu langer Zeit gab es in den israelischen Medien eine große Diskussion, ob es zulässig sei, am Samstag riesige Turbinen auf großen Lastwägen zu transportieren. Während der Woche hätte der Turbinentransport den ganzen Verkehr auf dem Transportweg lahm gelegt.

Wie man im »christlichen Abendland« Weihnachten plant, mit Backen, Kochen und Putzen vorbereitet, so lebt man in Israel auf den Sabbat zu. Es ist äußerst wichtig, dass alles rechtzeitig fertig wird. Vor dem Sabbatbeginn werden die Kinder zusammengerufen, um zu duschen und sich feierlich anzuziehen. Männer und Jungen tragen dunkle Hosen und weiße Hemden und ihr Anblick ist wirklich schön, wenn sie dann miteinander in die Synagoge gehen. Die Mütter zünden zur bestimmten Zeit die Sabbatkerzen an, als Zeichen der Unterscheidung zwischen dem »Profanen« und dem »Heiligen«, als Zeichen dafür, dass der Festtag angefangen hat. In Jerusalem erinnert eine Sirene an den Sabbateingang.

Nach der Rückkehr aus der Synagoge versammelt sich die ganze Familie zum Festessen. Der Sabbat hat seine eigene Liturgie, besondere Gebete, die auf Bibeltexten basieren und im »Siddur«, dem jüdischen Gebetsbuch, zusammengefasst sind.

Ich hatte mir also vorgestellt, dass wir am Freitagabend eine Art liturgische Feier erleben werden. Aber schon die vielen kleinen Kinder, die offensichtlich nicht in erster Linie dazu erzogen worden waren, brav am Tisch zu sitzen, wirkten irgendwie aufregend. Der Familienvater, dessen Familie aus dem Jemen nach Israel eingewandert war, sprach die Gebete in einer für uns atemberaubenden Geschwindigkeit. Genauso schnell segnete er dann das Brot, zerriss es und warf die Stücke den Anwesenden in hohem Bogen, aber treffsicher auf die Teller.

Meine Befürchtung, dass er die kleinen Becher, die zur Segnung des Weins bereitstanden, ähnlich behandeln würde, hat sich dann aber zum Glück nicht bestätigt. Dazu muss ich vielleicht noch erklären, dass die Israelis insgesamt viel lauter sind als Deutsche, und jemand, der ihre Sprache nicht versteht, kann leicht den Eindruck gewinnen, dass sie ständig streiten. Dabei unterhalten sie sich aber nur »engagiert« oder eben »israelisch«. Auf alle Fälle bin ich nach meinem ersten »Erev Schabbat« mit gemischten Gefühlen nach Hause gegangen ...

Erst viel später erfuhr ich von einer Freundin, dass das »Brot-Werfen« einen sehr schönen theologischen Hintergrund hat. Das Brot wird nicht von Hand zu Hand gereicht, weil es nicht von Menschen kommt, sondern vom Himmel.

Auf dem Heimweg vom Gottesdienst

... Schmuck statt Asche, Freudenöl statt Trauerkleid, Lobgesang statt eines betrübten Geistes ... *(Jesaja 61,3)*

Was soll ich ihnen sagen? Den Nachbarn, denen ich begegne und die mich fragen: »Was sagst du zu dem, was hier passiert?« – Im Gottesdienst unserer messianisch-jüdischen Gemeinde singen wir auf Hebräisch fast ausschließlich biblische Texte. Sie sind uns Quelle der Kraft und des Trostes. Und diese Bibelworte sind so unglaublich aktuell!

Am Ende des Gottesdienstes am vergangenen Sabbat hatte unser Pastor den Eindruck, dass wir noch einmal den Text aus Jesaja 61 singen sollten. Vor zweitausend Jahren hatte Jesus in seiner Heimatsynagoge in Nazareth diese Worte gesungen: »Er hat mich gesandt, den Elenden gute Botschaft zu bringen, die zerbrochenen Herzen zu verbinden, ... zu trösten alle Trauernden, zu schaffen den Trauernden zu Zion, dass ihnen Schmuck statt Asche, Freudenöl statt Trauerkleid, Lobgesang statt eines betrübten Geistes gegeben werden ...«

Als wir uns dann auf den Heimweg machen wollen, erhalten die Journalisten in unserer Gemeinde über ihre Pager und per Telefon die ersten Meldungen von einem Anschlag im ultra-orthodoxen Viertel Mea Schearim. Ein Palästinenser war auf eine Gruppe von jüdischen Familien zugegangen, die nach Sabbatausgang aus der Synagoge kamen, und sprengte sich in ihrer Mitte in die Luft. Es gibt viele Tote und Verletzte. Durch die Straßen fahren Polizei- und Krankenwagen mit heulenden Sirenen.

Schon im Auto hören wir im Radio weitere Schreckensmeldungen und zu Hause vor dem Fernsehgerät verdichtet sich das Bild. In panischer Angst suchen die Menschen in den Krankenhäusern nach Familienangehörigen. Am Ort des Anschlags liegen zehn furchtbar zerfetzte Leichen. Darunter drei Kinder und zwei wenige Monate alte Babys. Zwei Säuglinge wurden unverletzt vom Anschlagsort ins Bikur-Cholim-Krankenhaus eingeliefert. Die Polizei sucht nach ihren Eltern. Die Nachricht von einem Ausflügler, dessen Leichnam in der Wüste Juda von Kugeln zerschossen aufgefunden wird, geht unter.

In der Nacht finden wir kaum Schlaf. Das Frühstück am nächsten Morgen will nicht schmecken. Und dann erfahren wir von zwei weiteren Anschlägen. Insgesamt 19 Tote auf der israelischen Seite sind in den letzten 24 Stunden zu beklagen. Hilflos geben die Berichterstatter die Nachrichten weiter, sobald sie eintreffen. »Es gibt keine militärische Lösung«, meint ein Kommentator im israelischen Fernsehen, »aber auch keinen politischen Ausweg!«

Das alles sind nur Nachrichten, Zahlen in der langen Statistik des israelisch-arabischen Krieges, der jetzt schon über 100 Jahre tobt. Man bemüht sich, hat keine andere Wahl als zur Tagesordnung überzugehen. Heute Abend in den Fernsehnachrichten werden wir wieder die vielen Beerdigungen verfolgen müssen, dieselben schmerzverzerrten, verzweifelten Gesichter von Eltern, Kindern, Ehemännern und Ehefrauen sehen, wie schon so oft in den vergangenen Wochen, Monaten, Jahren. Als ob es nicht genug der Tränen wären!

Ich klammere mich an Jesaja 61. Zum Glück ist das nicht nur ein Strohhalm. Es ist ein Fels, auf den ihn der Herr erhöht, singt König David in Psalm 27. Er hebt auch mein Haupt empor (Psalm 3), und dafür bin ich ihm sehr dankbar. Sonst wäre die Aufforderung von Jesus: »Seht auf und erhebt eure Häupter …!« nur eine zusätzliche Last, eine zynisch anmutende Aufforderung.

Immer wieder muss ich an ein Gespräch mit einer orthodoxen Jüdin aus unserer Nachbarschaft denken. Wir sitzen zusammen auf der Terrasse und die Frage »Warum?!?« hängt unausweichlich in der Luft. Dann platzt es aus ihr heraus: »Die Rabbiner sollten aufhören, uns zu versprechen, dass der Messias im nächsten Jahr kommen wird. Wir warten und warten und sind dann doch immer wieder nur enttäuscht!« Ich denke: »Amen, ja, komm, Herr Jesus! Nächstes Jahr! Nein, so bald wie möglich!«

Gottesdienst aus Kindersicht

Wo zwei oder drei versammelt sind in meinem Namen, da bin ich mitten unter ihnen. *(Matthäus 18,20)*

Wie der Gottesdienst in einer messianisch-jüdischen Gemeinde in Jerusalem aus dem Blickwinkel eines dreijährigen Mädchens aussehen könnte:

Alle meine Lieben sind versammelt. Auf welchen Schoß setze ich mich denn heute? Bei Channa kann ich heute nicht sitzen. Die spielt Geige.

Die Lieder sind mir vertraut. Am liebsten mag ich »Jeschua chaj« (»Jesus lebt«). Fröhlich und friedlich klingen die Lieder.

Auf dem Schoß meiner großen Freundin überkommt mich ein warmes Gefühl. Langsam fallen meine Augen zu. Zu Hause schlafe ich mittags schon lange nicht mehr. Aber im Gottesdienst, glaubt mir, da ist das etwas ganz anderes …

Wenn ich meine Augen wieder aufmache, gehen Körbe rum. Diese Gelegenheit darf ich nicht verpassen. Münzen da reinwerfen macht Spaß.

Vom Matzen geben sie mir nichts. Das macht nichts. In der Kinderstunde bekomme ich dafür Butterkekse. Außerdem werden jetzt die kleinen Becher eingesammelt und ich darf Mamas und Papas Becher zurück aufs Tablett tun. Dabei schlecke ich die restlichen Weintropfen aus.

Jetzt kommt noch ein Lied für uns Kinder und dann geht es in die Kinderstunde. Wer wird heute meine Lehrerin sein? Sarah oder du, Mama? Auf alle Fälle will ich neben Ariel sitzen, das ist mein Freund.

Mein schönes neues Bild von der Arche Noah mit den vielen Tieraufklebern zeige ich der Mama. Und dann nichts wie raus. Die anderen Kinder rennen schon auf dem Rasen rum.

Es wird dunkel. Der Schabbat ist vorbei. Papa ruft mich. Morgen ist Sonntag und dann gehen meine großen Geschwister wieder in die Schule und zum Kindergarten.

120 Jahre Leben mit Terror

Zur selben Zeit will ich die zerfallene Hütte Davids wieder aufrichten und ihre Risse vermauern und, was abgebrochen ist, wieder aufrichten und will sie bauen, wie sie vorzeiten gewesen ist. *(Amos 9,11)*

Das Land Israel ist der Geburtsort des jüdischen Volkes. Hier hat es seine geistliche, religiöse und nationale Identität geformt … Hier hat es die Bibel geschrieben und der Welt gegeben.« Mit diesen Worten fasste David Ben Gurion in der Unabhängigkeitserklärung Israels die Verbindung des jüdischen Volkes mit seinem Land in Worte. Über Jahrtausende hatten fromme Juden täglich um eine Rückkehr nach Zion gebetet. Erst eine Welle von Pogromen in Osteuropa bewirkte Ende des 19. Jahrhunderts den Beginn der Rückwanderung des jüdischen Volkes in das damals osmanisch beherrschte Israelland.

1897 proklamierte der erste Zionistenkongress in Basel den Anspruch des jüdischen Volkes auf eine Rückkehr in sein Land. Zwanzig Jahre später versprach die britische Kolonialmacht in der so genannten Balfour-Deklaration den Juden eine Heimstätte in Palästina. Am 29. November 1947 bestätigte die Vollversammlung der Vereinten Nationen das Recht auf die Gründung des Staates, der seit der Unabhängigkeitserklärung am 14. Mai 1948 allen Juden zur Einwanderung offen steht.

Die frühen säkularen Zionisten hatten davon geträumt, ein »Volk ohne Land« mit einem »Land ohne Volk« vereinen zu können. Hätten sie die Bibel gelesen, dann hätten sie verstanden, dass schon Abraham »Ureinwohner« in Kanaan angetroffen hat. Bei der Rückkehr aus der babylonischen Gefangenschaft waren sich die Juden darüber im Klaren, dass Gott ihnen nicht ein herrenloses Land, sondern »das Land der Kanaaniter, Hetiter, Amoriter, Perisiter, Jebusiter und Girgaschiter« verheißen hatte (Nehemia 9,8) – und schon damals stießen die jüdischen Siedler auf organisierten Widerstand.

Die Bibel schützt die Rechte des »Fremdlings«, des Nicht-Israeliten im Land Israel, und orthodoxe Juden wissen, dass der Vertreibungs- und Vernichtungsbefehl nur für »Amalek« gilt, ein Volk, das sich die Vernichtung des Volkes Israel auf die Fahnen geschrieben hat. Die Verheißung Gottes an sein Volk rechtfertigt weder eine gewaltsame Landnahme noch einen Völkermord.

Deshalb hat Abraham die Höhle Machpela gekauft, obwohl der Hetiter Efron ihm das Feld schenken wollte (1. Mose 23). Deshalb erwarb Jakob sein Land bei Sichem, dem heutigen Nablus, käuflich »von den Söhnen Hamors, des Vaters Sichems, um hundert Goldstücke« (1. Mose 33,18-20). Und deshalb bezahlte König David an Arauna, den Jebusiter, den vollen Kaufpreis von »fünfzig Lot Silber« für den Tempelberg – obwohl auch dieser sein Land verschenken wollte (2. Samuel 24,24). Die heutigen jüdischen Siedler in den umstrittenen Gebieten sehen sich in dieser biblischen Tradition, und Vorwürfe, sie hätten Palästinensern Land gestohlen, müssen im Einzelfall überprüft werden.

Schon die Gründer des modernen Israel waren sich dessen bewusst, dass sie eine Verantwortung für die nichtjüdischen Bewohner ihres Landes tragen und haben bereits in der Unabhängigkeitserklärung deren Rechte festgeschrieben. Doch die zur friedlichen Koexistenz ausgestreckte Hand Israels wurde noch am Tage der Staatsgründung von den Arabern zurückgewiesen. Sieben Staaten überfielen 1948 den neu gegründeten Judenstaat, um ihn auszulöschen.

Der Unabhängigkeitskrieg Israels ist allerdings nur ein Tiefpunkt im Kampf des jüdischen Volkes um sein Land, den der ehemalige israelische Premierminister Ariel Scharon als 120-jährigen Krieg bezeichnet. Von Anfang an hatten sich die jüdischen Siedler gegen Übergriffe ihrer Nachbarn zu wehren. 1922 beugten sich die Engländer arabischen Drohungen und traten 75 Prozent des den Juden versprochenen Landes als »Transjordanien« an eine Herrscherfamilie aus Saudi-Arabien ab, der auch König Abdallah II. von Jordanien entstammt. 1929 wurde die 3000 Jahre alte jüdische Gemeinde in Hebron durch ein Massaker ausgelöscht. Seit seiner Gründung erlebte Israel kein Jahr ohne Terroranschläge und alle israelisch-arabischen Kriege bis hin zur Al-Aksa-Intifada waren motiviert von dem offen ausgesprochenen Ziel, die »zionistische Größe« zu vernichten.

Im Juni 1967 errang Israel mit einem Präventivschlag im »Sechstagekrieg« einen für alle Beteiligten und Beobachter überraschenden Sieg und eroberte die Sinaihalbinsel mit dem Gazastreifen, das biblische Judäa und Samaria (die »Westbank«) und die Golanhöhen. Unmittelbar danach bot es seinen arabischen Nachbarn »Land für Frieden«. Die arabischen Länder antworteten darauf mit den »drei kategorischen Nein« – »Nein« zu einer Anerkennung Israels, »Nein« zu Verhandlungen und »Nein« zu einem Frieden mit Israel – und machten Israel zum Besatzer im eigenen Land. Die Angst vor einer arabischen Bevölkerungsmehrheit hinderte Israel daran, das ihm von Gott verheißene biblische Kernland einzunehmen und seinen Bewohnern gleiche Rechte bei gleichen Pflichten zu verleihen.

1964 wurde auf Initiative des ägyptischen Präsidenten Gamal Abd el-Nasser die Palästinensische Befreiungsbewegung gegründet. Der Begriff »Palästinenser« war den Arabern während der britischen Mandatszeit (1917-1948) verhasst und wurde nur für im Mandatsgebiet Palästina wohnende Juden verwendet. Unter der Führung von Muhammad Abdel Ra'uf Arafat al-Kudwa al-Husseini, der im Westen als »Jasser Arafat«, in der arabischen Welt als »Abu Amar« bekannt wurde, gelang es den Arabern seit den 70er Jahren ein neues Volk zu schaffen und durch spektakulären Terror in die Schlagzeilen der Welt zu bombardieren.

Bei genauem Hinsehen sind die Palästinenser nicht etwa, wie in der Propaganda vielfach behauptet, Nachfahren der alten Kanaaniter, sondern mehrheitlich in den vergangenen 400 Jahren aus dem Libanon, Syrien, Jordanien, Saudi-Arabien, dem Jemen, Ägypten, dem Tschad, Indien, Armenien, dem Kaukasus, Kurdistan, Griechenland, Deutschland, der Schweiz, Spanien, vom Balkan eingewandert. Diese Länderliste erhebt keinen Anspruch auf Vollständigkeit, ist auch nicht Ergebnis einer wissenschaftlichen Studie, sondern lediglich eine Zusammenfassung der Abstammung meiner persönlichen Bekanntschaften.

Die Konzentration des arabisch-israelischen Konflikts im Bewusstsein der Weltöffentlichkeit auf den palästinensisch-israelischen Konflikt machte aus dem »David Israel«, der von einer islamisch-arabischen Übermacht bedroht wird, den »Goliath Israel«, der das ohnmächtige palästinensische Volk unterdrückt. Um das Leid der Palästinenser zu verstehen, muss man aber nicht nur die Verhaltensweise des Staates Israel sehen, sondern auch die Art und Weise, wie das palästinensische Volk von seinen arabischen Brüdern instrumentalisiert wird. Exemplarisch sei hier auf den Zustand der palästinensischen Flüchtlingslager im Libanon verwiesen oder auf die Tatsache, dass Araber, die längere Zeit in Saudi-Arabien leben, die saudische Staatsbürgerschaft verliehen bekommen – außer sie sind Palästinenser.

Der entscheidende Faktor im Kampf um Israel sind aber weder Menschenrechte noch Landrechte, sondern die Ideologie eines fanatisierten Islam, der die Existenz eines per Definition jüdisch-demokratischen Staates im Nahen Osten aus theologischen Gründen nicht anerkennen darf. Nicht zufällig stammt der überwiegende Großteil der palästinensischen Selbstmordattentäter aus gut situierten, wohlhabenden Familien und hat eine überdurchschnittliche Bildung. Nicht marxistisch-leninistisch angehauchte Theorien über die Aussichtslosigkeit palästinensischer Jugendlicher liefert die Erklärung für den Wahnsinn des Selbstmordterrorismus, sondern die islamistische Denkweise, die in der Herrschaft von Juden über Muslime eine Kapitulation Allahs vor dem Gott Israels befürchtet.

Nach dem Zweiten Weltkrieg und dann auch durch das Verhalten der UNO im Nahostkonflikt ist Israel zu dem Schluss gekommen: Uns hilft niemand, wenn wir uns nicht selbst helfen. Regierungschef Ariel Scharon wurde nicht müde zu betonen, dass Israel »der einzige Ort auf Erden ist, an dem sich Juden selbst und mit eigenen Mitteln verteidigen können«. Das Überleben Israels als jüdische Demokratie in einem islamisch dominierten Nahen Osten war der Maßstab für die Politik eines Ariel Scharon.

Unter Sicherheitsgesichtspunkten hat er nach 1967 strategisch wichtige Orte in den eroberten Gebieten von der Armee einnehmen lassen. Weil sich erfahrungsgemäß Gebiete nur längerfristig halten lassen, wenn sie von Zivilbevölkerung bewohnt werden, ermutigte Ariel Scharon schon bald Zivilisten, sich dort niederzulassen. Alle jüdischen Siedler, die sich in den umstrittenen Gebieten niedergelassen haben, sind freiwillig dorthin gezogen. Deshalb ist der Vergleich mit der Siedlungspolitik eines Adolf Hitler oder Josef

Stalin, wie sie indirekt auf internationaler Ebene manchmal gezogen wird, nicht haltbar.

Weil sich die militärstrategische und weltpolitische Lage in den vergangenen 30 Jahren entscheidend verändert hat, meinte derselbe Ariel Scharon dann, Siedlungen zum Wohle Israels räumen zu können. Wieder waren es nicht etwa biblische Maßstäbe, sondern die Einschätzung der langfristigen Sicherheitslage, die sein Handeln bestimmten. Insofern hatte der »alte Bulldozer« und »Siedlungspolitiker« also keine grundsätzliche »Bekehrung« erlebt, sondern verfolgte nach wie vor eine ihm logisch erscheinende Realpolitik.

In diesem Rahmen lassen sich auch die meisten Verhaltensweisen israelischer Politiker und Militärs nachvollziehen. Bei allen Fehlentwicklungen und Fehlentscheidungen ist doch das Bemühen des jüdischen Staates um Sicherheit und Frieden mit seinen Nachbarn unübersehbar. Die Abriegelung der Palästinensergebiete bis hin zur viel diskutierten Sicherheitsbarriere, die Militäraktionen und die gezielten Tötungen sind eine Reaktion des demokratischen Israel auf die Kriegsverbrechen der Selbstmordattentäter. Wer das übersieht, verwechselt Ursache und Wirkung.

Viel schwerer nachvollziehbar ist das Verhalten der palästinensischen Führung. Das Durcheinander von politischen und religiösen Loyalitäten, Familien- und Stammesstrukturen ist für einen Außenstehenden – wenn überhaupt – nur sehr schwer durchschaubar. Die maßlose Korruption, die fehlende Gewaltenteilung und der unkontrollierte Umlauf einer Vielzahl von Kriegswaffen und Sprengstoffen ist fraglos genauso ein innerpalästinensisches Problem wie das Fehlen einer demokratischen Struktur. Manch ein Palästinenser hat mir in den vergangenen Jahren resigniert gestanden: »Wir sind gar nicht demokratiefähig.«

Als Christen sollten wir zunächst einmal festhalten, dass wir an einen Gott glauben, den die Bibel als Herrn der Geschichte bezeugt. Das bedeutet, dass das moderne Israel nicht etwa ein Produkt zufälliger machtpolitischer Konstellationen ist, sondern eine Erfüllung uralter biblischer Verheißungen. Dass das Volk Israel oft von seinem Gott nichts wissen will, ist in der Heiligen Schrift von Anfang an bezeugt und stellt das Handeln Gottes mit seinem Volk und durch sein Volk an den Heidenvölkern nicht in Frage.

Gott hat einen Plan mit Israel und den nichtjüdischen Völkern. Deshalb musste Israel das ihm verheißene Land schon zur Zeit der

Erzväter verlassen. Vierhundert Jahre Gnadenzeit gestand Gott den Amoritern zu (vergleiche dazu 1. Mose 15,13-16). Auch die zweitausendjährige Zerstreuung des jüdischen Volkes in alle Welt ist zuallererst als Gnade Gottes für die Heidenvölker zu verstehen (siehe zum Beispiel Römer 11,11).

Die Rückkehr der Juden in ihr Land lässt bibelgläubige Menschen in aller Welt aufhorchen. Vielleicht verstehen sie vieles nicht, aber sie spüren, dass Gott am Werk ist. Und: »Wenn aber schon ihr Fall Reichtum für die Welt ist und ihr Schade Reichtum für die Heiden war, wie viel mehr Reichtum wird es sein, wenn ihre Zahl voll wird« (Römer 11,12). Auch wenn heute das gnädige Handeln Gottes nur schwer begreifbar ist, dürfen wir uns doch am Wort Gottes festhalten: »Denn meine Gedanken sind nicht eure Gedanken, und eure Wege sind nicht meine Wege, spricht der Herr, sondern so viel der Himmel höher ist als die Erde, so sind auch meine Wege höher als eure Wege und meine Gedanken als eure Gedanken. Denn gleichwie der Regen und Schnee vom Himmel fällt und nicht wieder dahin zurückkehrt, sondern feuchtet die Erde und macht sie fruchtbar und lässt wachsen, dass sie gibt Samen zu säen und Brot zu essen, so soll das Wort, das aus meinem Munde geht, auch sein: Es wird nicht wieder leer zu mir zurückkommen, sondern wird tun, was mir gefällt, und ihm wird gelingen, wozu ich es sende« (Jesaja 55,8-11).

Araber in Hebron

Schulanfang

Du sollst deinen Nächsten lieben wie dich selbst;
ich bin der Herr. *(3. Mose 19,18)*

schulanfang

Es ist der 1. September 2001. In Israel beginnt das neue Schuljahr. Die zwei heißesten Sommermonate, Juli und August, sind vorbei und damit die Sommerferien. Im südafrikanischen Durban hetzen Araber gegen Israel, bezeichnen den jüdischen Staat als rassistisch und vergleichen seinen Umgang mit den Palästinensern mit dem Holocaust. Ich sitze im Schulhof einer israelischen Grundschule und schaue der Begrüßungszeremonie für die Erstklässler zu.

Unmittelbar neben mir steht eine Gruppe von Polizisten. Man befürchtet Terroranschläge von islamischen Extremisten auf Schulen und Kindergärten, vor allem an solchen Versammlungen von Kindern am ersten Schultag.

Unter dem Transparent »Schalom Erste Klasse« kommen die Erstklässler herein. Jeder Schulanfänger wird von einem älteren Schulkameraden aus der fünften oder sechsten Klasse an der Hand hereingeführt. Die Großen bleiben noch eine ganze Zeit lang bei den ihnen jeweils anvertrauten Sprösslingen sitzen. Einmal pro Woche werden sie während des ganzen Schuljahres für die Neuanfänger da sein und sich Spiele und Überraschungen ausdenken.

Die Direktorin der Schule spricht ein Grußwort. Darin redet sie von einer »schweren Zeit«, von »Problemen mit unseren Nachbarn«. Sie erwähnt auch den 17-jährigen Jungen aus unserem Ort, der im Juli von Terroristen erschossen wurde. Der Grundton ihrer Rede aber ist voller Hoffnung und Freude. Niemand würde dieser engagierten Frau anmerken, dass auch sie in diesem zermürbenden Krieg um Israels Existenzrecht einen Sohn verloren hat. Er ist vor drei Jahren im Kampf gegen die radikal-islamische Hisbollah im Südlibanon gefallen.

Dann sind die Zweitklässler dran, die ihren Nachfolgern zeigen, wie gut sie sich in einem Jahr eingelebt haben und wie schön sie schon lesen können. Es wird gesungen und getanzt. Ein Lied hat mich als Mutter besonders bewegt: »Es ist nicht leicht, hier Kind zu sein, jede halbe Stunde Nachrichten zu hören und zu wissen, dass irgendwo die Mutter betet und eine Träne der anderen folgt. Es ist nicht einfach, hier Kind zu sein und in der Schule über Kriege zu lernen. Aber ich weiß, dass es unter dem blauen Himmel keinen anderen Platz gibt, an dem ich leben will ...«

Zum Schluss verpflichten sich die großen Schüler, ein Vorbild zu sein, und übergeben den Anfängern Papierschlüssel. Darauf stehen Schlüsselworte, die sie begleiten sollen: »Liebe«, »Freundschaft«, »Geduld«, »Menschen ehren«, »Fairness«, »Erbteil«. Bei der Übergabe der Schlüssel wird dann beispielsweise erklärt: »Wir übergeben euch den Schlüssel ›Geduld‹. Geduld heißt, eine andere Meinung zu akzeptieren. Sie ist die Fähigkeit zu verstehen, dass wir nicht alle gleich sind. Möget ihr miteinander geduldig sein und wir auch mit euch!«

Ich weiß nicht, ob ein sechsjähriges Kind das alles begreifen kann. Aber ich bin nicht allein mit dem Eindruck, wie absurd die Beschuldigungen sind, die in Durban gegen Israel ausgesprochen wurden. In Eilat protestiert eine Gruppe von schwarzen Arbeitern gegen den Vorwurf, Israel sei rassistisch.

Deutschland ist ganz weit weg

Und es sollen zu der Zeit viele Völker sich zum Herrn wenden und sollen mein Volk sein, und ich will bei dir wohnen.
(Sacharja 2,15)

Mit großen Augen sitzen die Drittklässler vor mir. In Israel haben Lehrer auch einmal frei. Dann müssen die Eltern den Unterricht gestalten. So kam ich dazu eine Stunde lang gegen eine Horde wilder israelischer Kinder anschreien zu müssen – dachte ich. Aber jetzt sitzen sie vor mir und hören gebannt zu. Das Thema ist »Deutschland«. Meine erste Frage ist, was sie denn über Deutschland wissen.

»Deutschland ist ganz weit weg!« – Aber auf der Karte finden sie das Land schnell. Immerhin ist es ziemlich in der Mitte der Karte. Schwierig wird es dann, als ich mir Israel zeigen lassen will. Inmitten der Weiten des russischen Reiches ist es einfach nicht auffindbar. Aber nach einigem Hin und Her finden wir das kleine Land am südöstlichen Rand des Mittelmeeres dann doch – auf der Landkarte ganz unten rechts.

»In Deutschland gibt es Süßigkeiten«, meint die süße Ajellet und strahlt mich an, »meine Schwester und meine Eltern waren schon dort.« – »In Deutschland macht man Autos«, meint der eher technisch versierte Itai. »Welche denn?«, frage ich zurück, worauf ohne Zögern die Antwort kommt: »Subaru!«

Interessant ist für mich, dass man in Israel ungefähr so viel über Deutschland weiß wie umgekehrt. Und das, obwohl die Kinder hier im Lande schon im Kindergarten mindestens einmal im Jahr möglichst schonend erfahren sollen, was »die Germanim« vor 60 Jahren dem jüdischen Volk angetan haben. Trotzdem kommt der Krieg, den Deutschland gegen die Welt geführt hat, nur einmal ganz kurz, fast nur in einem Nebensatz, zur Sprache.

»In Deutschland gibt es viele ›Pesalim‹«, ruft eine Schülerin. Meine theologische Vorbildung sagt mir, dass das das biblische Wort für »Götzen« sein muss. Immerhin könnte es ja sein, dass da doch eine sitzt, die den inneren Zustand Deutschlands besser kennt, als ich mir gedacht habe. Trotzdem frage ich lieber noch einmal zurück. Schließlich finden wir heraus, dass damit wohl Statuen und Denkmäler gemeint sind, die dem Mädchen eindrücklich waren. Und tatsächlich, in dem Bildband über Sachsen, den wir herumreichen, prangt auf dem ersten Foto August der Starke in voller Statur vor Schloss Moritzburg.

Oded, der Vater, der das ganze Experiment einer Unterrichtsstunde über Deutschland eingefädelt hat, nimmt das als Aufhänger. Er will, dass ich noch etwas über die Geschichtsträchtigkeit der deutschen Kultur erzähle. Immerhin sei Deutschland doch ein altes Land mit langer Tradition – im Gegensatz zu Israel.

Und da verheddern wir uns vor unseren Kindern. Denn was hat Berlin schon zu bieten im Gegensatz zur 5000-jährigen Geschichte Jerusalems. Und auch die Bundesrepublik Deutschland in ihren heutigen Grenzen ist gerade mal einen Tag älter als unser ältester Sohn. Jetzt bekommt der große Augen, der eigentlich die Kinder lehren wollte. Denn dass die Existenz von Juden im Rheinland schon im ersten Jahrhundert vor Christus bezeugt ist, hätte er nicht gedacht. Die Geschichte der Deutschen dagegen beginnt erst mit der Schlacht im Teutoburger Wald, im Jahre 9 nach Christus.

Haus des Buches

Und es wird keiner den andern noch ein Bruder den andern lehren und sagen: »Erkenne den Herrn«, sondern sie sollen mich alle erkennen, beide, Klein und Groß, spricht der Herr. *(Jeremia 31,34)*

Schule heißt im Hebräischen »Beth Sefer«, »Haus des Buches«. Bibellesern kommt das sicher bekannt vor: die Stadt Bethlehem, »Beth Lechem«, heißt »Haus des Brotes«. Gleicherweise wird der Tempel hebräisch »Haus des Heiligtums« genannt, Krankenhaus heißt »Haus der Kranken« und ein Café das »Haus des Kaffees«.

Da eine Schule an sich ein Gebäude ist, in dem dauernd Bücher gebraucht werden, erscheint die Bezeichnung »Beth Sefer« mehr als logisch. Ursprünglich aber war das »Beth Sefer« nicht das Haus irgendwelcher Lehrbücher, sondern das Haus eines ganz bestimmten Buches, und zwar des Buches der Bücher.

Heute denkt kaum ein Schüler oder Lehrer mehr darüber nach. Die ursprüngliche Bedeutung ist ganz aus dem Bewusstsein der Menschen verschwunden, so dass heute im Neuhebräischen christliche Bibelschulen »Beth Sefer Tenachi«, »Haus des Bibelbuches«, genannt werden, was im Grunde doppelt gemoppelt ist, so als würde man ein Hallenbad »Schwimmhaus des Schwimmens« nennen.

Wir haben das Buch der Bücher vergessen, so wie wir Gott vergessen haben. Und doch bin ich davon überzeugt, dass die israelische Schule noch am ehesten ihre Bezeichnung zu Recht und sogar mit Stolz tragen darf.

Nicht nur an orthodoxen Schulen, sondern auch an ganz gewöhnlichen staatlichen Schulen werden die fünf Bücher Mose, die Tora, unterrichtet. Durchschnittliche israelische Schüler haben ein ganz schönes Bibelwissen vorzuweisen. An allen Schulen gibt es Bibelquize, in denen die Jungen und Mädchen ihre Bibelkenntnisse messen. Bei einem solchen Wettbewerb kam eine Schülerin ins

Schwitzen, als sie zwar alle Namen von Noahs Familienmitgliedern aufzählen konnte, über sein Alter, seine Gerechtigkeit und den Bau der Arche Bescheid wusste, sich aber nicht daran erinnern konnte, welches große Ereignis zu seinen Lebzeiten die ganze Welt bewegte. Ach ja: Und wer setzte seine Frau und Söhne auf einen Esel?

Als unsere zwölfjährige Tochter für eine Klassenarbeit das zweite Königsbuch durcharbeiten musste, hat sie geschimpft: »Wer soll sich da schon auskennen!?« – »Im fünften Jahr Jorams, des Sohnes Ahabs, des Königs von Israel, wurde – Joschafat war noch König von Juda – Joram, der Sohn Joschafats, König von Juda« (2. Könige 8,16). Und dann gibt es da noch Pekachja und Pekach, den Sohn Remaljas, und Joasch – von denen gab es auch zwei, nämlich einen judäischen und einen israelitischen – und Jotam und Josia und Joahas und ihre Mütter, die Sibja und Jeruscha und Jedida hießen ... »Uff!«

Wenn wir abends unseren Kindern aus der Bibel vorlesen und die Älteren sich nebenher an den hebräischen Originaltext erinnern und kontrollieren, ob Martin Luther auch richtig übersetzt hat, können wir sie nur beneiden. Selbst ein Theologiestudium hat dagegen nur wenig zu bieten.

Judenschulen, alte Sprachen und das Verhältnis zur Heiligen Schrift

Bis Himmel und Erde vergehen, wird nicht vergehen der kleinste Buchstabe noch ein Tüpfelchen vom Gesetz, bis es alles geschieht. *(Matthäus 5,18)*

Wenn jemand wissen will, wie viel Hebräisch er schon versteht, muss er nicht unbedingt die Nachrichten im Radio anhören – wie das in den Hebräisch-Sprachkursen empfohlen wird. Man kann auch zu einem Elternabend in der Schule gehen. Besonders geeignet ist das Thema »Kindergeburtstag«, das bei uns jedes Jahr auf dem Programm steht. In Israel scheint es ein »Muss« zu sein, den Geburtstag mit der ganzen Klasse zu feiern.

Deshalb fangen die Eltern dann am Elternabend an, wild zu diskutieren. Es gibt keinen, der nicht irgendeinen Vorschlag, eine Erfahrung, einen Wunsch oder eine Idee hat. Die Lehrerinnen bitten vergeblich, auch etwas sagen zu dürfen. Kaum mehr Chancen mit ihrem Anliegen, auch einmal zu Wort kommen zu dürfen, haben sie, wenn dann die verschiedentlich anfallenden Kosten oder die Wahl des Elternrates lautstark verhandelt werden. Alle reden durcheinander. Ich komme mir vor wie in einer »Judenschule«.

So haben die Lehrer eine Möglichkeit gefunden, in Ruhe über Erfolge und Misserfolge, Verhalten und Fehlverhalten der Sprösslinge zu reden. Die Eltern werden einzeln mit ihren Kindern eingeladen. Gerade unterhalten wir uns darüber, dass es im Fach »Tenach« sehr schwer ist, die Texte zu verstehen. »Tenach« ist die Abkürzung für die hebräische Bibel, bei uns landläufig »Altes Testament« genannt.

»Es ist fast eine andere Sprache«, stimmt mir die Klassenlehrerin unseres ältesten Sohnes zu. »Ist das nicht bei euch Christen mit dem Neuen Testament ähnlich?« – »Nein, wir Christen lesen die Bibel nur selten in der Ursprache«, erkläre ich ihr. »Christen benützen Übersetzungen und geben immer wieder neue Ausgaben in der heutigen Sprache heraus.« – »Das dürften wir auf keinen Fall«, sagt sie mit großer Dringlichkeit in der Stimme. Sie ist keine orthodoxe Jüdin, aber eines ist ihr klar: Bibeltexte müssen ganz getreu überliefert werden. »Nicht der kleinste Buchstabe noch ein Tüpfelchen vom Tenach« dürfe verändert werden.

Jüdische Schreiber werden bis heute mit äußerster Sorgfalt jahrelang ausgebildet. Nach genau festgelegten Regeln schreiben sie die Schriftrollen, aus denen im Gottesdienst vorgelesen wird, von Hand mit einer Feder auf wertvollstes Pergament ab. Dasselbe gilt für die traditionellen »Mesusot« und »Tefillin«, die Schriftstellen, die nach 5. Mose 6,8-9 während des Gebets an Hand und Stirn sowie an jedem Türpfosten befestigt werden.

Im Zeitalter des Computers werden die Korrekturleser durch modernste Programme ersetzt, die sich auf die alten hebräischen Handschriften verstehen. Gleich geblieben aber ist die Penibilität, mit der das Wort Gottes überliefert wird. Wenn auch nur ein Buchstabe nicht vorschriftsmäßig ausgeführt wurde, ist das gesamte Schriftstück »unkoscher«, für den kultischen Gebrauch »unrein«. Dann kann auch nicht mit den modernsten Methoden »radiert« oder verbessert werden. Das fehlerhafte Schriftstück wird auch nicht einfach weggeworfen. Es ist ja heiliges Gotteswort. Deshalb wird es, wie ein menschlicher Leichnam, beerdigt.

Erste Voraussetzung für den uralten Schreiberberuf ist deshalb die Charaktereigenschaft »Ehrlichkeit«. Orthodoxe Juden müssen sich dann ja darauf verlassen, dass an der Schrift wirklich nichts verändert wurde. Erst danach kommen die ganzen Fertigkeiten, vom Herstellen des Federkiels über die Zubereitung des Pergaments, bis hin zu einer kalligraphischen und theologischen Expertise. Unter Einhaltung uralter Regeln wird so bis heute das »Wort vom Sinai« von einer Generation an die nächste weitergegeben.

Ich erläutere der Lehrerin meines Sohnes, dass es unter uns Christen nur wenige gibt, die die Bibel in den Originalsprachen lesen können. Die meisten Christen, selbst die ganz Frommen, sind auf Übersetzungen angewiesen.

Draußen auf dem Gang wartet schon eine Mutter mit ihrer Tochter. Wir müssen uns verabschieden. Eigentlich hätte ich mich bedanken müssen: »Danke, dass ihr es mit der Bibel immer so ernst genommen habt! Danke, dass ihr es bis heute so ernst nehmt und uns das Wort Gottes erhalten habt!« Ohne diese akribischen Schreiber hätten Reformatoren wie Martin Luther keine Möglichkeit gehabt, nach 1.500 Jahren Kirchengeschichte für ihre Übersetzungen auf einen »Urtext« zurückzugreifen.

Jüdischer Schreiber bei der Arbeit

»Rosch HaSchanah«, das jüdische Neujahrsfest

… ein Tag des Posaunenblasens (4. Mose 29,1)

Von unseren Nachbarn, amerikanischen Juden, sind wir am Neujahrstag zum Mittagessen eingeladen. »Ich schreibe gerade darüber, dass hier in Israel ›Rosch HaSchanah‹ wirklich der Anfang des neuen Jahres ist«, erzählte Teddy, der Familienvater. »Ich bin begeistert. In Amerika haben wir zwar Rosch HaSchanah gefeiert, aber offiziell fing das neue Jahr immer erst im Januar an.«

Der Anfang des jüdischen Kalenderjahres fällt in die Monate September oder Oktober, kurz nach dem Schulanfang. Es gibt weder Schnee noch Champagner oder Feuerwerk. Der Sommer ist noch da, die Ernte geht zu Ende und man ist mitten in den Vorbereitungen auf das dritte biblische Wallfahrtsfest, das Laubhüttenfest, mit dem dann in der Regel auch die Regenzeit beginnt.

In der Bibel begegnen wir zwei Jahresanfängen. Im Frühjahr beginnt kurz vor dem Passahfest mit dem Monat Nissan das religiöse Jahr. Am Anfang des siebten Monats des religiösen Jahres, dem Monat Tischri, liegt Rosch HaSchanah, das zivile Neujahr, mit dessen Beginn auch die Jahre des jüdischen Kalenders gezählt werden.

Wie jedes jüdische Fest fängt auch Rosch HaSchanah mit dem Sonnenuntergang am Vorabend des Neujahrstages an. Nach dem Besuch der Synagoge versammeln sich die Familien zu einem Festmahl. Man wünscht sich »Schanah Tovah!«, »ein gutes Jahr« oder auch ein »gutes und süßes Jahr«.

Auf einem festlich gedeckten Tisch darf nie Brot und Wein fehlen, deren Segen immer am Anfang eines Festes steht. Dann wird an Neujahr ein Fisch gegessen, und zwar einschließlich des Kopfes, um daran zu erinnern, dass geschrieben steht: »Und der Herr wird dich zum Kopf machen und nicht zum Schwanz, und du wirst immer aufwärts steigen und nicht heruntersinken, weil du gehorsam bist den Geboten des Herrn, deines Gottes, die ich dir heute gebiete zu halten und zu tun« (5. Mose 28,13).

Das neue Jahr soll süß sein. Deshalb isst man Äpfel, die in Honig getunkt werden, und Honigkuchen. Die Granatäpfel, die gerade reif geworden sind und untrennbar zum jüdischen Neujahrsfest gehören, erinnern mit ihren vielen Kernen, genau wie die Nüsse, an den vielfältigen Segen, den man sich für das kommende Jahr wünscht.

Rosch HaSchanah, der »Jahresanfang«, ist eine Zeit der Besinnung, der Umkehr und des Neuanfangs, gerade auch im Blick auf den großen Versöhnungstag, der zehn Tage danach folgt. Die jüdische Tradition legt die Erschaffung des ersten Menschen und damit den Geburtstag der Menschheit und der Welt auf diesen Tag.

»Am ersten Tage des siebenten Monats sollt ihr Ruhetag halten mit Posaunenblasen zum Gedächtnis, eine heilige Versammlung«, sagt die Heilige Schrift über Rosch HaSchanah (3. Mose 23,24) und erwähnt das Neujahrsfest mehrfach als »Jom Tru'ah«, »Tag des Posaunenschalls«. Nach dem Morgengebet wird deshalb in der Synagoge das Widderhorn, hebräisch »Schofar«, geblasen. Der Schall des Schofarhorns erinnert an die Bereitschaft Abrahams, seinen Sohn Isaak zu opfern (1. Mose 22,1-19).

Chassidische Juden erklären ihn auch als wortlosen Schrei aus der Tiefe des Herzens: »Für unsere Sünden haben wir keine Ausflucht, keine eigene Rechtfertigung vor Gott.« Rabbi Schlomo Riskin aus Efrat hört im Schall des Schofarhorns auch unseren an Gott gerichteten Protest über die Unvollkommenheit der Welt.

Am Nachmittag des ersten Neujahrstages versammeln sich Juden in der ganzen Welt an Flüssen, Seen oder am Meer, um zu Beginn des neuen Jahres symbolisch ihre Sünden, auf kleine Papierschnipsel geschrieben, hineinzuwerfen. Im Hebräischen nennt man diese Zeremonie »Taschlich« (vergleiche Micha 7,18-20; Psalm 103,8-13).

Wenn der erste Neujahrstag auf einen Sabbat fällt, wird das Schofarhorn erst am zweiten Neujahrstag geblasen, da dies nicht an einem Sabbat geschehen darf. Auch der Taschlich wird dann erst am Nachmittag des zweiten Tages durchgeführt.

Der chassidische Rabbi Nachman von Bratzlav wusste, dass die Hauptfreude am Neujahrsfest eine Frucht der Buße ist, dass man neu beginnen darf. Obwohl Rosch HaSchanah und der Schall des Schofarhorns eine Ankündigung des Gerichts sind, wissen die

Chassiden doch zu feiern, denn »wir werden von unserem Vater im Himmel geliebt und er möchte uns zu sich ziehen«.

Am Mittagstisch unserer Nachbarsfamilie geht es lebhaft zu. Außer unserer sechsköpfigen Familie sitzen da noch Teddy, seine Frau Sarah und ihre fünf Kinder Nathan, Rivka, Ruti, Esra und Eli. Beim Genuss all der guten Sachen – der Fischkopf vom Vorabend ist glücklicherweise nicht mehr da – entwickelt sich ein angenehmes Gespräch: über Sarahs Dienstreisen nach Europa, wie anstrengend manchmal die Suche nach koscheren Restaurants ist oder auch über die Mormonen, die in Jerusalem ihre Universität haben.

»Jamim HaNora'im«, Zeit der Umkehr

Bekehre dich, Israel, zu dem Herrn, deinem Gott
(Hosea 14,2)

Die ersten zehn Tage des jüdischen Jahres sind Tage der Umkehr. Auf Hebräisch werden diese Bußtage zwischen dem jüdischen Neujahr und dem Großen Versöhnungstag »Jamim HaNora'im«, »die ehrfurchtgebietenden Tage«, genannt.

Unmittelbar auf Rosch HaSchanah folgt ein Tag, der den Namen »Gedalja-Fasten« trägt. Das jüdische Volk gedenkt an diesem Tag der Ermordung des jüdischen Statthalters Gedalja Ben Ahikam, den die Babylonier nach der Eroberung Jerusalems im Jahre 586 v. Chr. eingesetzt hatten (vergleiche 2. Könige 25,22-26).

Fromme Juden nehmen an diesem Tag von Sonnenaufgang bis Sonnenuntergang keinerlei Nahrung zu sich. In den Synagogen werden besondere Schriftstellen verlesen, aber der Tag ist kein öffentlicher Feiertag.

In den vergangenen Jahren haben politisch linksgerichtete, orthodoxe Juden begonnen, zum Gedalja-Fasttag einen besonderen Gottesdienst auf dem Rabin-Platz in Tel Aviv zu feiern. Damit stellen sie eine Verbindung her zwischen diesem ersten politischen Mord an einem führenden jüdischen Politiker und der Ermordung des israelischen Premierministers Jitzchak Rabin am 4. November 1995.

Nach alter rabbinischer Tradition öffnet Gott an den beiden Neujahrstagen drei Bücher. Im ersten sind alle Gerechten verzeichnet, im zweiten diejenigen, die weder ausgesprochen gut noch sehr böse sind, und im dritten Buch die Übeltäter. Die Völker werden während der »Jamim Nora'im« zur Rechenschaft gezogen. Religiöse Juden unterziehen sich deshalb einer besonderen inneren Prüfung und bemühen sich um Aussöhnung mit Gott und dem Nächsten.

Der Sabbat zwischen Neujahr und Versöhnungstag ist der »Schabbat Schuvah«, der »Sabbat der Umkehr«. An diesem Buß-Sabbat wird Hosea 14,2-10 verlesen. Der Text beginnt mit den Worten: »Bekehre dich, Israel, zu dem Herrn, deinem Gott; denn du bist gefallen um deiner Schuld willen.«

Die Jamim Nora'im fügen sich ein in eine besondere Zeit der Besinnung, die ihren Höhepunkt im Großen Versöhnungstag, dem »Jom Kippur«, findet. In dieser Zeit werden – außer an den beiden Neujahrstagen – vor dem Morgengebet spezielle Bußgebete, die »Slichot«, rezitiert. Nach dem Schacharit wird dann das Schofarhorn geblasen.

Sephardische Juden beginnen mit diesen Bußgebeten bereits am Anfang des Monats Elul, der dem Monat Tischri vorangeht. Aschkenasische Juden fangen je nach Tradition zu unterschiedlichen Zeitpunkten in den zwei Wochen vor Rosch HaSchanah an, die Slichot zu beten, wenigstens jedoch vier Tage vor dem neuen Jahr.

Die Rabbinen sehen den Ursprung dieser Bußzeit in der Heiligen Schrift. Nachdem sich Israel das Goldene Kalb gemacht hatte, stieg Mose am 1. Tag des Monats Elul wieder auf den Berg Sinai, um vor Gott die Vergebung der Sünden des Volkes zu erbitten. Nach vierzig Tagen kehrte er schließlich am 10. Tischri, dem Großen Versöhnungstag, wieder zurück und brachte die zweiten Gesetzestafeln mit, als Zeichen der erneuerten Gnade Gottes.

Meine Nerven

Wie um Jerusalem Berge sind, so ist der Herr um sein Volk her von nun an bis in Ewigkeit. *(Psalm 125,2)*

Der Weg »hinauf nach Jerusalem« wurde im Laufe der Jahrhunderte vielfach ersehnt, umträumt und besungen. Vor hundert Jahren waren es kriegerische Beduinen, die auf einer Reise durch das Gebirge Juda bewaffnete Begleiter erforderlich machten. Heute ist die Autobahn, die sich halsbrecherisch durch die Berglandschaft windet, total verstopft. Im Notfall gäbe es selbst für einen Rettungswagen kein Durchkommen, weil die Blechlawine nicht einmal vor dem Standstreifen Respekt zeigt – geschweige denn vor meinem Terminkalender oder meinen schwäbischen Vorstellungen von effektiver Zeitplanung.

Glücklicherweise kenne ich mich in den Bergen um Jerusalem etwas aus. So biege ich bereits in Mevasseret Zion, auf der letzten Anhöhe vor der Hauptstadt des modernen Israel von der Schnellstraße ab. Zur rechten Hand grüßt die Festung Castell, die im israelischen Befreiungskrieg Ende der 40er Jahre als eine der Schlüsselstellungen für einen freien Zugang zu Jerusalem von Arabern und Juden heiß umkämpft wurde. Nach ein paar Kilometern sehe ich den Kibbuz Zuba liegen, der zwar Touristen wenig bekannt, dafür aber bei Kindern umso beliebter ist wegen seiner großzügigen Freizeitanlagen und dem kleinen Zoo.

Die enge Straße windet sich durch grüne Wälder und an engen Schluchten entlang. Im Tal will ich Ein Karem, die malerische Heimatstadt Johannes' des Täufers, und seine engen Gassen umgehen. Deshalb entschließe ich mich, noch einmal nach rechts abzubiegen. Die Straße am Hadassah-Krankenhaus, der größten Gesundheitsfabrik im Nahen Osten, müsste frei sein. Doch damit habe ich mich ganz offensichtlich verrechnet.

Ganz Jerusalem scheint sich zu Krankenbesuchen aufgemacht zu haben, sofern es nicht der Grippevirus war, der die Menschen hierher gezwungen hat. Rechts und links ist der Straßenrand von den Fahrzeugen sparsamer Autofahrer gesäumt, denen die Parkplätze am Krankenhaus zu teuer sind.

Und dann geht plötzlich gar nichts mehr. Vor mir steht ein alter Ford Transit. Sein Eigentümer gehört offensichtlich zu der orientalischen Spezies, die eine Beule am Auto nicht als Kratzer im Image betrachtet. Für solche Autofahrer ist ein verdelltes Auto in etwa dasselbe wie das von Narben zerfurchte Gesicht eines mittelalterlichen Kreuzritters: ein Zeichen der Verwegenheit, der Furchtlosigkeit und der Erfahrung. Und an alledem scheint der Transit-Fahrer keinen Mangel zu leiden.

Diese Tatsache scheint dem Mercedesfahrer, der uns entgegenkommt, unheimlich zu sein. Wild gestikulierend steht der beleibte Araber mitten auf der Straße, während sich hinter ihm die Autos stauen. Mein Hintermann scheint einen Krampf in der Hand zu haben, die auf seiner Hupe liegt. Oder hat er einen Herzschlag erlitten und ist nach vorne gesackt? Ich sehe nach. Auf meine Frage, wem sein Hupkonzert denn etwas nützt, nimmt er die Hand vom Lenkrad und lacht mich an: »Meinen Nerven!«

Überlebenstraining

Alles Fleisch sei stille vor dem Herrn … (Sacharja 2,17)

Der Straßenverkehr in Israel ist ein Kapitel für sich. Zuerst einmal muss man sich an das ständige Hupen gewöhnen. Am besten sollte man das Hupen gar nicht beachten – was mit der Zeit sogar einer Tschechin gelingen soll. Dafür sollte man dann aber desto mehr die eigene Hupe benützen, nach dem Motto: »Aufgepasst, jetzt komme ich!«

Wenn es in der Stadt einen Stau gibt, ist das für die meisten Autofahrer ein besonderer Anreiz, jeden freien Raum zu nutzen. Dauernd wechseln sie die Spur. Wehe dem, der schüchtern oder vorsichtig ist und sich nicht traut zu drängeln. Der bleibt hoffnungslos auf der Strecke und möglicherweise eingekeilt zwischen den fähigeren Fahrern stecken. Übrigens: Je größer der Wagen, desto besser. Dann trauen sich die anderen nicht so …

Vor ein paar Jahren erzählte mir eine Freundin aus Tiberias, wie die Leute dort ihre Verkehrsregeln durchsetzen. Die Stadtverwaltung hatte an einer dauernd verstopften Kreuzung eine Ampel aufstellen lassen. Doch das schien den Tiberiaden nicht zu passen. Sie wollten ihren Verkehr. Nachdem die Ampel mehrfach heruntergerissen worden war, beugte sich die Stadtverwaltung. Die Israelis lieben ihren Fahrstil – und als Ausländer tut man gut daran, sich damit abzufinden.

Fast täglich wartete ich vergeblich an einem Zebrastreifen am Straßenrand darauf, über die Straße gelassen zu werden, vor mir der Kinderwagen mit unserem Baby, an der Hand die zweijährige Tochter. Wir waren auf dem Weg zum Kindergarten, um unseren Ältesten abzuholen.

Endlich, endlich wird ein Auto langsamer und hält an. Aber nicht etwa vor dem Zebrastreifen, sondern darauf. Aus dem Fenster schauen zwei begeisterte junge Damen: »Was für hübsche Kinder! Wie süß! Wie heißt du denn, Mädchen?« – Ohne eine Antwort abzuwarten, wird das Fenster wieder hochgekurbelt. Der Wagen setzt seinen Weg fort, gefolgt von einer langen Schlange weiterer Fahrzeuge.

Da packe ich meinen ganzen Mut – um nicht zu sagen, Frechheit – zusammen. Immerhin bin ich schon einige Zeit in Israel! Ich schaue dem nächsten Autofahrer direkt in die Augen und schiebe mich mit dem Kinderwagen in den Zwischenraum. Die große Schwester ziehe ich an der Hand hinter mir her. So werde ich das jetzt immer machen. Niemand wird deswegen böse. Es ist doch ganz normal, und außerdem habe ich so hübsche, süße, blonde Kinder ...

Und dann kommt der Jom Kippur, der große Versöhnungstag, der heiligste Tag im jüdischen Kalender. Das jüdische Volk fastet, sammelt sich in den Synagogen und bittet um Vergebung seiner Sünden. Das ganze Land steht still. Radio und Fernsehen schweigen. Selbst säkulare Juden und Araber lassen ihre Autos gehorsam stehen. Der Verkehr kommt für 24 Stunden zum Stillstand. Auf den größten Verkehrsstraßen gibt es nur Kinder mit Fahrrädern, Rollschuhen und Skateboards. Niemand hupt. In dem sonst so lauten Jerusalem hört man nur das Lachen der Kinder – oder auch ihr Weinen ... über ein aufgeschlagenes Knie.

Jom Kippur, der Große Versöhnungstag

Ein feierlicher Sabbat soll er euch sein und ihr sollt fasten.
(3. Mose 23,32)

Versöhnung

Mit Sonnenuntergang des 9. Tischri beginnt der Große Versöhnungstag, der Jom Kippur. Bereits am frühen Nachmittag ist alles Leben in Israel zum Stillstand gekommen. »Das große weiße Fasten«, wie dieser heiligste Tag des Judentums auch genannt wird, endet mit Sonnenuntergang am 10. Tischri mit dem Blasen des Schofarhorns.

Einige ultraorthodoxe Gemeinschaften schlachten am Morgen des 9. Tischri ein Huhn, schwingen das Opfertier über dem Kopf des Sünders und symbolisieren in dieser traditionellen »Kaparot«-Zeremonie, dass für die Vergebung der Sünden Blut fließen muss. In einigen Gemeinden wurde dieses symbolische Schlachtopfer durch Almosen ersetzt.

Am Jom Kippur ruht alles öffentliche und private Leben in Israel. Es gibt weder Radio- noch Fernsehsendungen. Der Verkehr im gesamten Land liegt still. Nur Krankenwagen für Notfälle und Sicherheitskräfte werden auf den Straßen geduldet. Alle anderen Kraftfahrzeuge laufen Gefahr, mit Steinen beworfen zu werden.

Selbst Israelis, die sich sonst als säkulare Juden bezeichnen würden, fasten an diesem Tag. Das Tragen von Lederkleidung und Schmuck, der Gebrauch von Kosmetik, das Baden und der Geschlechtsverkehr sind nach jüdischem Gesetz an diesem Bußtag verboten. Der Große Versöhnungstag ist geprägt von einer Stimmung der Ehrfurcht und Beklemmung, der Verzweiflung und des Grauens im Blick auf die eigene Schuld angesichts des heiligen Schöpfergottes.

Gesetzestreue Juden verbringen den ganzen Tag in ein weißes Bußgewand gehüllt – meist ist das ihr Totengewand – betend in der

Synagoge. Am Nachmittag wird das Buch Jona verlesen. Außerdem wird an diesem Tag der Verstorbenen gedacht.

Normalerweise werden Fastentage, die auf einen Sabbat fallen, um einen Tag verschoben. Der Jom Kippur ist die einzige Ausnahme von dieser Regel. Der Grund dafür ist, so erklären Rabbiner, dass der Große Versöhnungstag zwar für Außenstehende wie ein Tag der Trauer und der Zerknirschung aussehen mag. Aus Sicht der Gläubigen überwiegt letztendlich aber die Freude über die Erfahrung der Vergebung und der Möglichkeit eines Neuanfangs. Deshalb erklärt der Talmud im Traktat Ta'anit auch, dass in Israel keine Tage so von der Freude bestimmt sind, wie der Jom Kippur und der 15. Av.

Nach jüdischer Tradition wird am Großen Versöhnungstag das Schicksal für das kommende Jahr versiegelt. Deshalb grüßt man sich in der Zeit um den Jom Kippur mit »Gmar Chatimah Tovah«, was frei übersetzt heißt: »Mögest du zum Guten eingeschrieben und versiegelt sein!«

Seit dreißig Jahren ist dieser Tag für den modernen Staat Israel mit einer der größten Katastrophen in seiner Geschichte verbunden, dem Jom-Kippur-Krieg. Am 6. Oktober 1973, dem Jom Kippur, griffen Ägypten und Syrien den jüdischen Staat an. Die israelischen Nachrichten- und Sicherheitsdienste waren davon vollkommen überrascht. Die Bar-Lev-Linie am Suez-Kanal, eine israelische Befestigungsanlage, die als uneinnehmbar galt, brach binnen weniger Stunden zusammen. Tagelang war die Lage des Staates Israel sehr prekär.

Schimon, mein Taxifahrer

Und wenn dich jemand nötigt eine Meile mitzugehen, so gehe mit ihm zwei. (Matthäus 5,41)

Mit 160 km/h fährt Schimon in Richtung Flughafen – erlaubte Höchstgeschwindigkeit sind 90 Stundenkilometer. Es ist frühmorgens um 4 Uhr und stockdunkel. Nein, wir sind nicht zu spät dran. Wir fahren nur auf der Straße 443, dem direktesten Weg von Nordjerusalem zum Ben-Gurion-Flughafen. Und an dieser Straße wurde in den vergangenen Tagen und Wochen mehrfach auf israelische Autos geschossen. Die 443 führt nur wenige hundert Meter an der palästinensischen Autonomiestadt Ramalla vorbei. »Mich bekommen sie nicht!«, lacht Schimon: »Deshalb habe ich auch das Licht ausgeschaltet ...«

In biblischer Zeit war diese natürliche Trasse zwischen der Priesterstadt Gibeon und der Küstenebene als »Steige von Beit-Horon« bekannt. Als Josua das Land Israel eroberte, ließ der Herr in dieser Gegend große Steine vom Himmel auf die Feinde Israels fallen, so erzählt die Bibel, und Sonne und Mond über dem Tal Ajalon stillstehen, damit die Israeliten ihren Kampf zu Ende führen konnten (vergleiche Josua 10,11-14). Eine israelische Zeitung bezeichnete diesen historischen Zugang zu Jerusalem einmal als »Blutstraße«. Mehrere Autofahrer wurden auf der zur vierspurigen Autobahn ausgebauten 443 von palästinensischen Terroristen erschossen.

Das war vor fast einem Jahr. Nachdem die Israelis im Rahmen der Operation »Schutzwall« in Ramalla einmarschiert sind, ist Ruhe eingekehrt. Der Verkehr strömt wieder, mittlerweile gibt es sogar schon wieder Staus auf dieser Straße. Kein Richter würde heute mehr einen Verkehrssünder freisprechen, wie jenen Autofahrer, der mit mehr als 180 km/h erwischt wurde, dann aber glaubhaft machen konnte, dass es ein größeres Risiko sei, auf der »Blutstraße« langsamer zu fahren. »Wir sind doch keine Enten, die dasitzen und warten, bis sie abgeschossen werden!«, war die Argumentation, die dem Raser aus der Patsche half. Auch Schimon fährt heute wieder gesittet und mit eingeschalteten Scheinwerfern zwischen Tel Aviv und Jerusalem.

Aber mein Problem mit dem Ruf der 443 ist geblieben. Manche Taxifahrer vom Toten Meer brauchen gar eine Sondergenehmigung, um Jerusalem anfahren zu dürfen. Zu groß ist die Angst vor dem Unbekannten, vor den »Gebieten«, die auch viele »brave« Israelis lediglich aus den Medien kennen. Oder dann kommt es vor, dass mir ein Taxifahrer am Flughafen verspricht, mich nach Nordjerusalem über die 443 zu fahren. Bei Modi'in, kurz vor dem Übergang in die »besetzten Gebiete« bekommt er es dann aber doch mit der Angst zu tun und lässt mich kurzerhand aussteigen, einfach so, mitten in der Landschaft. Nur gut, dass Schimon nur einen Telefonanruf entfernt ist und mich abholt.

Auf der Fahrt durch die Berge von Samaria erklärt er mir dann, dass Taxifahrer noch ganz andere Probleme mit Sonderwünschen haben. Der eine will wegen der Sitze nur Mercedes fahren. Der nächste bestellt das Taxi unter der Bedingung, dass das Auto nicht aus deutscher Produktion stammt. Einer vermerkt bereits bei der telefonischen Bestellung, dass er nur mitfährt, wenn er rauchen darf. Ein anderer will nur in ein Auto steigen, in dem noch nie geraucht wurde. Je nach Vorstellung der Kunden muss die Taxizentrale per Bestellung einen »jungen«, »hübschen«, »netten« oder auch »erfahrenen« Fahrer schicken. Und natürlich gibt es Frauen, die steigen nur zu einer Frau ins Auto.

Überhaupt, setzt Schimon die Liste möglicher Kundenwünsche fort, sind religiöse Fragen ein ganz entscheidender Faktor für einen Taxifahrer im Heiligen Land. Natürlich gibt es religiöse Juden, die würden nie zu einer Frau ins Auto steigen. Einer erbittet ein Taxi ohne Radio, während ein anderer eine ganz bestimmte Musik erwartet. Nicht selten muss Schimon die Fahrt für die vorgeschriebenen Gebete unterbrechen oder für seine Fahrgäste einen »Minjan«, die für den Synagogengottesdienst vorgeschriebenen zehn Männer, zusammensuchen.

Gar nicht selten wird vor Antritt der Fahrt gefragt, ob das Auto am Sabbat ruhen darf. Es gibt orthodoxe Juden, die fahren nur mit einem Fahrer, der sich selbst an die religiösen Regeln hält, denen zufolge man nicht am Sabbat Auto fahren darf. Eine Rabbinersfrau wollte zwar mit ihm fahren, »aber nicht in der Nacht« oder »nur in der Stadt«. Sobald sie dann die Stadt verlassen, muss Schimon alle Fenster öffnen, damit die Dame sich nicht entgegen der jüdischen Gebote mit einem fremden Mann in einem geschlossenen Raum befindet.

Als ob das alles nicht hinreichte, um meinem armen Schimon den Kopf rauchen zu lassen, gibt es dann immer noch die »unkomplizierten« Fahrgäste, die mit guten Ratschlägen und Bitten nicht sparen: »Fenster auf – Fenster zu ... Radio aus – Radio an ... Fahr nicht schneller als 100 km/h – Jetzt beeil dich aber ...« – »Taxifahren ist eine Lebensschule«, erklärt Schimon schmunzelnd und deutet noch manches »seelsorgerliche« Gespräch und persönliche Geheimnis an, das dem Taxifahrer auf kurzen oder längeren Fahrten, einmaligen Begegnungen oder regelmäßigen Transfers anvertraut wurde: »Aber darüber darfst du nicht schreiben!«

Trotz aller Lebenserfahrung, die ein israelischer Taxifahrer im Laufe der Zeit sammelt, gibt es immer wieder Situationen, die Schimon sprachlos werden lassen. Alle Taxis im Heiligen Land haben Taximeter. Das hält viele Israelis jedoch nicht davon ab, über den Preis verhandeln zu wollen. Normalerweise hilft der Verweis auf feste Preislisten und die Pflicht eine Quittung auszustellen. Vor einiger Zeit setzte eine Kundin allerdings ein Mittel ein, gegen das selbst der erfahrene Schimon machtlos war. »Wenn du mir meinen Preis nicht gibst«, drohte sie, »zerreiße ich mir meine Bluse, springe aus dem Wagen und fange an, laut zu schreien!«

Das Sabbatjahr 5761

Im siebten Jahr sollst du das Land brach liegen lassen.
(2. Mose 23,11)

Mose hatte die Anordnung Gottes vom Berg Sinai an die Israeliten schon in der Wüste vor dem Einzug in das Gelobte Land weitergegeben. In jedem siebten Jahr, das heißt in jedem »Sabbatjahr«, sollen jüdische Landwirte ihr Ackerland ein Jahr lang nicht bearbeiten und auch den Ertrag dieser Felder nicht auf dem Markt zum Verkauf anbieten.

Das jüdische Jahr 5761, das am Abend des 29. September 2000 mit dem jüdischen Neujahrsfest begann, war ein solches Erlass- oder »Schmitta«-Jahr. Am 24. März 2001 begann der hebräische Monat Adar und damit der erste Monat des landwirtschaftlichen Kalenders der Bibel. Ab diesem Zeitpunkt durften jüdische Obst- und Gemüsehändler keine landwirtschaftlichen Produkte mehr verkaufen, die von Juden innerhalb der Grenzen des Landes Israel angebaut worden waren. Bei einem Verstoß gegen diese Anordnung droht Geschäften der Verlust des »Kaschrut-Zertifikats«, einer rabbinischen Bescheinigung, die bestätigt, dass die verkauften Produkte »koscher«, das heißt kultisch rein, sind. Strenggläubige Juden kaufen ihre Lebensmittel ausschließlich in Läden, die diese Bestätigung des örtlichen Rabbiners besitzen.

Die Anordnungen für das Sabbatjahr gelten nur für das Land Israel unter jüdischer Oberhoheit. Deshalb gilt Gemüse, das in den besetzten Gebieten, in Jordanien oder außerhalb der historischen Grenzen Israels angebaut wird, als »koscher«. Aufgrund der traditionellen rabbinischen Festlegung der Grenzen des Landes Israel für die Anwendung der »Schmitta«-Gesetzgebung sind auch landwirtschaftliche Produkte von Juden von den Golanhöhen, aus dem Gazastreifen und aus der Arava, sowie arabische Produkte zum Verzehr erlaubt.

Das Gesundheitsministerium befürchtet, die größeren Mengen von importiertem Obst und Gemüse nicht angemessen kontrollieren zu können. Nicht immer entsprechen die in den arabischen Nachbarländern produzierten Früchte im Blick auf Rückstände von Pestiziden und chemischen und organischen Düngemitteln dem israelischen Standard. Das Gespenst der Cholerafälle, die vor ein paar Jahren in der Palästinensischen Autonomie aufgetreten waren, sitzt Israel im Nacken.

Eine Option, die das Oberrabbinat jüdischen Landwirten in Israel empfiehlt, ist, ihre Felder für die Dauer von einem Jahr symbolisch an Nichtjuden zu verkaufen. 1888 hatten Rabbiner diesen Vorschlag erstmals als zeitweilige Lösung zur Diskussion gestellt. Damals hätte die strikte Befolgung der Gesetze eine Hungerkatastrophe zur Folge gehabt. Ultraorthodoxe und manche moderne Orthodoxe lehnen diese Argumentation heute aber als nicht mehr relevant ab und betrachten vom Oberrabbinat als »koscher« deklarierte Produkte während des Erlassjahres als unannehmbar.

Anfang September steuerte die Ben-Gurion-Universität in Beer Sheva noch einen weiteren Vorschlag zur Diskussion um das »Schmitta« bei. Das Institut für Landwirtschaft und angewandte Biologie stellte ein Gewächshaus vor, in dem Pflanzen in Trögen, die nicht mit dem Erdboden in Verbindung stehen und mit Kokosspänen gefüllt sind, herangezogen werden. Durch diese Anbauweise würden keine bestehenden »Schmitta«-Regelungen verletzt.

Solange Juden in der Diaspora, außerhalb des Landes Israel unter Fremdherrschaft, lebten, waren die »Schmitta«-Gesetze nicht anwendbar. Seit der Rückkehr des jüdischen Volkes in das verheißene Land wird in Rabbinerkreisen heiß diskutiert, wie die vor allem in 2. Mose 23 sowie 5. Mose 15 und 31 überlieferten biblischen Gebote konkret angewandt werden sollen.

Rabbi Jitzchak HaCohen Kook, der erste aschkenasische Oberrabbiner, hatte noch zugelassen, dass jüdische Bauern im »Schmitta«-Jahr ihre Felder bearbeiten. Dann mussten sie allerdings ihre Produkte an Nichtjuden verkaufen. Durch diese Bestimmung sollten unnötige Härten für die jüdischen Landwirte in Israel vermieden werden.

Rabbi Josef Schalom Eljaschiv und andere Führer der »Degel HaTorah«, einer Fraktion der ultra-orthodox aschkenasischen Parteienunion »Vereinigtes Torajudentum«, haben die Regelungen zur Umgehung der biblischen Gebote in den vergangenen Monaten als »gotteslästerliche Übertretung des religiösen Gesetzes«

bezeichnet. Die strenggläubigen Religionsführer fordern eine strengere Anwendung der biblischen Anordnungen. Sie nehmen dabei große Verluste bei Unternehmen in der Lebensmittelindustrie, deren Klientel ausschließlich oder großteils aus religiösen Juden besteht, in Kauf.

Jehoschua Polak, der Vorsitzende des Religionsrates im Oberrabbinat in Jerusalem, verwies darauf, dass zwei Drittel des in der israelischen Hauptstadt verkauften Gemüses ohnehin von arabischen Bauern stamme. Er empfahl, Engpässen in der Landwirtschaft, die durch das Erlassjahr verursacht werden, durch Subventionen entgegenzuwirken, wie dies zum Beispiel auch im Falle von Verlusten durch Trockenheit der Fall ist.

Mit welcher Schärfe die Diskussion in rabbinischen Kreisen in Israel geführt wird, brachte Ende August die Forderung vor allem litauischer Rabbiner nach einem Rücktritt des sephardischen Oberrabbiners Elijahu Bakschi-Doron zu Tage. Der staatliche Rundfunk Kol Israel berichtete gar von Morddrohungen aus ultra-orthodoxen Kreisen gegen den höchsten Vertreter des orientalischen Judentums. Andere Stimmen forderten eine Exkommunikation Bakschi-Dorons, sollte er an der gemäßigten Regelung festhalten.

Anfang September löste Rabbi Elijahu Bakschi-Doron den Streit, indem er sich und seine Familie dazu verpflichtete, während des »Schmitta«-Jahres ausschließlich absolut »koscheres« Gemüse und Obst zu essen. Weiter werde er örtlichen rabbinischen Räten empfehlen, die strenge Auslegung der Bibel anzuwenden. Der gesamten israelischen Gesellschaft werde das Oberrabbinat allerdings die Option des symbolischen Verkaufs von jüdischem Grund und Boden auch weiterhin offen halten.

Außer in Jerusalem sind es vor allem die israelischen Städte Rechovot, Herzelia, Rischon Lezion und Bat-Jam, in denen eifrige Ultraorthodoxe das Sagen haben. Deshalb werden die Bestimmungen für das »Schmitta«-Jahr dort besonders streng angewandt. Das bedeutet vor allem einen starken Preisanstieg für Obst und Gemüse und hohe Verluste für die Landwirte.

Ein Bekenntnis für zwanzig Schekel

Aber Jesus sprach: Lasset die Kinder und wehret ihnen nicht, zu mir zu kommen; denn solchen gehört das Himmelreich. *(Matthäus 19,14)*

Ich bin ein moslemisches Mädchen«, sagt die kleine Araberin endlich. Eine halbe Stunde lang wurde Fahima von ihrer Mutter unter Druck gesetzt. Jetzt bekommt sie für dieses Bekenntnis zwanzig Schekel als Belohnung.

Fahima hat zwei Mütter. Die andere sorgt für sie. Bei ihr fühlt sie sich geborgen und zu Hause. Hier bekommt sie alles, was sie braucht. Diese Mutter sagt, dass sie die nötige Kraft für Fahima vom Herrn Jesus bekommt. Das kleine Mädchen hat mehrere Operationen hinter sich, am Herzen, wegen Missbildungen am Gaumen und wegen des Grauen Stars in ihren Augen. Außerdem hat sie Minderwertigkeitskomplexe und ein übergroßes Bedürfnis nach Zuneigung.

Die ersten beiden Lebensjahre verbrachte sie im Krankenhaus, ohne zu wissen, was Mutterliebe ist. Deshalb war sie auf dem Niveau eines Babys zurückgeblieben. Dann hatte eine christliche Familie sie aufgenommen. Und dort lebt sie heute mit Mama, Papa und zwei älteren Schwestern. Mit ihnen geht sie in den Gottesdienst, betet, singt und lernt Gottes Wort.

Mit ihnen und mit den vielen anderen Freunden in der Gemeinde teilt sie ihren Glauben. Fahima ist kein gewöhnliches Mädchen. Sie ist eine energische und willensstarke Person. Zu Hause bekommen das die anderen immer wieder zu spüren. Aber mit derselben Begeisterung lobt sie ihren Herrn auch in der Gemeinde. Wer könnte daran zweifeln, dass sie ihn lieb hat.

Fahimas leibliche Mutter ist eine moslemische Araberin. Außerdem hat sie noch einen arabischen Vater und sechs Geschwister. Kurz nach ihrer Geburt wurde sie von ihnen ins Krankenhaus abgeschoben. Sie wussten nicht, wie sie Fahima pflegen sollten und zeigten keinerlei Interesse, das zu lernen. Außerdem »ist es ein Fluch Allahs, wenn ein Kind krank oder behindert ist«. Und wer will schon unter einem solchen Vorzeichen leben?

Das Recht auf ihr Kind haben die Eltern aber nie aufgegeben. Sie haben sich damit abgefunden, dass ihre Tochter von Christen versorgt wird. Vielleicht schätzen sie es sogar in der Tiefe ihres Herzens ein wenig. Aber das Mädchen ganz in die Hände der Ungläubigen abzugeben, ist unvorstellbar.

Davon könnte auch Rascha eine Geschichte erzählen. Sie war schon vier Jahre lang im selben Krankenhaus wie Fahima, als ein christliches Ehepaar Interesse für sie zeigte. Die Christen holten sie zu Besuchen ab. Bald schon beobachtete das Krankenhauspersonal eine positive Veränderung. Das arabische Mädchen hörte auf zu stehlen und begann, gehorsam zu sein. Auch andere auffällige Verhaltensweisen veränderten sich langsam.

Als ihr moslemischer Großvater davon erfuhr, drohte er sie umzubringen, sollte sie die Christen noch einmal besuchen. – Im »Alyn«-Krankenhaus in Jerusalem warten viele solche kranke und behinderte arabische Kinder auf Pflegeeltern. Manche sind auch bei einem Unfall schwer verletzt worden.

Fahima besucht ihre leibliche Familie regelmäßig. Jedes Jahr entscheidet ein Gericht neu, wie das Leben des Mädchens in ihrer Pflegefamilie und wie der Kontakt zu ihrer leiblichen Familie aussehen soll.

Weil sie aus einer arabischen Familie stammt, die die israelische Staatsbürgerschaft besitzt, gehört ihr Fall in den Zuständigkeitsbereich des Sozialamts und der Gerichte des jüdischen Staates. Diese dritte Seite hat bislang gesehen, wo für Fahima wirklich gesorgt wird. Deshalb entschied sie immer wieder für den Verbleib der kleinen Araberin in der christlichen Familie.

Fahimas christliche Mama bringt sie zu den Besuchen in ihre moslemische Familie. Ganz abgesehen davon, dass Fahima nicht gesund ist, bringen diese Besuche »zu Hause« immer große psychische Belastungen mit sich. Bei ihrer letzten Begegnung brachte die Moslemin ihre Besorgnis zum Ausdruck. »Ich weiß, dass Sie ein gutes Herz haben«, versuchte sie der Pflegemutter ihrer Tochter ins Gewissen zu reden, »machen Sie doch etwas, damit Fahima aufhört zu beten!«

Kurze Zeit nach dieser Begebenheit hat das zuständige israelische Gericht entschieden, dass Fahima keine christlichen Versammlungsräume mehr betreten darf.

»Sukkot«, das Laubhüttenfest

Dreimal im Jahr soll alles, was männlich ist, erscheinen vor dem Herrscher, dem Herrn, dem Gott Israels.
(2. Mose 34,23)

Das Laubhüttenfest, hebräisch »Sukkot«, ist eines der drei großen Wallfahrtsfeste der Bibel (vergleiche 2. Mose 34,23-24). Neben Passah und dem Wochenfest ist das Laubhüttenfest im jüdischen Denken das größte, das am meisten ersehnte, das populärste und das fröhlichste Familienfest, kurz gesagt: »das Fest« überhaupt – und damit der krasse Gegensatz zur ernsten Stille des Jom Kippur.

In Erinnerung an die vierzigjährige Wüstenwanderung nach dem Auszug aus Ägypten soll Israel sieben Tage lang in Laubhütten, »Sukkot«, wohnen. Überall in Israel sind in dieser Zeit auf Balkons, vor den Wohnhäusern, in Gärten, auf Veranden, in Parks und auf Parkplätzen die Sukkot zu sehen, in denen sich das ganze familiäre Leben in dieser Woche abspielen soll.

Nur der erste und der letzte Tag des Laubhüttenfestes sind Feiertage, an denen das öffentliche Leben in Israel ruht. Dazwischen sind viele Geschäfte in Israel geöffnet, wenngleich auf reduzierter Basis, das heißt, die Arbeitszeiten sind verkürzt. Was verschoben werden kann, wird verschoben. Die Kinder haben in dieser Zeit Schulferien und das ganze Land ist während des Laubhüttenfestes voller Ausflügler. An vielen Orten herrscht Volksfeststimmung.

In den Synagogen werden in der Laubhüttenfestwoche spezielle Gebete verrichtet. Am Sabbat wird das gesamte Buch Prediger verlesen. Besonders auffallend ist, dass gesetzestreue Juden die »vier Arten« von Pflanzen, einen Palmzweig, eine Zitrusfrucht, einen Myrten- und einen Weidenzweig (3. Mose 23,40), zum Morgengebet mit sich herumtragen. Dieser »Blumenstrauß« erhält in der Tradition unterschiedliche symbolische Bedeutungen.

Der siebte Tag des Laubhüttenfestes heißt »Hoschana Raba« und ist ein Tag der Fürbitte für eine gute Ernte im nächsten Jahr, eine Ergänzung zum Großen Versöhnungstag. Deswegen hat sich die Sitte eingebürgert, die ganze Nacht im Gebet und mit Bibellesen zu verbringen.

Der achte Laubhüttenfesttag ist wie der erste ein Ruhetag. An ihm wird in besonderer Weise um Regen gebetet – und nicht selten fällt zum Ende des Laubhüttenfestes der erste Frühregen in Israel.

Zur Zeit des Zweiten Tempels wurde während Sukkot noch eine besondere Trankopferzeremonie durchgeführt, an das vielleicht Jesaja 12,3 erinnert: »Ihr werdet mit Freuden Wasser schöpfen aus den Heilsbrunnen.« Wahrscheinlich sind in diesem Zusammenhang die Worte Jesu auf dem Laubhüttenfest im Jerusalemer Tempel zu verstehen: »Wen da dürstet, der komme zu mir und trinke! Wer an mich glaubt, wie die Schrift sagt, von dessen Leib werden Ströme lebendigen Wassers fließen« (Johannes 7,37-38).

Im Blick auf das Neue Testament ist das Laubhüttenfest das einzige der drei jüdischen Wallfahrtsfeste, dessen Erfüllung noch aussteht. Zum Passahfest gedenken Christen der Kreuzigung und Auferstehung Jesu. An Schawuot, dem Pfingstfest, wurde der Heilige Geist ausgegossen. Mit Sukkot dagegen wissen viele Christen nichts anzufangen. Doch der Prophet Sacharja spricht davon, dass einmal alle Nichtjuden jährlich heraufkommen werden, »um das Laubhüttenfest zu halten. Aber über das Geschlecht auf Erden, das nicht heraufziehen wird nach Jerusalem, um anzubeten den König, den Herrn Zebaoth, über das wird's nicht regnen« (Sacharja 14,16-17).

Sieben Tage in Hütten

Sieh gen Himmel und zähle die Sterne;
kannst du sie zählen? (1. Mose 15,5)

Laubhütten

Bis nach Mitternacht ist das Hämmern zu hören. Ich wundere mich, wer zu so später Stunde noch so einen Krach macht. Es ist unser Nachbar, der seine »Sukkah« – seine Laubhütte – zimmert. Weil zwischen dem Großen Versöhnungstag Jom Kippur und dem Laubhüttenfest Sukkot kaum eine Woche Zeit ist, fangen viele Israelis schon am Abend des Jom Kippur an, ihre Laubhütten zu bauen.

Als Laubhütte dient meist ein Metallgerüst, an dem Stoffwände befestigt werden. Nach jüdischer Tradition können die Wände aus verschiedenen Materialien bestehen. Wenigstens drei Seiten müssen geschlossen sein, damit eine echte »Hütte« entsteht. Das Dach, durch das man den Himmel sehen kann, muss aus Pflanzen hergestellt werden. Innerhalb der Sukkah soll aber der Schatten überwiegen. Normalerweise werden für das Dach Palmzweige verwendet, die man nach Jom Kippur in Israel an vielen Straßenecken neben anderen für den Laubhüttenbau nötigen Materialien kaufen kann.

Wer einen Garten oder einen Balkon hat, baut dort seine Laubhütte auf. Andere bauen sie auf der Straße vor dem Haus. Ganz ähnlich muss es in der Zeit des Zweiten Tempels ausgesehen haben, nur dass damals die Sukkot auch auf dem Tempelareal standen. Jedenfalls berichtet das Buch Nehemia aus der Zeit nach der Rückkehr aus dem Babylonischen Exil: »Und das Volk ging hinaus [auf die Berge] und holte [Ölzweige, Balsamzweige, Myrtenzweige, Palmenzweige und Zweige von Laubbäumen] und machte sich Laubhütten, ein jeder auf seinem Dach und in seinem Hof und in den Vorhöfen am Hause Gottes und auf dem Platz am Wassertor und auf dem Platz am Tor Ephraim. Und die ganze Gemeinde derer, die aus der Gefangenschaft wiedergekommen waren, machte Laubhütten und wohnte darin. Denn dies hatten die Israeliten seit der Zeit Josuas, des Sohnes Nuns, bis auf diesen Tag nicht mehr getan« (vergleiche Nehemia 8,15-17).

Wenn Israelis des dritten Jahrtausends unserer Zeitrechnung diese Anweisung aus dem Buch Nehemia heute allerdings wörtlich nehmen, haben sie Schwierigkeiten mit der israelischen Naturschutzbehörde zu erwarten. Die Förster fürchten um die mühsam aufgezogenen Bäume in den spärlichen Wäldern Israels. Und orthodoxe Rabbiner betonen, dass eine Laubhütte aus gestohlenen Materialien nicht »koscher« sei.

Sieben Tage und sieben Nächte lang soll die Sukkah während Sukkot Hauptwohnsitz einer jeden jüdischen Familie sein. Deshalb muss die Laubhütte mindestens so groß sein, dass ein Tisch darin Platz findet. Orthodoxe Juden achten darauf, dass während des Laubhüttenfestes in der Sukkah wenigstens gemeinsam gegessen wird. Manche übernachten auch darin – und das, obwohl es in den September- und Oktobernächten im israelischen Bergland schon empfindlich kühl werden kann. Tagsüber ist es in der Sukkotzeit in Israel in der Regel noch recht heiß. Juden, die das Laubhüttenfest in anderen Ländern gefeiert haben, berichten, dass man dort die Mahlzeiten auch schon mit Handschuhen eingenommen hat, weil es so kalt war.

Durch das Leben in der Sukkah lernt man also den Vorteil eines festen Hauses zu schätzen. Menschen gewöhnen sich schnell an Besseres, nehmen es selbstverständlich und vergessen dann, ihrem Schöpfer dankbar zu sein. Damit »eure Nachkommen wissen, wie ich die Israeliten habe in Hütten wohnen lassen, als ich sie aus Ägyptenland führte« (3. Mose 23,43), soll das jüdische Volk jedes Jahr sieben Tage lang in Laubhütten wohnen. So hat Gott es befohlen, um sein Volk daran zu erinnern, dass es auch heute in der Abhängigkeit von ihm lebt, und um es Dankbarkeit zu lehren.

Innen werden die Laubhütten mit Bildern von sieben biblischen Gästen dekoriert: Abraham, Isaak, Jakob, Josef, Mose, Aaron und David. Jeden Tag wird einer von ihnen mit einem besonderen Segensspruch begrüßt. Abraham zum Beispiel hat seinen Platz in der Hütte, weil er selbst drei Gäste empfangen hat, die ihm dann die Geburt von Isaak verkündet haben. Außerdem erinnert der Blick durch das Laubdach zum Sternenhimmel an die Verheißung, die Gott Abraham gegeben hat. Die Kinder basteln gerne Schmuck für die Sukkah wie etwa Ketten aus buntem Papier. Manche Laubhütten sind mit elektrischen Kerzen geschmückt und erinnern so eher an einen kitschigen Weihnachtsbaum.

Ein Blumenstrauß

Ihr sollt am ersten Tage Früchte nehmen von schönen Bäumen, Palmwedel und Zweige von Laubbäumen und Bachweiden ... *(3. Mose 23,40)*

Zum Laubhüttenfest gehören nicht nur Laubhütten, sondern auch ein Blumenstrauß aus »Früchten von schönen Bäumen, Palmwedel, Zweigen von Laubbäumen und Bachweiden«. Da die so genannten »vier Arten« von Pflanzen ein biblisches Gebot sind, nehmen es orthodoxe Juden damit ganz genau. Im Laufe der Jahrhunderte haben die Rabbiner exakt festgelegt, wie dieser Feststrauß auszusehen hat.

So sieht man an den Tagen vor Beginn des Laubhüttenfestes auf den Märkten Jerusalems die jüdischen Familienväter mit ihren Kindern oder die Rabbiner mit ihren Schülern, wie sie sich den Laubhüttenfeststrauß kaufen. Jedes einzelne Teil wird genau unter die Lupe genommen und geprüft, ob es denn wirklich koscher, das heißt, für das Fest brauchbar ist.

Der »Etrog«, die »Frucht von schönen Bäumen«, ist eine besondere Zitrusfrucht. Der »Lulav«, ein Palmschössling, die »Aravah«, ein Weidenzweig, und die »Hadas«, der Myrtenzweig, werden zu einem Strauß zusammengebunden, der dann neben dem Etrog gehalten und während des Gottesdienstes zu bestimmten Gebeten und Bibellesungen geschwenkt wird. Chassidische Juden, die eher charismatisch-enthusiastisch veranlagt sind, geraten dabei manchmal regelrecht in Ekstase.

Wie bei allen Symbolen, die das religiöse Leben des jüdischen Volkes begleiten, sind auch in diesem Falle der lehrreichen Phantasie keine Grenzen gesetzt. Die vier Arten werden auf ganz unterschiedliche Weise gedeutet. Für die Kinder ist das Bibelunterricht zum Anfassen.

Eine Möglichkeit ist, die vier Arten als menschliche Charaktere zu erklären. Eine andere – und im Blick darauf, dass das Leben in der Laubhütte die Wüstenwanderung des Volkes Israel vergegenwärtigen soll, auch näher liegende – ist die Deutung des Laubhüttenfeststraußes auf vier Etappen des Weges in das Verheißene Land: Die Palme ist die Pflanze der Wüste. Die Weide zeugt vom Jordan, den das Volk durchziehen musste. Die Myrte steht für das unbebaute Land, das eingenommen werden muss, und die Zitrusfrucht schließlich zeigt, was das Land hergibt, wenn es vom Volk Gottes bebaut wird. Als »Erntedankfest« steht beim Laubhüttenfest am Ende des Weges vom Palmwedel zur Zitrone dann natürlich der Dank und die Freude über die segensreiche Führung Gottes.

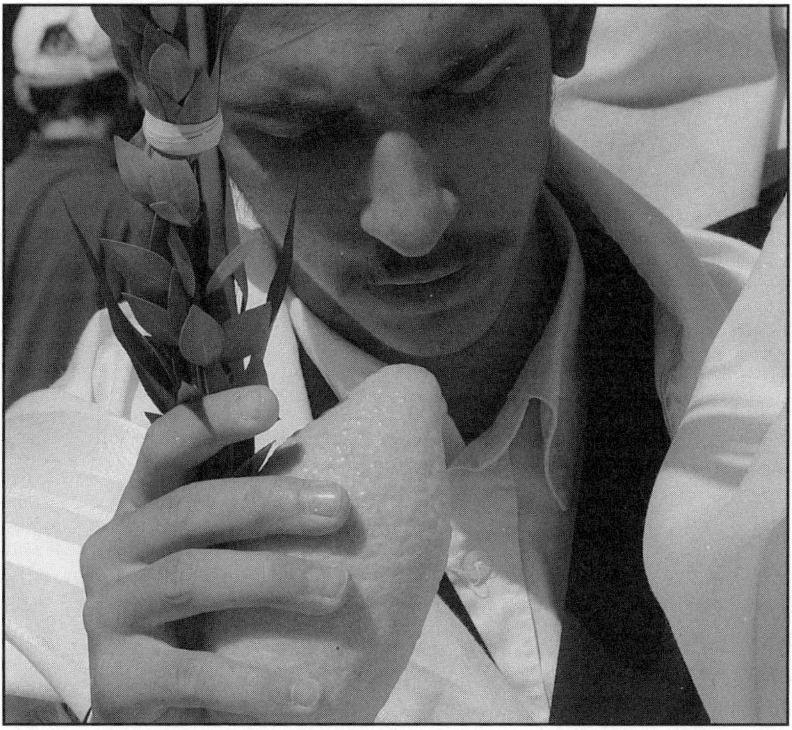

Etrog, Lulav, Aravah und Hadas, der »Sukkot-Strauß«

Ursprünglich war es im Tempel Sitte, die vier Arten nur am ersten Tag des Laubhüttenfestes zu tragen. Im Andenken an den zerstörten Tempel werden sie heute an allen sieben Festtagen in die Synagoge getragen.

Festfreude und bittere Armut …

Du sollst fröhlich sein vor dem Herrn, deinem Gott!
(3. Mose 23,40)

Das ist weder Feststellung noch Empfehlung, sondern ein Auftrag, den Gott seinem Volk zum Laubhüttenfest gegeben hat. Neben dem Bau der Laubhütten und dem »Blumenstrauß« aus Palmzweig, Weidenzweig, Myrtenzweig und Zitrusfrucht ist die Freude das Gebot dieser Festtage, das nach jüdischer Tradition unbedingt befolgt werden muss.

Aber wie soll man sich freuen, wenn alles dagegen spricht? – Im israelischen Sozialministerium spricht man von einer Million Familien unter der Armutsgrenze und 650.000 Kindern, die Hunger kennen, der nicht gestillt werden kann. Ähnliche Zahlen kursieren im Blick auf die israelischen Rentner. Oft ist es nicht die Angst vor Anschlägen, die Menschen in Israel plagt, sondern die Sorge, wie die nächste Miete, die kommende Strom-, Gas- oder Wasserrechnung zu bezahlen ist, manchmal auch um das tägliche Brot.

»Du sollst fröhlich sein an deinem Fest, du und dein Sohn, deine Tochter, dein Knecht, deine Magd, der Levit, der Fremdling, die Waise und die Witwe, die in deiner Stadt leben!« (5. Mose 16,14). »Was alle diese Personen miteinander verbindet«, erklärt mir Rabbi Ja'akov Joulus, »ist die Tatsache, dass sie auf ›dich‹ angewiesen sind. Ich bin mit verantwortlich dafür, dass sich jeder an Sukkot wirklich freuen kann.«

Deshalb engagiert sich der Pensionär, der aus einer alten Rabbinerfamilie stammt, in der Hilfsorganisation »Hineni« für Terroropfer und Drogenabhängige. »Hineni« bietet in einer Suppenküche nicht nur Nahrung für den Leib, sondern durch biblischen Unterricht Nahrung für den Geist. »Hineni« heißt übersetzt »Hier bin ich!« Um mir zu erklären, was das konkret bedeutet, verfällt »Reb Jenkele« aus dem Hebräischen in seine Muttersprache Jiddisch: »Ich steh oif meine Spitzfinger, bereit zu ton alles for dir, mein Gott!«

Rabbi Ascher Freund hatte die Armut seiner Volksgenossen ebenfalls als persönliche Herausforderung begriffen. Vor 60 Jahren zog er am Ende eines jeden Tages von Kaufladen zu Kaufladen und hat um die verderblichen Reste gebeten, die im Laufe des Tages nicht verkauft werden konnten. Das Erbettelte verteilte er dann noch am Abend persönlich an bedürftige Familien. Vor einem Jahr ist er im hohen Alter von 93 Jahren gestorben.

Heute gehört Lea Farkasch zu denen, die im Rahmen der Organisation »Jad Esra« »eine Hand zur Hilfe« (so die Übersetzung des Namens der Hilfsorganisation) ausstrecken und das Vermächtnis von Rabbi Ascher verwalten. Jad Esra unterhält eine Sonderschule, mehrere Zahnkliniken und bietet Behinderten und Armen Unterkunft und Arbeit. Die Organisation lädt Hungrige in ihre Suppenküchen ein, richtet 500 Hochzeiten pro Jahr aus, ermöglicht Tausenden von Müttern eine Kur und Witwen und Waisen zinsfreie Kredite.

»Lebensfreude ist eines der grundlegenden Ziele Gottes für unser Leben«, erklärt mir die ultra-orthodoxe Lea, die schwarz gekleidet die Hitze des orientalischen Spätsommers erträgt. Die Laubhütte ist ein Zeichen dafür, dass Gott sein Volk wie einst in der Wüste mit allem versorgt, was es braucht. Orthodoxe Juden haben begriffen, dass das göttliche Gebot der Festfreude eine konkrete Herausforderung zur Nächstenliebe bedeutet.

… und unerbittlicher Terror

Du sollst fröhlich sein an deinem Fest, du und dein Sohn, deine Tochter, dein Knecht, deine Magd, der Levit, der Fremdling, die Waise und die Witwe, die in deiner Stadt leben! *(5. Mose 16,14)*

Terror

Auch im Blick auf einen weiteren Aspekt fiel dem Volk Israel das Gebot der Freude niemals leicht. Ein Rückblick auf das Laubhüttenfest 2001 macht das deutlich:

Die Laubhüttenfestzeit ist traditionell eine Zeit der besonderen Spannungen im Staat Israel: Während des Laubhüttenfestes 1990 werden bei blutigen Unruhen auf dem Jerusalemer Tempelberg 22 Palästinenser getötet. 1995 fielen während des Laubhüttenfestes insgesamt neun Soldaten der israelischen Golani-Eliteeinheit in der südlibanesischen Sicherheitszone. 1996 kam es nach der Öffnung des Hasmonäertunnels am Tempelberg zu Unruhen, in deren Folge 15 israelische Soldaten, 70 Palästinenser und ein ägyptischer Offizier ums Leben kamen. 1998 waren die Festtage von der rauen innenpolitischen Diskussion um die palästinensisch-israelischen Verhandlungen in Wye-Plantation und tagelangen riesigen Waldbränden auf dem Karmelgebirge überschattet. Und im Jubeljahr 2000 brach just zu Beginn der Festzeit die Al-Aksa-Intifada aus, die Tausende von Menschenleben und Zehntausende von Verletzten gefordert hat.

Auch in diesem Jahr lagen wieder dunkle Schatten über dem fröhlichsten jüdischen Fest. Neben den Schatten der Anschläge auf Amerika war da die ununterbrochen fortgesetzte Al-Aksa-Intifada, Schießereien, Selbstmordbombenanschläge, Beschuss von Mörsergranaten und durch Heckenschützen. Gleich am ersten Laubhüttenfesttag waren arabische Terroristen in die jüdische Siedlung Elei Sinai eingedrungen und hatten dort ein junges Paar umgebracht.

Der schlimmste Schlag seit Jahren war aber am 4. Oktober der Abschuss des Charterflugs Nr. 1812 auf dem Weg von Tel Aviv nach Novosibirsk über dem Schwarzen Meer. Von den 78 Menschen an Bord der sibirischen Tupolev vom Typ TU-154 waren mehr als 50 Israelis. Neben israelischen Bergungsexperten mussten auch Familienangehörige nach Russland fliegen, um ihre Lieben zu identifizieren.

Neueinwandererorganisationen in Israel kritisierten, dass keine der Sukkotfestivitäten – nicht einmal die Love-Parade in Tel Aviv – abgesagt wurden. Wären auf dem Flug nicht nur Neueinwanderer gewesen, wäre dies bestimmt geschehen. Knessetsprecher Avraham Burg mahnte die israelische Gesellschaft an, in sich zu gehen, und forderte eine Sondersitzung der Knesset, um den Angehörigen zu zeigen, dass die Regierung ihre Trauer teile.

Die Stadtverwaltung Tel Aviv entschuldigte sich, sie hätte die Love-Parade nicht mehr absagen können, weil sie zum Zeitpunkt der Tragödie bereits angelaufen sei. Der ehemalige Zionshäftling und stellvertretende Absorptionsminister Yuli Edelstein meinte, man hätte doch wenigstens eine Schweigeminute in die bestehenden Feiern einlegen können. »Wir sind eine komplexe Gesellschaft«, zeigte Edelstein sich nachdenklich. »Während die einen auf der Love-Parade tanzten, haben andere das Absorptionsministerium angerufen und ihre Hilfe angeboten.«

»Simchat Torah«, das Freudenfest der Tora

Ich freue mich über dein Wort wie einer, der große Beute macht. *(Psalm 119,162)*

Der ganze Raum bebt im Rhythmus der Tanzenden. In langen Reihen bewegen sich die Männer durch die enge Synagoge. Voller Ehrfurcht reichen sie die kostbaren, von Hand geschriebenen Torarollen herum. Jeder, der die schwere Buchrolle empfängt, küsst sie und ist sich der Ehre bewusst, das Wort des lebendigen Gottes in Händen halten zu dürfen.

Am Abend des letzten Laubhüttenfesttages beginnt mit Sonnenuntergang das Fest »Schmini Atzeret«, der »achte Tag der Versammlung«. Obwohl dieser Tag direkt auf Sukkot folgt, ist er doch ein eigenständiger Feiertag, für den das Gebot, in Laubhütten zu sitzen, nicht gilt und an dem auch der Strauß der »vier Arten« nicht getragen wird.

Die Synagogengottesdienste folgen einem »Bibelleseplan«, der einmal im Jahr durch die gesamte Tora, die fünf Bücher Mose, führt. An Schmini Atzeret schließt sich dieser Kreis: Der letzte Abschnitt des 5. Buches Mose wird gelesen und gleich darauf der erste Abschnitt aus dem 1. Buch Mose. Den letzten Abschnitt der Tora vorzulesen ist eine besondere Ehre. Wem sie zuteil wird, der wird zum »Bräutigam der Tora«. Wer dann die ersten Worte der Heiligen Schrift – »Am Anfang schuf Gott Himmel und Erde ...« – lesen darf, wird zum »Bräutigam des Anfangs«.

Aus Freude darüber, dass Gott seinem Volk die Tora, sein Wort, anvertraut hat, holen die jüdischen Gläubigen am Vorabend dieses Festes alle Torarollen aus dem Toraschrein ihrer Synagoge. Mit den kostbaren Torarollen im Arm tanzen und singen die Männer dann in einer langen Prozession in der Synagoge, »schmecken und sehen« die Freude, die der Psalmist schon vor Tausenden von Jahren in Worte gefasst hat. Deshalb ist dieser Tag auch als »Freudenfest der Tora«, »Simchat Torah«, bekannt.

In religiösen Vierteln kann sich dieses Freudenfest über mehrere Stunden ausdehnen und die Feiern werden auf der Straße fortgesetzt. In den Synagogen gedenkt man an diesem Tag auch der Verstorbenen und bittet um reichen Regen für den kommenden Winter.

Drei Götter und das Schweinefleisch

So hüte dich nun davor, den Herrn, deinen Gott, zu vergessen, sodass du seine Gebote und seine Gesetze und Rechte, die ich dir heute gebiete, nicht hältst. *(5. Mose 8,11)*

Jude zu sein und an Jesus zu glauben ist in Israel nicht populär. Juden, die Jesus als Messias anerkennen, werden als Verräter angesehen, die zur Religion des Feindes übergetreten sind. Wenn dagegen jemand sein Judentum mit östlichen Religionen vermischt, wird das vielfach akzeptiert.

Sicher hat das seinen Grund im christlichen Antisemitismus und den brutalen Judenverfolgungen der Kirchengeschichte. Eine messianische Jüdin, die in Amerika geboren und aufgewachsen ist, erzählte mir einmal, dass sie sich als Kind vorgestellt hätte, dass Jesus aus Polen stammen müsse, irgendwo aus der Gegend um Warschau, wo die schlimmsten Antisemiten wohnen. Das Neue Testament war in ihren Vorstellungen eine antisemitische Broschüre, »so etwas Ähnliches wie Hitlers ›Mein Kampf‹«.

Ein guter Freund ist vor der Gründung des Staates Israel im ultra-orthodoxen Viertel Mea Schearim in Jerusalem aufgewachsen. Wenn christliche Missionare den jüdischen Kindern christliche Literatur oder gar das Neue Testament in die Hand drücken wollten, sollten diese – so wurde ihm von seinen Lehrern eingeprägt – 5. Mose 7,26 zitieren: »Ekel und Abscheu sei es dir, denn es steht unter dem Bann!«

Viele unserer amerikanisch-jüdischen Freunde wurden in dem Land, das eine weltweite Vorbildfunktion in Sachen Demokratie beansprucht, ausgelacht und geschlagen, weil »die Juden Jesus getötet haben«. Und das in unserer Zeit! Aber vielleicht sollte mich das gar nicht überraschen, wenn mir selbst in meiner tschechischen Heimat der Satz begegnet: »Zigeuner und Juden ins Gas!«

Doch Juden haben noch mehr Gründe für ihre ablehnende Haltung gegenüber dem christlichen Glauben als nur den Antisemitismus. Viele haben den Eindruck, das Christentum widerspreche dem streng monotheistischen Glauben Israels. »Die armen Leute, die glauben, dass ein Mensch Gott ist!«, bedauerte einer unserer Bekannten die Christen.

Ein anderer erzählt von einem Juden, der seinen Rabbi fragt: »Wer steht uns näher, die Christen oder die Moslems?« »Auf den ersten Blick sind es wohl die Christen«, sinniert der Rabbiner, »mit denen wir vieles gemeinsam haben. Aber in Wirklichkeit sind uns die Moslems näher, denn die Christen glauben an drei Götter und essen Schweinefleisch.«

Das Christentum zeigte sich im Laufe der Geschichte als eine Religion, die dem Judentum eher feindlich gesinnt war, und ganz sicher als eine andere, fremde Religion. Wie könnte ein Jude auch auf die Idee kommen, dass bemalte Ostereier oder Schokoladenosterhasen etwas mit dem biblischen Pessach zu tun haben könnten, mit dem Fest, das Gott geboten hat zu feiern und an dem er seinen Sohn als Opferlamm sterben ließ?

Feste spielen in Israels Glauben eine zentrale Rolle. In weiten Teilen der Christenheit auch. Wo aber ist aus jüdischer Sicht ein gemeinsamer Nenner? Alle religiös-kulturellen Gebräuche der Christen unterscheiden sich von den jüdischen wie Tag und Nacht, wie Samstag und Sonntag. Ach ja, Samstag und Sonntag! Während im biblischen Denken und im Denken Israels eine Woche ihren Höhepunkt im »Schabbat« (Samstag) findet, der am Freitagabend anfängt, so wie jeder Tag am Abend anfängt – »Es war Abend und es war Morgen, der erste Tag« –, fängt in unserem Denken jeder Tag am Morgen an, und der erste Wochentag ist natürlich der Montag. In der hebräischen Sprache werden Wochentage nach ihrer Reihenfolge benannt. Das heißt, der Sonntag ist der »erste Tag«, Montag »der zweite« usw. Unser Kalenderjahr fängt am ersten Januar an, das jüdische im Herbst. Wir richten uns nach dem Sonnenkalender, jüdische Monate enden mit dem Vollmond, wie es auch in der Bibel steht.

Alles, was ich hier beschreibe, ist mein Versuch zu erklären, warum sich Juden – und vor allem die, die ihren Glauben ernst nehmen – nicht gerne missionieren lassen. Am meisten sind, glaube ich, die israelischen Reiseführer betroffen. Manchmal versuchen

Menschen sie zu überzeugen, die an ihrem Arbeitsplatz oder gegenüber ihren Nachbarn vermutlich kaum den Mund aufbekommen, deren missionarischer Geist aber während des einmaligen Israelurlaubs desto heller auflodert.

Da die Tourguides aber vom Tourismus leben, lassen sie es zuweilen über sich ergehen. In speziellen Kursen informieren sie sich ausführlich über die Christen. Dort lernen sie die verschiedenen Kirchen, Gemeinden, Gemeinschaften, Strömungen und Bewegungen kennen, ihre Lehre und Traditionen und auch die Geschichten aus dem Neuen Testament. Wie sonst könnten sie ihre Gruppen zu den heiligen Stätten führen, wie zum Beispiel an den Ort am Ufer des Sees Genezaret, wo sich die Schweine ins Wasser gestürzt haben sollen. Noch vor kurzem befand sich dort ein Hinweis auf die Reste einer byzantinischen Basilika mit der Aufschrift »swine church«. Ob man das nun »Schweinskirche« oder »Saukirche« übersetzt, beides klingt nicht sehr nett.

Es sind nicht nur Reiseleiter, die sich recht gut mit dem Glauben und Geschmack von verschiedenen christlichen Gruppierungen auskennen. Im Chefbüro einer Firma, die Souvenirs vertreibt, finden wir alles vom biblischen Parfüm nach dem Originalrezept von König Salomo oder der Königin von Saba, bis hin zu Gefäßen mit Originaltaufwasser aus dem Jordan, wie die Echtheitszertifikate glaubhaft zu machen suchen. »Die handbemalten Krüge mit dem Jerusalemkreuz sind für die Katholiken«, erklärt der Geschäftsführer, »die einfachere Ausführung mit den jüdischen Symbolen für die Evangelischen.«

Wenn du ein messianischer Jude bist, bist du ein Verräter. Bist du Christ, ist alles in Ordnung. Ein Christ ist ein »Goi«, gehört zu einer anderen Nation und logischerweise auch zu einer anderen Religion. Das Christsein wird dir in Israel kaum jemand übel nehmen und an Weihnachten sind viele jüdische Nachbarn scharf darauf, den Weihnachtsbaum bestaunen zu dürfen, ein wenig Atmosphäre mitzuerleben. Als Heidenchrist kannst du sogar nützlich sein, und zwar als »Schabbes-Goi«. Was dem Juden am Sabbat nicht erlaubt ist, ist dem Christen erlaubt. Und so kann es passieren, dass am Freitagabend, nach Sabbateingang, unerwartet an die Tür geklopft (läuten darf man nicht) und dein Dienst erbeten wird.

So hat mich einmal, als mein Mann im Ausland war, eine unbekannte Frau aus der Nachbarschaft mit ihrer Tochter besucht und gebeten mit ihr zu kommen. Was mache ich aber mit meinen schlafenden Kindern? Ich lasse sie doch nicht ganz allein? Ich weiß nicht, woher ich den Mut hatte, auf den Vorschlag dieser fremden Dame einzugehen, auf meine Kinder aufzupassen, während ich mich mit ihrer Tochter auf den Weg machte. Alles ist gut ausgegangen. Es zeigte sich, dass diese Frau vertrauenswürdig war und ich habe ihnen die ausgefallene Sicherung wieder eingeschaltet. So konnten sie es auch am Sabbat warm und hell haben. Gelobt sei der Herr.

Und wie kam die oben erwähnte messianische Jüdin aus Amerika zum Glauben an Jeschua? Beim Lesen des Neuen Testaments. Überrascht stellte sie fest, dass Jesus ein Jude aus Israel war, der als frommer Jude gelebt, die Tora geliebt hatte und auch sie liebt und ihr Messias ist. Und wie kam unser israelischer Pastor zum Glauben? Jesus hat sich ihm geoffenbart, in Indien, in einem Hindutempel. Ja, die Israelis fühlen sich zu den östlichen Religionen hingezogen. Und unser Herr erweist sich trotzdem immer wieder als der souveräne Herr!

»Die Menorah«, der siebenarmige Leuchter

Freue dich nicht über mich, meine Feindin! Wenn ich auch daniederliege, so werde ich wieder aufstehen; und wenn ich auch im Finstern sitze, so ist doch der Herr mein Licht.
(Micha 7,8)

Die Geschichte der Menorah beginnt am Berg Sinai. Dort gab Gott genaue Anweisungen, wie der siebenarmige Leuchter auszusehen hatte. Auch zeigte der Herr dem Mose einen Plan, denn es steht geschrieben: »Und sieh zu, dass du alles machst nach dem Bilde, das dir auf dem Berge gezeigt ist« (2. Mose 25,40).

Bezalel, der Künstler, der die Geräte für das Heiligtum herstellen sollte, war vom Herrn ausdrücklich berufen und mit dem Heiligen Geist erfüllt worden, »mit Weisheit und Verstand und Erkenntnis und mit aller Geschicklichkeit, kunstreich zu arbeiten in Gold, Silber, Kupfer, kunstreich Steine zu schneiden und einzusetzen und kunstreich zu schnitzen in Holz, um jede Arbeit zu vollbringen« (2. Mose 31,3-5). Zur Anleitung seiner Mitarbeiter hatte ihm der Herr außerdem »die Gabe zu unterweisen, ins Herz gegeben« (2. Mose 35,34).

Die Mittel für die Herstellung der Geräte kamen ausschließlich aus freiwilligen Gaben. Der Segen Gottes lag greifbar auf seinem Volk, das viel zu viel spendete, so dass Mose ausrufen lassen musste: »Niemand, weder Mann noch Frau, soll hinfort noch etwas bringen als Opfergabe für das Heiligtum ... Denn es war genug gebracht worden zu allen Arbeiten, die zu machen waren, und es war noch übrig geblieben« (2. Mose 36,6+7).

Der siebenarmige Leuchter und sein Zubehör, Lichtscheren und Löschnäpfe, waren aus purem Gold gefertigt. Mose setzte ihn in die Stiftshütte »gegenüber dem Tisch an die Seite der Wohnung nach Süden und setzte die Lampen auf vor dem Herrn, wie ihm der Herr geboten hatte« (2. Mose 40,24-25).

Nun war es die Aufgabe Aarons, des Hohenpriesters, die Lampen so aufzusetzen, »dass sie alle sieben von dem Leuchter nach vorwärts schienen« (4. Mose 8,2). Das Reinigen und Nachfüllen der Lampen war dann Sache der Leviten aus der Sippe Kehat (4. Mose 3,31). »Vom Abend bis zum Morgen« sollte die Menorah »vor dem Herrn« brennen, gespeist durch »das allerreinste Öl aus zerstoßenen Oliven« (2. Mose 27,20-21).

Als König Salomo dann in Jerusalem den Tempel baute, ließ er gleich zehn goldene Leuchter anfertigen, »fünf Leuchter zur rechten Hand und fünf Leuchter zur linken vor dem Chorraum von lauterem Gold mit goldenen Blumen, Lampen und Lichtscheren« (1. Könige 7,49). Zwar wird dann bei der Einweihung berichtet, dass die Priester die Bundeslade, »dazu die Stiftshütte und alles Gerät des Heiligtums« brachten (1. Könige 8,4). Aber die Menorah Bezalels wird in dieser Zeit und später nicht mehr ausdrücklich erwähnt.

Die wertvollen Schätze im Tempel von Jerusalem ließen manche Nachbarvölker Israels und vor allem ihre Könige nicht mehr ruhig schlafen. Im 6. Jahrhundert vor Christus raubte der babylonische Herrscher Nebukadnezar »alle Schätze im Hause des Herrn und im Hause des Königs und zerschlug alle goldenen Gefäße, die Salomo, der König von Israel, gemacht hatte« (2. Könige 24,13). Nicht nur die Tempelschätze, sondern auch das Volk selbst wurden noch oft zerschlagen und weggeführt, nicht nur wegen der materiellen Werte, sondern auch weil der Glaube Israels seinen Nachbarn ein Dorn im Auge war.

169 vor Christus plünderte der Seleuzidenherrscher Antiochus IV. Epiphanes den Jerusalemer Tempel. Er »ging frech und ohne Scheu in das Heiligtum und ließ wegnehmen den goldenen Altar, den Leuchter und alle Geräte, die dazu gehören« (1. Makkabäer 1,23). Sein Bestreben war, Religion und Kultur der Griechen in seinem ganzen Königreich zu verbreiten.

Deshalb ließ Antiochus den jüdischen Gottesdienst und die Feste Israels abschaffen. Er verbot die Beschneidung und ließ Götzenbilder und Altäre errichten, auf denen Schweine und andere unreine Tiere geopfert wurden, auch im Tempel. »Auch ließ er die Bücher des Gesetzes Gottes zerreißen und verbrennen und alle, bei denen man die Bücher des Bundes Gottes fand, und alle, die Gottes Gesetz hielten, totschlagen« (1. Makkabäer 1,59).

Der jüdische Historiker Flavius Josephus schildert in seinen »Jüdischen Altertümern«[1], wie der heidnische Kult verbreitet wurde und dann den Makkabäeraufstand auslöste: Die Beamten von Antiochus Epiphanes kamen in das Dorf Modiin, um die Bewohner zu zwingen, Opfer nach den Anordnungen des Königs zu bringen. Sie verlangten »von Mattathias, der seiner Gelehrsamkeit wegen in hohem Ansehen stand, er solle mit den Opfern beginnen; seine Mitbürger würden sich dann nach ihm richten und er dem Könige besonders wohlgefällig werden.«

»Mattathias aber weigerte sich dessen und erklärte, wenn auch andere Familien, sei es aus Furcht, sei es aus Kriecherei, den Befehlen des Antiochus folgten, so werde doch er mit seinen Söhnen nie dahin zu bringen sein, dass sie dem Gotte ihrer Väter untreu würden.«

»Kaum hatte er dies gesprochen, da trat ein Jude hervor und brachte das Opfer nach des Königs Vorschrift dar. Als Mattathias das sah, griff er mit seinen Söhnen zum Schwerte, tötete den Juden am Altar, machte den königlichen Beamten Apelles, der ihn dazu gezwungen, nebst einigen Soldaten nieder, stürzte den Altar um und rief aus: ›Jeder, der noch für die Gebräuche unserer Väter und die Verehrung Gottes eifert, folge mir nach!‹«

»Darauf zog er mit seinen Söhnen unter Zurücklassung seiner ganzen Habe in die Wüste, wohin gleich ihm noch viele andere flohen und in Höhlen sich ansiedelten« (Antiquitates xii 6,2).

Bevor der Priester Mattathias starb, betete er für sein Volk und wies seine Söhne an: »Scheut selbst vor dem Schwierigsten nicht zurück und gebt, wenn es notwendig ist, gern euer Leben dahin. Ganz besonders aber ermahne ich euch zu Eintracht: übe ein jeder von euch seine Tugenden, ohne die Vorzüge des anderen zu verkennen!«

»Den Makkabaeus aber wählt um seiner Tapferkeit und Stärke willen zu eurem Heerführer im Kriege. Denn er ist der Mann, der die Schmach seines Volkes rächen und die Feinde züchtigen wird« (Antiquitates xii 7,3).

Die Worte des Patriarchen Mattathias trafen ein. Der Aufstand war erfolgreich und unter der Führung von Judas Makkabäus gelang es den Hasmonäern ihre Feinde zu vertreiben und den Tempel wieder zu weihen. Neue Geräte wurden beschafft und eine neue Menorah aufgestellt.

»Am fünfundzwanzigsten Tage des Monats Chaslev [heute »Kislev«], den die Macedonier Apellaios nennen, zündete man die Lampen auf dem Leuchter wieder an, brachte Räucherwerk dar, legte die Brote auf den Tisch und opferte zum erstenmal auf dem neuen Altare« (Antiquitates xii 8,6).

»Judas feierte mit seinen Mitbürgern die Wiedereinrichtung der Opfer im Tempel acht Tage lang unter lautem Jubel. Kostbare und herrliche Opfer lieferten die Speisen zum Mahle, und man ehrte Gott durch Lobgesänge und Psalmen, während das Volk in Freuden lebte.«

»Dieses Fest«, schreibt Josephus, »feiern wir von jener Zeit an bis heute und nennen es das Fest der Lichter, weil, wie ich glaube, die freie Ausübung unserer Religion uns unerwartet wie ein Lichtstrahl aufgegangen ist« (Antiquitates xii 8,7).

Das Symbol dieses Festes der Tempelweihe, hebräisch »Chanukka«, ist ein achtarmiger Leuchter, die »Chanukkia«. Er steht bis heute im jüdischen Leben als Symbol der Reinheit, Treue und Freiheit und dient als Erinnerung an den heldenhaften Glaubensmut der Makkabäer.

Die Freiheit des Volkes währte allerdings kaum ein Jahrhundert. Schon bald wurden die Juden gezwungen Kompromisse mit der römischen Weltmacht einzugehen. Über die Eroberung Jerusalems durch den römischen General Pompejus in den Jahren 64-63 vor Christus berichtet Josephus: »Der Tempel aber, dessen Inneres sonst unzugänglich und keinem Auge sichtbar war, wurde schwer geschändet. Denn Pompejus drang mit einer Anzahl seiner Begleiter in das Innere ein und sah, was kein Sterblicher außer dem Hohenpriester erblicken durfte. Obwohl ihm aber der goldene Tisch, der heilige Leuchter, die Opferschalen, eine Menge Räucherwerk und außerdem im Tempelschatz gegen zweitausend Talente Geld zu Gesicht kamen, rührte er aus Frömmigkeit nichts davon an, sondern benahm sich, wie man von seiner Tugend erwarten konnte« (Antiquitates xiv 5,4).

Im Jahre 70 nach Christus eroberte der römische Feldherr Titus Jerusalem, plünderte es aus und zündete den Tempel an. Sein Vater, der römische Kaiser Vespasian, feierte seinen Sieg mit einem Triumphzug in Rom. Aus dieser Zeit berichtet Josephus Flavius zum letzten Mal über eine Menorah[2]: »Als Beute nunmehr wurde das Übrige haufenweise vorbeigetragen; unter allem zeichnete sich das am meisten aus, was man im Tempel in Jerusalem genommen hatte: ein viele Talente schwerer goldener Tisch und ein ebenfalls aus Gold gefertigter Leuchter, in seiner Ausführung aber ganz verschieden von der Art, wie sie bei uns gewohnt ist« (De Bello Judaico vii 5,5).

»Nachdem die Feierlichkeiten des Triumphs vorüber waren und Vespasian die Lage im römischen Imperium vollkommen gesichert hatte, beschloss er, der Friedensgöttin einen Bezirk auszubauen … Hierhin ließ er auch die goldenen Weihegeräte aus dem Heiligtum der Juden bringen, auf die er stolz war« (De Bello Judaico vii 5,7).

Um 81 nach Christus wurde zu Ehren des siegreichen Titus Flavius Vespasianus in Rom der so genannte »Titusbogen« erbaut. Auf ihm ist unter anderem der Tempelschatz aus Jerusalem mit dem siebenarmigen Leuchter abgebildet.

»Es werde Licht!«, sind die ersten Worte Gottes, die uns in der Schrift überliefert werden. Auf dem Berg Sinai war es dann der Herr selbst, der Mose den Auftrag gab, einen goldenen Leuchter herzustellen. Bis zum heutigen Tag ist die Menorah untrennbar mit Israel verbunden.

Die Geschichte des siebenarmigen Leuchters verkörpert das Schicksal des jüdischen Volkes. Er wurde mit Liebe gefertigt und bedient, vielfach geraubt, verschleppt oder vernichtet. Immer wieder wurde er erneuert und gereinigt, aber dann doch wieder entheiligt.

Die Menorah erlebte Zeiten des Friedens und der Kriege. Die Spur des historischen Leuchters endet in Rom. Aber die Menorah begleitete das jüdische Volk als Symbol fast zweitausend Jahre durch die Diaspora, bis sie schließlich am 10. Februar 1949 in das Staatswappen Israels eingegangen ist.

Die Kriege und Kämpfe sind noch nicht zu Ende. Aber umgeben von den beiden Ölzweigen aus der Vision des Propheten Sacharja bezeugt der siebenarmige Leuchter: »Es soll nicht durch Heer oder Kraft, sondern durch meinen Geist geschehen, spricht der Herr Zebaoth« (Sacharia 4,6).

---

[1] Wir zitieren im Folgenden die Übersetzung der »Antiquitates Judaicae« von Heinrich Clementz, Des Flavius Josephus Jüdische Altertümer (Wiesbaden: Fourier Verlag, 11. Auflage 1993).

[2] Die folgenden Zitate aus »De Bello Judaico« stammen aus Otto Michel/Otto Bauernfeind, Flavius Josephus, Der Jüdische Krieg, Band II,2 (München: Kösel-Verlag, 1969).

»Chanukka«, das Lichterfest ...

Es war damals aber das Fest der Tempelweihe in Jerusalem und es war Winter. Und Jesus ging umher im Tempel in der Halle Salomos. *(Johannes 10,22-23)*

Lichterfest

Vom Abend des 24. Kislev bis zum Vorabend des 2. Tevet zünden jüdische Familien jeden Abend den achtarmigen Chanukkaleuchter, die so genannte »Chanukkia«, an. Am ersten Abend eine Kerze, am nächsten Abend zwei Kerzen und so weiter, bis am Abend des 1. Tevet alle acht Kerzen brennen. Eigentlich brennen dann neun Kerzen, denn jeder Chanukkaleuchter hat noch eine neunte Kerze, den »Schamasch«, den »Diener«, mit dem die anderen Kerzen angezündet werden.

Das jüdische Volk erinnert sich in diesen Tagen an die Reinigung, die Wiedereinweihung, hebräisch »Chanukka«, des Tempels. Es feiert den Sieg der Makkabäer über die Hellenisten und freut sich über die Reinigung des Tempels in Jerusalem von allem heidnischen Götzendienst. Deshalb ist das Fasten in dieser Zeit verboten.

Nach rabbinischer Tradition wollten die Anhänger von Judas Makkabäus bei der Einweihung des Tempels den siebenarmigen Leuchter, die Menorah, im Tempel anzünden. Dazu ist jedoch kultisch reines Olivenöl notwendig. Die frommen Juden fanden damals aber nur noch wenig entsprechendes Öl. Es soll gerade für einen Tag gereicht haben. Das »Chanukkawunder« war nun, dass diese kleine Menge Öl acht Tage lang ausreichte, den Leuchter brennen zu lassen, lange genug, bis wieder neues, einwandfreies Olivenöl hergestellt werden konnte.

Deshalb spielt bei den Chanukkabräuchen das Öl eine große Rolle. Viele Leuchter werden noch traditionell mit Olivenöl genährt. Außerdem isst man in Öl gebackene Süßigkeiten wie etwa »Berliner« oder Pfannkuchen.

Für viele bibel- und traditionsgläubige Juden hat Chanukka eine hochaktuelle, biblische Botschaft für unsere Zeit. »Wie zur Zeit der Makkabäer kämpft heute eine Minderheit im Volk Israel, die an der Tora festhält, gegen die Mehrheit, die sich dem humanistischen Zeitgeist anpassen will«, erklärte mir ein Mitarbeiter im israelischen Gesundheitsministerium. Die Sprüche an den Wänden seines Büros lassen keinen Zweifel daran, dass er Jesus aus Nazareth als den Messias Israels verehrt.

»Die Mehrheit des Volkes will genau wie damals nicht auf Gott hören. Wir sind das Volk, das abgesondert leben und sich nicht zu den Heiden rechnen soll«, zitierte er die Prophetie des heidnischen Sehers Bileam. »Wenn der ermordete Ministerpräsident Jitzchak Rabin nach dem Abschluss der Verträge von Oslo gesagt hat, dass wir jetzt kein Volk mehr sind, das abgesondert lebt, dann hat er damit gesagt, dass es den Gott Israels nicht gibt.«

So wird der Name »Makkabäer«, hebräisch »Makkabi«, unter anderem auch als Akronym des Bekenntnisses aus dem Lobgesang des Mose gedeutet: »Herr, wer ist dir gleich unter den Göttern?« (2. Mose 15,11). Das Neue Testament erwähnt, dass Jesus in Jerusalem das Tempelweihfest gefeiert hat (Johannes 10,22).

Zum Anzünden der »Chanukkia« werden traditionelle Segenssprüche und Gebete gesprochen. Auch in den Synagogengottesdiensten und Tischgebeten wird das Chanukkafest erwähnt. Das Chanukkalicht soll öffentlich sichtbar sein, um das Chanukkawunder zu verkünden. Deshalb stehen viele Leuchter im Fenster oder im Hauseingang.

Während der Chanukkawoche geht das Arbeitsleben ganz normal weiter. Nur an den in der Tora, den fünf Büchern Mose, gebotenen Festen, wird die Arbeit wie am Ruhetag »Schabbat« eingestellt. Die Kinder haben Chanukkaferien.

… als Fest der Hoffnung

Kann auch eine Frau ihr Kindlein vergessen, dass sie sich nicht erbarme über den Sohn ihres Leibes? Und ob sie seiner vergäße, so will ich doch deiner nicht vergessen.

(Jesaja 49,15)

Licht für die Welt« steht auf dem Transparent, das die Form einer Kerze hat. Ein schwarzhaariger Junge aus der vierten Klasse hält es hoch. Insgesamt sind es acht Kinder, die kerzenartige Transparente mit verschiedenen Aufschriften hochhalten und so den achtarmigen Chanukka-Leuchter darstellen. Die Schule feiert Chanukka, das Lichterfest.

Die Kinder tanzen, singen und tragen Gedichte vor. Beim Tanz fällt besonders Anog auf. Die Eltern des dunkelhäutigen Mädchens mit den schwarzen Locken sind aus Indien nach Israel eingewandert. Anog hat das Tanzen im Blut und es macht Spaß, ihr dabei zuzusehen.

Gal, die langhaarige Blondine, spielt »Hanna Selda«, die zentrale Figur in einem lustigen Lied. Hanna Selda soll die süßen Berliner backen, ohne die das Chanukkafest nicht denkbar ist. »Oi, Hanna Selda«, bettelt ihr Mann ununterbrochen, »brate mir doch einen Berliner.« Doch Hanna findet immer neue Ausreden. Einmal ist ihr Mehl, dann der Zucker ausgegangen. Als ihr Mann dann alles Notwendige besorgt hat, ist sie zu müde und er muss sich das Essen selber zubereiten – während sich Hanna Selda die Nägel lackiert. Gal spielt ihre Rolle überzeugend.

Diese Kinder, ob dunkel- oder hellhäutig, groß oder klein, begabt oder weniger begabt, mit russischem Akzent oder mit akzentfreiem Hebräisch, still oder frech, feiern in dieser letzten Woche des Jahres 2003 mit dem Chanukkafest den Sieg über die hellenistische Besatzungsmacht, der 2.168 Jahren zuvor errungen worden war.

Dass sich Kinder in Israel ohne Gefahr versammeln können, ist nicht selbstverständlich. Vor ein paar Tagen vergaß ein zerstreutes

Mädchen auf dem Schulhof ihren Ranzen. Die Polizei musste gerufen werden. Sprengstoffexperten untersuchten, ob in der Tasche nicht vielleicht eine Bombe sei. Die Kinder waren in der Zwischenzeit im Schulgebäude eingesperrt und konnten nicht nach Hause gehen. Die ganze vierte Klasse betet in letzter Zeit für den dreijährigen Hadar, der bei dem Selbstmordanschlag auf das Restaurant Maxim in Haifa einen Schädelbruch erlitten hat. Gemeinsam hoffen die Kinder, dass die Operation erfolgreich verlaufen wird.

Den lustigen Aufführungen folgen ernsthaftere. Bei keiner Schulfeier fehlt das Thema »Frieden«. »Ich bin geboren für einen Frieden, der erst kommen wird«, singen Schüler und Eltern gemeinsam, »ich bin geboren für einen Frieden, der erst noch erscheint. Aber ich will, ich will ihn schon jetzt erleben!« Manche Lieder werden zum Gebet: »Bewahre uns wie Kinder und verlasse uns nicht. Gib uns Licht und jugendliche Freude und immer neue Kraft ...«

Der Optimismus des jüdischen Volkes ist nicht unterzukriegen. Deshalb singt und tanzt es zu jeder Gelegenheit. Jeder kennt die Lieder »BaSchanah HaBa'ah ...« – »Du wirst schon sehen, wie gut es im nächsten Jahr wird ...« – oder »HaKol Patuach ...« – »Alles ist offen, es ist noch nicht zu spät, morgen wird alles besser. Alles ist möglich, solange wir heute und hier so singen können.« Nachdem sich Kinder und Eltern zusammen satt gesungen haben, bekommt dann auch jeder einen süßen Berliner.

Lichteranzünden an Chanukka

Was machen Juden eigentlich an Weihnachten?

Jauchze, du Tochter Zion! Frohlocke, Israel! Freue dich und sei fröhlich von ganzem Herzen, du Tochter Jerusalem! Denn der Herr hat deine Strafe weggenommen und deine Feinde abgewendet. *(Zephanja 3,14-15)*

Im Hebräischkurs wurden wir einmal gefragt, was uns eigentlich nach Israel gebracht hat. Da erklärte Roger, ein amerikanischer Jude, dass er den Weihnachtstrubel nicht mehr habe ertragen können. Schon im Oktober hätte er in den Kaufhäusern nur noch Weihnachtslieder gehört.

Wer dem vorweihnachtlichen Durcheinander entfliehen will, muss nur in das Land kommen, in dem Jesus geboren wurde. Hier findet kein Weihnachten statt mit Ausnahme natürlich der heiligen Stätten in Bethlehem oder Nazareth.

Auch wenn in diesen heute arabischen Städten die Zahl der Muslime wächst und die arabischen Christen ins Ausland abwandern, so stehen doch an jeder Ecke Plastikweihnachtsbäume, die mit bunten Glühbirnen behängt sind. Da ist das Interesse am Tourismus und dem damit verbundenen Profit größer als die religiöse Überzeugung.

Vor dem Jahrtausendwechsel freute sich das jüdische wie das arabische Israel auf die Touristenflut. Ein Weihnachten zuvor hatte sich Jasser Arafats Ehefrau Suha mit ihrer Tochter den Kameras präsentiert. Ob es sich bei ihrer Begleitung, einem Mann mit weißem Bart und roter Kapuze, um den »heiligen Nikolaus« oder »Father Christmas« handelte, war nicht ersichtlich.

In jedem Jahr schenkt die Stadtverwaltung Jerusalems allen daran interessierten Christen einen echten Weihnachtsbaum, der im

Land gewachsen ist. Über den beleuchteten Weihnachtsbaum auf dem Universitätsgelände werden derweil heftige Diskussionen geführt.

Was also machen Juden an Weihnachten? Nichts Besonderes. Das Leben nimmt seinen gewohnten Gang, außer wenn Weihnachten mit Chanukka zusammenfällt. Dann erscheinen in den Fenstern die Chanukkaleuchter. Dann werden Kartoffelpuffer und »Berliner« gebraten, die Kinder drehen Kreisel und spielen mit Jojo.

Unter dem harten Druck der Hellenisten war Juden sogar verboten, die heiligen Schriften zu studieren. Deswegen, so erzählt man, hätten sie auf dem Tisch Spielsachen vorbereitet. Wenn dann eine Kontrolle kam, versteckten sie schnell die Schriftrollen unter dem Tisch und drehten die Kreisel.

Kreisel sind ein fester Bestandteil von Chanukka. Auf einem klassischen Chanukkakreisel stehen die hebräischen Anfangsbuchstaben der Worte: »Nes gadol haja po!« »Ein großes Wunder ist hier geschehen!« Aber heute gibt es auch schon grell leuchtende Kreisel, auf denen ganz unverhohlen »Made in China« steht und die unverschämt laut »Happy birthday to you« quäken.

Mit dem klassischen Kreisel spielt man um Bonbons oder Geld. Der Buchstabe, der oben liegen bleibt, entscheidet über den Gewinn. Die jiddisch-sprechenden aschkenasischen Juden deuten das »Nun« als »Nix«, das »Gimel« als »Ganz«, das »Hei« als »Halb« und das »Pei« (im Hebräischen am Wortanfang weich als »F« ausgesprochen) als »verfallen«. Der Phantasie sind keine Grenzen gesetzt.

Mit den Kindern gießt man Kerzen und bastelt Fensterbilder, und selbstverständlich wird viel gesungen. Am meisten hat mich ein Lied über das Chanukkawunder und den Sieg der Makkabäer über die Griechen erstaunt, dessen Melodie Georg Friedrich Händel komponiert hat und das ich aus christlichen Gesangbüchern kannte. In Tschechien ist es ein Osterlied und in Deutschland wird die Melodie im Advent gesungen: »Tochter Zion, freue dich!«

Ein verspäteter Weihnachtsgruß

Er gedenkt der Barmherzigkeit und hilft seinem Diener Israel auf, wie er geredet hat zu unsern Vätern, Abraham und seinen Kindern in Ewigkeit. (Lukas 1,54-55)

Den folgenden Text verfasste Krista im Dezember 2000, kurz nach Ausbruch der Al-Aksa-Intifada. Zum ersten Mal erlebten wir Krieg hautnah. Fassungslos sahen wir im Fernsehen, wie zwei verirrte israelische Soldaten in Ramalla vom palästinensischen Mob gelyncht wurden. Wir fingen an, den Abgrund des Hasses zu verstehen und den Antisemitismus, der sich nicht scheut, historische Fakten zu verdrehen.

Liebe Maria, lieber Josef!

Ich wünsche euch ein gesegnetes Weihnachtsfest!

Seid froh, dass ihr vor zweitausend Jahren gelebt habt. Ihr musstet eure Reise zwar mit einem Esel unternehmen. Heute wärt ihr bestimmt per Bus unterwegs. Dafür wurde euch aber in Bethlehem wenigstens ein Stall zur Verfügung gestellt. Heute muss man am Übergang in die Palästinensische Autonomie vom israelischen in einen palästinensischen Bus umsteigen. Für Juden kann das problematisch sein. Höchstwahrscheinlich würde jemand fragen, ob sich im Bus Juden befinden. Und wenn ihr es zugeben würdet, würde man euch den Zutritt nach Bethlehem verweigern.

Aber auch eure eigene Regierung würde euch nicht gestatten, nach Bethlehem zu reisen. Am liebsten erzähle ich euch gar nicht, wie es Juden ergangen ist, die sich verirrt haben und aus Versehen in palästinensisches Gebiet fuhren. Wo früher Engel gesungen haben »Ehre sei Gott in der Höhe und Friede auf Erden«, beschießen sich heute bewaffnete Palästinenser und israelische Soldaten. Es ist ratsam, so schnell wie möglich von hier zu verschwinden.

Ihr wolltet dieser Welt den Messias, den Erlöser, bringen? Aber doch nicht einen, der aus dem jüdischen Volk stammt! Die sich heute als Nachfahren der Kanaaniter bezeichnen, geben sich nicht mehr zufrieden mit den Brosamen, die vom Tische ihrer Herrn fallen. Könnte es nicht wenigstens ein germanischer oder slawischer Erlöser sein? Nein, ihr bleibt dabei; er muss jüdisch sein? Und am Ende soll er auch Gebetsriemen und Schaufäden tragen? Seht ihn euch doch an, wie das aussieht. Und am Samstag möchte er in eine Synagoge gehen? Das sollte dann aber auf keinen Fall am Rachelsgrab in Bethlehem oder am Josefsgrab in Nablus sein.

Nur bei Nacht und unter starkem Militärschutz können heute Juden am zerstörten Josefsgrab in Sichem noch beten.

Und du, Bethlehem, bist nicht mehr im »jüdischen Lande«, sondern im Land »Palästina«. Stadt Davids, warum sollte es dir anders ergehen als der Erzväterstadt Hebron? Dort hat König David auf Gottes Anweisung sieben Jahre und sechs Monate lang über das Haus Juda geherrscht. Heute lebt dort nur noch eine Hand voll hartnäckiger Siedler, die darauf bestehen, dass ihr Vater Abraham dort ein Feld gekauft hat, um seine Frau Sarah zu beerdigen. Auch dort wird momentan täglich geschossen. Und ihr wundert euch? Die Juden sollen auch von dort verschwinden!

Und Jerusalem? Die drittheiligste Stätte aller Moslems, von wo aus Mohammed in den Himmel gefahren ist, nachdem ihn ein Engel aus Mekka auf seinem Pferd dorthin entrückt hat? Die Juden erzählen sich über Jerusalem Märchen. Das jedenfalls erzählt ein moslemischer Touristenführer auf dem Tempelberg. Dort soll früher einmal ein Tempel gestanden haben. Wie bitte, Maria, du willst dort zwei Tauben geopfert und Jesus zur Beschneidung gebracht haben? Mach das ja nicht. Das wäre eine Provokation. Du könntest dadurch einen Krieg verursachen, vielleicht sogar einen Weltkrieg! Das willst du doch nicht. Am besten, du versuchst gar nicht dorthin zu kommen! Lauft lieber schnell weg von hier.

Du fragst wohin? In einem Interview mit dem angesehenen englischen Nachrichtensender BBC hat euch der Chef der libanesischen Organisation Hisbollah, Scheikh Hassan Nasrallah, einen guten Rat gegeben. Er meinte, eine Okkupation könne 50, 100 oder auch 200 Jahre dauern. Aber bestimmt nicht für immer. Jeder solle dorthin zurückkehren, woher er gekommen sei. Aber damit hat er vermutlich nicht etwa eure Heimatstadt Nazareth gemeint! Vielleicht die Konzentrationslager? Ich muss zugeben, Josef, das ist mir auch schon eingefallen. Ab und zu hören wir hier aber auch von einer anderen Alternative für euch: das Mittelmeer!

Herodes war brutal und hat sich nicht gerade als euer bester Freund erwiesen. Aber seid froh! Vor zweitausend Jahren hat es auch den Friedensnobelpreis noch nicht gegeben. Sonst hätte er den bestimmt bekommen.

Also noch mal: Ein fröhliches Weihnachtsfest!

Eure Krista

Licht in der Finsternis

Doch es wird nicht dunkel bleiben über denen,
die in Angst sind. *(Jesaja 8,23)*

Zwei Jahre danach, im Dezember 2002, schrieb Johannes den folgenden Weihnachtsartikel:

Sehen Sie Licht am Ende des Tunnels, Herr Peres?« Verzweifelt sucht ein europäischer Spitzendiplomat dem Vater des Traums von einem neuen Nahen Osten den Schimmer einer Hoffnung abzuringen. Doch Shimon Peres zieht sich nüchtern aus der Schlinge. »Sehen Sie einen Tunnel?«, antwortet er typisch jüdisch mit einer Gegenfrage.

Zu oft haben Politiker in den vergangenen Jahren rosige Visionen von einem friedlichen und prosperierenden Zusammenleben von Juden und Arabern gezeichnet. Heute stehen wir vor einem einzigen großen Scherbenhaufen. Zu oft wurden Illusionen geschürt, die sich dann in der harten Realität des Alltags als Zeitbomben entpuppt haben.

Überhöhte Erwartungen auf beiden Seiten dürften einer der Hauptgründe für das Scheitern des Frühlings von Oslo gewesen sein. Deshalb sind Realpolitiker in Israel sehr vorsichtig geworden mit großartigen Versprechungen und ziehen es vor, Schritt für Schritt durch die Finsternis von Gewalt und Leid zu tappen.

4.882 Verletzte, 687 Tote und 15.595 Anschläge haben die Israelis zwischen dem 29. September 2000 und dem 8. Dezember 2002 gezählt. Dabei wurden Steinwürfe und der Einsatz von Molotow-Cocktails (Brandbomben) gar nicht mehr mitgerechnet. Von palästinensischer Seite sind keine so genauen Zahlen verfügbar. Die Zahl der Toten und Verletzten ist allerdings jeweils ungefähr dreimal so hoch wie auf israelischer Seite.

Aber was sagen nackte Statistiken über Einzelschicksale, über die Stimmung, über die Motivation oder den Friedenswillen einer

Gesellschaft? Nicht viel. Sind die fast 2.000 Toten auf palästinensischer Seite ein Resultat des rücksichtslosen Einsatzes einer hoch technisierten Militärmaschinerie von Seiten Israels oder das Ergebnis einer gewissenlosen Gesellschaft, die selbst davor nicht zurückschreckt, die Schwächsten an die Front zu schicken? Das bleibt der Deutung des Beobachters überlassen. Tatsache bleibt jedoch, dass israelische Militärs schon aus Eigeninteresse Opfer unter der palästinensischen Zivilbevölkerung unter allen Umständen vermeiden, während palästinensische Selbstmordattentäter gezielt die breite Bevölkerung Israels angreifen.

»Von Abraham hast du einen Sohn verlangt! Warum verlangst du von mir zwei?!« Verzweifelt macht der Großvater von Dvir und Noy Anter aus der Stadt Ariel im Zentrum Samarias seinem Herzen Luft. Die beiden 13- und 14-jährigen Brüder waren bei dem Bombenanschlag in Mombasa ums Leben gekommen. Für viele Juden ist das Resümee: An keinem Ort auf dieser Welt können wir durchatmen, uns von der ständigen Bedrohung durch den Terror erholen. Sechs weitere Israelis waren an demselben 28. November bei einem Anschlag auf ein Wahllokal in Beit Schean im Jordantal erschossen worden.

Außer der Sicherheitslage ist es aber vor allem die wirtschaftliche Notlage, die den kleinen Mann in Israel in Atem hält. Jedes vierte Kind in Israel lebt heute unter der von der UNO festgelegten Armutsgrenze. Ganze Familien wurden auf die Straße gesetzt, weil sie die Miete nicht bezahlen können. Die Arbeitslosigkeit ist ein Dauerthema in den Medien und die Lebenshaltungskosten steigen ungebremst weiter.

Auf palästinensischer Seite gibt es zwar massive Anstrengungen der UNWRA und privater Hilfsorganisationen, aber für so manche Flüchtlingsfamilie ist das tägliche Leben geprägt vom Kampf ums tägliche Brot. Wenn eine Reise von Stadt zu Stadt möglich ist, dann nur auf großen Umwegen und durch israelische Straßensperren, an denen jeder genau und oftmals demütigend überprüft wird – wenn eine Reise überhaupt möglich ist! Denn seit die israelische Armee wieder in die Palästinensische Autonomie (PA) einmarschiert ist, gehören Ausgangssperren zur Regel. Wer sich trotzdem auf die Straße wagt, riskiert zwischen die Fronten zu geraten oder von den israelischen Soldaten für einen Terroristen gehalten zu werden …

PA-Arbeitsminister Dr. Ghassan Khatib meint: »Die Realität, unter der Palästinenser heute existieren, wird von Außenstehenden nicht verstanden!« Der Wink des Arafat-Vertrauten mit dem Zaunpfahl gilt seinen Journalisten-Kollegen. Aber der Medienexperte und ehemalige Direktor des palästinensischen »Jerusalem Media and Communications Center« spricht nicht aus, was man als Berichterstatter von palästinensischen Freunden verbittert an den Kopf geworfen bekommt: »Ihr habt überhaupt kein Recht, über uns zu schreiben!«

Weihnachtsstimmung im Heiligen Land will unter diesen Umständen nicht aufkommen. Messianische Juden haben mit ihrem Volk Anfang Dezember bereits Chanukka gefeiert. Für jüdische Israelis sind Weihnachtszeit und Jahreswechsel ganz normale Schul- und Arbeitszeiten.

In den einst christlichen Hochburgen Nazareth und Bethlehem sind die Christen heute eine Minderheit. Weihnachtsschmuck ist allerdings auch Moslems recht, wenn er kaufkräftige Touristen mit sich bringt. Doch die kommen seit zwei Jahren nicht mehr. Nach langem Suchen entdecke ich in der fast menschenleeren Altstadt von Jerusalem einen einsamen Christbaum. Wie ein verzweifelter Versuch, der allgemeinen Stimmung die Stirn zu bieten, steht er vor einem Lebensmittelgeschäft.

Martin Reyer ist Propst an der evangelisch-lutherischen Erlöserkirche in Jerusalems historischer Altstadt. Schon als Dekan in Stuttgart-Zuffenhausen hatte er sich um Beziehungen mit palästinensischen Christen bemüht und eine Partnerschaft mit Ramalla aufgebaut. Der schwäbische Kirchenmann ist davon überzeugt, dass nicht alle Palästinenser Terroristen sind. Er wünscht denen, die eine gewaltfreie Lösung des Konflikts suchen, aber oftmals zwischen allen Stühlen sitzen, eine echte Chance.

Seine Frau Beate stammt aus einem pietistischen Elternhaus. Ihrer Prägung entspricht, dass ein Christ aus historischen und religiösen Gründen gar keinen anderen Platz einnehmen kann als an der Seite Israels. »50 Jahre sind keine lange Zeit für das geschichtliche Gedächtnis eines Volkes«, meint die ehemalige Lufthansa-Stewardess im Rückblick auf das Dritte Reich und erklärt damit ihre Meinung, dass Deutsche gegenüber Israel mit guten Ratschlägen eher zurückhaltend sein sollten.

Aber nicht nur im Blick auf die deutsch-jüdische Vergangenheit, sondern auch im hautnahen Erleben des Nahostkonflikts hat die Pfarrfrau gelernt, dass Schweigen Gold sein kann. »Was ich sage, ist sowieso irrelevant«, resümiert sie nüchtern nach einem Jahr Pfarramt am Nabel der Welt. »Ich bin nicht klüger als die Leute hier und kann viel mehr bewirken, wenn ich den Menschen auf beiden Seiten zwei offene Ohren widme.«

Nicht ›Reden‹, sondern ›Sein‹; nicht wortgewaltig gegen die Mauer von Gewalt und Tränen anrennen, sondern in aller Stille Licht sein inmitten der Finsternis, das wünscht sich das Ehepaar Reyer für seinen Dienst in Jerusalem – und mit ihm viele Christen, die gemerkt haben, dass es nichts bringt, Ratlosigkeit und Verzweiflung in geistlich verbrämte Politparolen zu kleiden.

»Das Volk, das im Finstern wandelt, sieht ein großes Licht, und über denen, die da wohnen im finstern Lande, scheint es hell!« (Jesaja 9,1), hatte der Prophet Jesaja einst seinem Volk zugerufen. In jeder jüdischen Bibel steht dieser Text seit Jahrtausenden. Mehr denn je entspricht die Situationsbeschreibung des Propheten der aktuellen Lage.

Auch wenn einem angesichts der Aussichtslosigkeit im Land Israel das Wort im Halse stecken bleibt, die Botschaft vom Kind in der Krippe ist brandaktuell. Gegen allen Augenschein halten wir als Christen daran fest: »Jeder Stiefel, der mit Gedröhn dahergeht, und jeder Mantel, durch Blut geschleift, wird verbrannt und vom Feuer verzehrt. Denn uns ist ein Kind geboren, ein Sohn ist uns gegeben, und die Herrschaft ruht auf seiner Schulter; und er heißt Wunder-Rat, Gott-Held, Ewig-Vater, Friede-Fürst.« (Jesaja 9,4-5)

Verleugnet und allgegenwärtig

Der Geist und die Braut sprechen: Komm! Und wer es hört, der spreche: Komm! Und wen dürstet, der komme; und wer da will, der nehme das Wasser des Lebens umsonst.
(Offenbarung 22,17)

Allgegenwärtig

Der Messias kommt nicht. Der Messias ruft auch nicht an!« Der Schlagerrefrain dröhnt über die Wasseroberfläche des Sees Genezareth, auf der einst der gegangen ist, den heute noch Millionen als Christus verehren. Bis zum Bauchnabel stehen die jungen Israelis im lauwarmen Wasser. Die Bierdose in der Hand wippen sie mit den Hüften und beobachten, wie die Sonne als riesiger Feuerball hinter Tiberias versinkt.

»Jehuda schaut auf die Uhr und verdreht die Augen«, beschreibt der israelische Liedermacher Schalom Hanoch die Ungeduld der Wartenden. Bei jedem Klingeln der Haustürglocke stockt ihnen der Atem. Aber, die Erwartungen werden immer wieder enttäuscht. Hanoch macht sich lustig: »Der Messias kommt nicht, er ruft nicht einmal an!«

Die moderne israelische Gesellschaft hat keine messianische Hoffnung. Das ist nicht nur das Resümee des Spötters Schalom Hanoch, sondern auch das des Jesus-gläubigen Juden Zvi Sadan. Die 28-jährige Irit, Mutter eines Kindes und Geschäftsfrau, meint: »Ich glaube an Gott. Aber der Messias ist eine Erfindung der Religion. Die Leute brauchen das einfach, um die Hoffnung nicht zu verlieren.«

Nach der Einschätzung des Theologen und Historikers Sadan muss das Volk Israel noch einen langen Prozess durchlaufen, bis Jeschua kommen kann. Das jüdische Volk muss zum Glauben und in das Land seiner Väter zurückkehren. Nur auf dem Boden der Torah werde es zu der von der Heiligen Schrift vorhergesagten breiten gesellschaftlichen Bewegung kommen. Man könne nicht über den Messias reden, wie das heute viele Christen tun, aber den Glauben an den Gott Israels und sein Gesetz unbeachtet lassen.

Dass Leiden das Volk Israel zurück zu seinem Gott und damit zur Erkenntnis des Messias treibt, wie in christlichen Kreisen vielfach gelehrt wird, hält Zvi Sadan für unwahrscheinlich. Die Zerstörung des Jerusalemer Tempels und zweitausend Jahre unsagbares Leiden durch Kreuzfahrer, Pogrome und den Holocaust haben keine Umkehr bewirkt. Wie sollte sie dann durch noch mehr Leid geschehen?

Einerseits lehnen viele moderne Israelis den Messiasgedanken ab. Andererseits, und das bringt wiederum Zvi Sadan auf den Punkt, »brennt der Messias im Volk Israel, ob sich die Leute darüber im Klaren sind oder nicht«. Davon zeugt auch das Lied Hanochs. Der Messias ist allgegenwärtig – sonst müsste sich der Spötter ja nicht dagegen wehren. »Vielleicht sind junge Israelis deshalb so laut«, mutmaßt eine holländische Christin, die seit mehr als einem Jahrzehnt in Israel lebt, »weil sie die Stille vermeiden wollen. Es könnte ja sein, dass Gott doch anfängt zu reden?«

»Seit zweitausend Jahren irre ich umher«, singt Jehuda Katz, »und suche das Land, das ich liebe. Jeden Tag wird mir das Herz von neuem gebrochen, jeden Tag steht die Frage neu im Raum: ›Vielleicht morgen?‹ ›Wann ist die Erlösung?‹« Im Refrain greift er dann – wie unzählige andere jüdische Dichter – die uralten Worte auf, die der spanisch-ägyptische Rabbiner Maimonides seinem Volk vor tausend Jahren ins Stammbuch geschrieben hat: »Mit unerschütterlichem Glauben erwarte ich das Kommen des Messias!«

»In den letzten Tagen wird er kommen und das Volk von seinen Leiden erlösen.« Davon ist der ansonsten erklärt säkulare Amos überzeugt. »Ich glaube, dass es ein Mensch sein wird. Woran man ihn erkennt, weiß ich nicht«, gesteht der Ingenieur aus dem Norden Israels ein, »aber alle werden ihn als Messias erkennen, wenn er in das Land Israel kommen wird, so wie es im Tenach, dem Alten Testament, geschrieben steht.«

Vor ein paar Jahren wurde der amerikanische Rabbi Menachem Schneerson zu Grabe getragen. Hunderttausende orthodoxer Juden halten bis heute daran fest: Er ist der König Messias. Woher sie das wissen, dass es ausgerechnet der Lubawitscher Rebbe ist? Die Zeichen sind eindeutig: Er beherrschte die Torah und ihre

Geheimnisse wie kein Zweiter. Seine prophetischen Voraussagen sind eingetroffen. Viele Menschen des Hauses Israel haben durch ihn weltweit zum Glauben zurückgefunden.

Wie kommt es dann, dass er seine Weltherrschaft nicht aufrichten konnte und auch nicht von aller Welt geliebt wurde? Auch darauf hat die Chabad-Bewegung eine Antwort: Bei seinem ersten Erscheinen wird der Messias nicht von allen angenommen werden. Einige werden ihn verachten, darunter sogar Gerechte. So hoffen die »Chabadnikim« auf eine Wiederkunft ihres Königs Messias.

Nicht nur gläubige Juden hoffen, wie viele Christen, auf einen (wieder-) kommenden Messias, sondern auch Muslime. »Aber vorher«, so erklärt mir Siad, ein Händler in der Altstadt, »muss der ›Masih al-Kasab‹, der ›Lügenmessias‹, kommen, der die Menschheit verführt. Er hat ein Zeichen auf der Stirn. Aber das sehen nur wir Muslime.«

Siad hat sich in den vergangenen Jahren, während der Al-Aksa-Intifada, vom Playboy, vor dem keine Touristin sicher war, zum strenggläubigen Muslim und Familienvater gewandelt. Er weiß auch, dass ›Isa‹, wie Jesus im Arabischen heißt, der ›Masih‹ ist. Und wenn er kommt, wird er die Menschheit in Gute und Böse unterteilen. Alle Nichtmuslime werden dann vernichtet, so dass nur die Guten übrig bleiben.

»Und was ist mit den Christen, die zwar keine Muslime sind, aber doch Jesus als ihren Herrn lieben und verehren?«, wage ich einzuwerfen. »Die meisten Christen sind dekadent, haben den wahren Glauben verlassen«, erwidert er selbstbewusst, und mit Blick auf die engen Jeans einer vorbeigehenden Touristin: »Sieh, ihre Frauen tun so, als kleideten sie sich, aber in Wirklichkeit sind sie unbekleidet. Es gibt Christen, die gut sind, wie die arabischen Christen. Aber die meisten westlichen Christen sind böse, sie sind Zionisten und in ihrem Innern eigentlich Juden.«

Aber er hat doch die Juden umgebracht!

Denn er ist unser Friede, der aus beiden eines gemacht hat und den Zaun abgebrochen hat, der dazwischen war, nämlich die Feindschaft. *(Epheser 2,14)*

Nach dem Gottesdienst am Sabbat unterhalte ich mich mit meiner Jesus-gläubigen, jüdischen Freundin. Ahnungslos erzähle ich ihr, dass wir am 31. Dezember mit Freunden aus Deutschland Silvester gefeiert haben. Sichtlich stockt ihr der Atem. Mit vor Schreck geweiteten Augen fragt sie: »Ihr habt Silvester gefeiert?« – Mir ist nicht klar, was daran so entsetzlich sein soll. Und so erkläre ich ihr, wie wir in Mitteleuropa den Silvesterabend und den Anbruch des neuen Jahres feiern. – »Aber Silvester hat doch die Juden umgebracht!«, platzt es da aus ihr heraus.

Da ich nicht etwa unwissend einen Judenmörder feiern möchte, suche ich nach einem geschichtlichen Hintergrund zu dieser Behauptung. Anscheinend sind über den römischen Bischof Silvester hauptsächlich Legenden bekannt, die im 5. Jahrhundert entstanden sind. Seine Bedeutung liegt vor allem darin, dass er sein Amt im Jahre 314 antrat, kurz nachdem das Christentum den anderen Religionen und Kulten des Römischen Reiches gleichgestellt worden war. Als wichtigstes kirchliches Ereignis seiner Amtszeit gilt das Konzil von Nicea, an dem er aber nicht persönlich teilnahm.

Silvester gehört zu den katholischen Heiligen. Sein Fest wird schon seit dem 5. Jahrhundert im ganzen christlichen Europa gefeiert. Verschiedene Bräuche und Traditionen werden in der Silvesternacht zum Jahreswechsel gepflegt. Früher waren auch Silvesterumzüge verbreitet.

Was seine Beziehung zu Juden betrifft, gibt es eine Überlieferung, der zufolge der römische Bischof ein Streitgespräch mit jüdischen Rabbinern führte. Die byzantinische Kaiserinmutter Helena wollte dieser Legende zufolge ihren getauften Sohn Konstantin zum Judentum bekehren. Um das zu verhindern, musste Silvester gegen die gelehrten Juden antreten. Elf Rabbiner besiegte der römische Bischof im Disput. Der zwölfte ließ sich erst überzeugen, als er einen Stier nicht wieder zum Leben erwecken konnte. Was dem Rabbiner misslang, konnte Silvester ohne Probleme vollbringen, worauf die Rabbiner und Helena sich sofort taufen ließen.

Aus Sicht mancher Christen erzählt diese Tradition von einem Sieg. Aus jüdischer Sicht sieht das offensichtlich anders aus. Auf alle Fälle erzählt man sich heute unter Juden, dass Silvester ein böser Mann war.

Welch ein Abgrund zwischen Juden und uns Christen liegt, bestätigte mir ein Flugblatt, das ich im Briefkasten gefunden habe. Das Blatt, das von orthodoxen Juden verfasst wurde, gewährt einen Blick in die jüdische Seele: »Wir teilen mit, dass es verboten ist, an den Feierlichkeiten zum christlichen Jahresende durch die Nachahmung fremder Symbole, Volkskulturen und christlicher Leiter und ihrer Religion teilzunehmen. Sie verwischen die Grenzen der Einzigartigkeit des jüdischen Volkes und des jüdischen Staates.«

Weiter heißt es: »Die Teilnahme am Neujahrsfest der Christen verletzt und beleidigt, macht traurig und enttäuscht, ruft Verwerfung und Spott hervor. Niemals hätten wir gedacht, dass unsere jüdische Identität im jüdischen Staat bedroht werden könnte.«

Schließlich erinnern die Rabbiner ihre Gemeinde daran: »Das jüdische Volk hat seine eigenen Feste und ein eigenes Neujahrsfest – die wir in Israel mit Freude, Stolz und standhaft entsprechend unserer heiligen Tora und ihren Geboten feiern.«

Im Nachhinein hat ein Jerusalemer Journalistenkollege darauf aufmerksam gemacht, dass Silvester und das Neujahrsfest eigentlich einen ganz »ur-jüdischen« Ursprung hat. Die frühen Christen haben acht Tage nach der Geburt nämlich das Beschneidungsfest Christi gefeiert. Mit der Beschneidung erhielt der Messias dann auch seinen Namen und wurde in den Bund Abrahams aufgenommen, das heißt, eigentlich erst »Mensch« – was der Grund dafür ist, dass wir unsere Zeit zwar »nach Christi Geburt« rechnen, das Neujahrsfest aber erst acht Tage nach dem Geburtstag Jesu feiern.

... der du die Frucht des Baumes geschaffen hast!

Du bist zu Männern gegangen, die nicht Juden sind, und hast mit ihnen gegessen! *(Apostelgeschichte 11,3)*

Unsere Kinder sind scharf auf Süßes. Neben Süßigkeiten von der Oma aus Deutschland, habe ich aber immer auch für ihre jüdischen Freunde israelische Bonbons auf Vorrat, die »koscher« sind. Als »koscher« werden in Israel Lebensmittel bezeichnet, die vom Rabbinat streng kontrolliert und genehmigt wurden. Das bedeutet dann, dass diese Lebensmittel nach jüdischem Gesetz »rein« sind. Sie entsprechen den Speisegesetzen, die im Alten Testament ihren Ursprung haben, und sind zum Verzehr erlaubt.

In einem koscheren Haushalt gibt es natürlich nur Fleischprodukte von »reinen« Tieren, also keine Meeresfrüchte wie Krabben oder Muscheln und schon gar kein Schwein. Aufgrund von Erfahrungen mit heidnischen Opferkulten ist beispielsweise auch jeder Wein, der von Nichtjuden hergestellt oder ausgeschenkt wird, »unkoscher«.

Außerdem wird streng zwischen »milchig« und »fleischig«, das heißt allen Milchprodukten und allen Fleischprodukten, getrennt. Das bedeutet in der Praxis, dass es in strengen jüdischen Küchen »milchiges« Geschirr und »fleischiges« Geschirr, »milchiges« Besteck und »fleischiges« Besteck, einen »milchigen« Backofen und einen »fleischigen« Backofen und eine »milchige« Spüle und eine »fleischige« Spüle gibt. Durch diese Vorsichtsmaßnahmen soll vermieden werden, dass ein Böcklein in der Milch seiner Mutter gekocht wird (2. Mose 23,19).

Aber auch »koscher« ist noch lange nicht gleich »koscher«. Auf manchen Verpackungen findet sich noch ein besonderer Stempel, der den Inhalt als »glatt-koscher« deklariert. Was »glatt-koscher« ist, entspricht den ultra-strengen Vorschriften der ultra-orthodoxen Juden.

Unsere Nachbarskinder haben sich daran gewöhnt, dass sie bei uns nicht alles essen können. Aber ich will auch nicht, dass sie zusehen müssen, wie unsere Kinder naschen und mit ihren Freunden nicht teilen können, weil das, was sie essen »nicht koscher« ist.

Selbstverständlich habe ich Einweggeschirr, damit ich orthodoxen Gästen Kaffee und Kekse anbieten kann. Auch wenn ich nur Lebensmittel mit »Koscher«-Stempel hätte, würde mir das nicht helfen, denn ich verzichte nicht immer auf Sahne in Soßen und backe Hähnchen und Kuchen im gleichen Ofen. Außerdem bewahre ich in einem Behälter einmal Käse, ein anderes Mal Schinken auf – natürlich Putenschinken! Ich trenne nicht zwischen »fleischig« und »milchig«.

Mir liegt am Kontakt mit den Menschen, unter denen wir leben, und ich möchte sie spüren lassen, dass ich ihre Überzeugungen respektiere. Wenn mich eine Nachbarin anruft und bittet, ob ich nach der Schule ihre Kinder zu mir nehmen kann, weil sie sich verspätet hat, weiß ich, dass sie mir vertraut und dafür bin ich Gott dankbar.

Ihrem sechsjährigen Sohn habe ich heute eine Banane angeboten, während unsere jüngste Tochter im Küchenschrank nach Süßigkeiten sucht. »Sind bei euch nur Äpfel und Bananen koscher?«, fragt Eli. »Nein, ich kaufe doch das Meiste im Supermarkt. Aber ab und zu bekommen wir auch etwas von der Oma aus Deutschland«, erkläre ich ihm. »Ach so, ihr bekommt es«, denkt er nach, »und sie schicken euch absichtlich Sachen, die nicht koscher sind?« »Nein«, erkläre ich ihm, »dort ist eigentlich alles unkoscher. Sie kümmern sich gar nicht darum. Es sind Gojim.«

Das Wort »Gojim« erklärt alles. In der Bibel wird dieser Ausdruck in der Regel mit »Nationen«, »Völker« oder »Heiden« übersetzt. »Gojim« bezeichnet einfach jeden, der nicht zu Israel gehört. Ich sehe das Entsetzen auf Elis Gesicht. Dann überlegt er: »Ach, die sind dort geboren.« »Richtig«, nicke ich zustimmend. »Ach, ich hätte fast vergessen zu beten«, der Junge hält inne und betet, bevor er in den roten erlaubten Apfel beißt: »Gelobt seist du, Herr, unser Gott, König der Welt, der du die Frucht des Baumes geschaffen hast.«

Zwischen Betroffenheit und Erleichterung

Wenn auch tausend fallen zu deiner Seite und zehntausend zu deiner Rechten, so wird es doch dich nicht treffen.
(Psalm 91,7)

Mir fällt ein Stein vom Herzen. Es ist nicht der Mann meiner Freundin, der im Krankenhaus liegt. Der Nachrichtensprecher hatte berichtet, dass ganz in unserer Nähe ein »Jossi Baruch aus Modi'in« durch einen Kopfschuss von arabischen Heckenschützen schwer verletzt wurde. Erschrocken denken wir an die befreundete Familie aus Modi'in, deren Vater ebenfalls Jossi Baruch heißt. Am Telefon klärt Elisabeth, Mutter von drei Kindern, mich dann schnell auf: »Es war nicht mein Mann!« – Ich bin nicht die Erste, die angerufen hat.

Fast täglich hören wir hier in Israel von Terroranschlägen. Immer wieder fällt dabei in den letzten Wochen das Wort »Wunder«. Was Medienbeobachter meist der technischen Überlegenheit Israels zuschreiben, begreifen die Menschen hier im Lande als das Eingreifen Gottes. »Es war ein Wunder«, versichern Augenzeugen, dass bei den Busexplosionen in Tel Aviv und Netanya niemand ums Leben kam. Es gab nur Verletzte. »Toda LaEl – Gott sei Dank!«, bekennen die Eltern des Soldaten erleichtert in die laufende Fernsehkamera. Als »von den Toten auferstanden« sehen sie ihren Sohn, der vor ein paar Wochen durch zwei Herzschüsse im Jerusalemer Stadtteil Gilo lebensgefährlich verletzt wurde.

Die Namen der Verletzten oder Getöteten erfahren wir aus den Medien in der Regel erst am nächsten Tag. Zuerst werden die betroffenen Familien benachrichtigt. So musste vor ein paar Tagen ein Mädchen erfahren, dass das Auto, in dem ihre Eltern mit fünf Geschwistern unterwegs waren, beschossen worden ist. Kurze Zeit später stand fest, dass alle Kinder – das jüngste gerade zwei Jahre alt

– den Anschlag, wenngleich teilweise verletzt, überlebt hatten. Doch den Kindern musste erklärt werden: »Gott hat eure Eltern zu sich genommen.« Da sie als »extremistische jüdische Siedler« nicht nur in den »besetzten Gebieten« unterwegs waren, sondern dort sogar wohnten, konnte einen der Unterton der Berichterstattung glauben machen, sie seien selbst schuld.

Eli Cohen hieß der Mann, der auf dem Weg von Jerusalem nach Modi'in in seinem Auto kurz nach Einbruch der Dunkelheit erschossen wurde. Blitzschnell gehen mir die Gedanken durch den Kopf: »Ist das vielleicht unser Nachbar? Der Vater von den drei kleinen Kindern, die immer wieder vor unserem Haus spielen?« Die Familie Cohen ist eine der nettesten orthodoxen Familien in der Gegend. – Nein, es war ein Fahrlehrer. Also kann es nicht »unser« Eli Cohen sein. Wieder fällt mir ein Stein vom Herzen. Ein schwerer Stein!

Aber irgendwie will der Druck nicht weichen. Es sind noch viele »Steine« da. Dass ich diese Menschen nicht kenne, bedeutet nicht, dass andere sie nicht beweinen. Dass »Eli Cohen« und »Jossi Baruch« nicht die Familienväter waren, die wir kennen, heißt nicht, dass sie nicht auch Väter oder Ehemänner oder Brüder oder Söhne waren.

Arafat spielt Fußball

Wer unter dem Schirm des Höchsten sitzt und unter dem Schatten des Allmächtigen bleibt, der spricht zu dem Herrn: Meine Zuversicht und meine Burg, mein Gott, auf den ich hoffe. *(Psalm 91,1-2)*

Stell dir vor, Arafat spielt mit seinem Sohn Fußball!« Ich spitze die Ohren. Wir sind auf dem Weg zum Kindergeburtstag. Die Erstklässler hinter mir im Auto werden plötzlich politisch. »›Heute nur mit dem Ball schießen, Papa, nicht mit Bomben!‹, sagt der Sohn vom Arafat.« Unser VW-Bus scheint aus den Nähten zu platzen. Kaum zu glauben, dass unsere drei Kinder und die drei kleinen Israelis ein so schallendes Gelächter zustande bringen. Dass »Abu Amar«, wie der Palästinenserführer landläufig genannt wird, gar keinen Sohn hat, stört sie nicht.

So ganz unbemerkt scheint der gewalttätige Konflikt, der Israel jetzt schon seit mehr als einem halben Jahr in Atem hält, auch an unseren Kindern nicht vorbeizugehen. Wir halten unsere Kinder von den Nachrichtensendungen im Radio und Fernsehen fern. An die Maschinengewehrsalven und das Rumpsen von Panzergeschossen oder Raketen, das immer wieder in der Umgebung von Jerusalem zu hören ist, hat man sich schon irgendwie gewöhnt. Die besorgten Gespräche, »Wie soll's weitergehen mit Israel?«, bemühen wir Eltern uns nicht vor den Ohren der Kinder zu führen.

Es ist ein relativ kleiner Prozentsatz von Israelis, der in den kleinen jüdischen Siedlungen inmitten der Arabergebiete täglich den Konflikt erlebt. Dort fahren die Kinder mit gepanzerten Bussen zur Schule. Im Südjerusalemer Stadtteil Gilo erleben die Anwohner der Frontlinie den direkten Beschuss hautnah. In der Umgebung des Gazastreifens werden jüdische Wohngebiete mit Mörsern beschossen. In Hebron und auf den Straßen Judäas und Samarias fürchten sich Israelis vor arabischen Scharfschützen, haben Kinder mit dem Trauma ständiger Bedrohung zu kämpfen.

Aber ansonsten müht sich der jüdische Staat um Normalität. »Eigentlich ist die Situation gar nichts Neues«, erklärt mir unser Pastor, der aus einer alten israelischen Militärfamilie stammt, »wir leben seit über 50 Jahren im Krieg!« Die Spuren von Bombenanschlägen werden mit einer besonders für die nahöstliche Mentalität erstaunlichen Geschwindigkeit beseitigt. Schon wenige Stunden danach muss man nach den Brandspuren suchen. Zerbrochene Fensterscheiben und versengte Jalousien werden sofort erneuert, gesprengte Autos schnell beseitigt. Touristen, die sich allen Unkenrufen zum Trotz doch hergewagt haben, schaffen es, im Laufe von zehn Tagen nichts Ungewöhnliches zu bemerken.

Unsere Kinder machen sich, wie Tausende israelischer Kinder, jeden Morgen ohne Begleitung auf den Weg in die nahe gelegene Schule. Am Nachmittag genießen sie die subtropische Sonne und toben sich draußen aus. Die einzigen Schwierigkeiten sind die lästigen Hausaufgaben, Klavier üben und verschiedene Hausarbeiten, die erledigt werden müssen. Niemand denkt dabei an die Tatsache, dass Israel vor einer Katastrophe steht, weil es seit Jahren nicht ausreichend geregnet hat. Der See Genezareth, das Hauptwasserreservoir Israels, hat in diesem Winter nicht einmal die »rote Linie« erreicht, unter die man theoretisch gar nicht hätte pumpen dürfen. Trotzdem pumpt »Mekorot«, Israels Wassergesellschaft, auch jetzt noch munter weiter.

Doch die Spannung ist greifbar, in den Gesprächen auf der Straße, am Arbeitsplatz, in den Supermärkten und in den Familien. »Seit dem Befreiungskrieg war die Lage nicht mehr so aussichtslos«, vertraut mir ein väterlicher Freund an. Seit 1948 ist der jüdische Staat zur Supermacht im Nahen Osten geworden. Die israelische Armee gehört heute zur militärischen Elite weltweit. »Wir sind stark! Wir werden es schaffen! Wir sind nicht unterzukriegen!«, sind die Parolen, die Politiker ihrer Wählerschaft und die Menschen auf der Straße sich gegenseitig seit Jahren einzureden suchen. Die Palästinenser sind für Israel militärisch eigentlich kein Problem. Und doch fühlen sich die Juden, die Israel heute ihre Heimat nennen, mit dem Rücken zur Wand. Ein Ende der Gewalt, des Krieges, der Angst vor Selbstmordattentätern und Scharfschützen, des Wehrdienstes ist nicht absehbar.

Und dann ist da die andere Seite. Ich begegne den Arabern beim Gang durch eine jüdische Siedlung. Freundlich, fast verkrampft nach Antwort suchend, waren sie immer da, wo sie eigentlich nicht hätten sein dürfen, die palästinensischen Straßenkehrer, Gärtner, Müllabfuhrleute, Handwerker, Bauarbeiter, Lastwagenfahrer. Scheu suchen sie den Kontakt, der eigentlich verboten ist. In den vergangenen Wochen und Monaten ist viel Vertrauen, so manche Freundschaft zerbrochen. Aber man braucht einander. Vielen ist klar, um ein Zusammenleben kommen sie letztendlich nicht herum.

Die Palästinenser wohnen oftmals nur wenige hundert Meter von ihren jüdischen Nachbarn entfernt. Aber ihr Leben ist vollkommen anders. Sie kennen das stundenlange Warten an den Straßensperren, die entwürdigenden Kontrollen. Die jungen israelischen Wehrdienstleistenden, die sich oftmals kalt, abweisend, von oben herab benehmen. Sie kennen die langen Bombennächte, in denen draußen geschossen wird. Dass die Israelis sich alle Mühe geben, nur die wirklich Schuldigen, die »Gegner des Friedens«, zu treffen, ist ein geringer Trost. Viel massiver als auf der israelischen Seite machen sich bei den Palästinensern die wirtschaftlichen Folgen der »Al-Aksa-Intifada« bemerkbar. Und: »Früher hatte ich Angst vor einem Geheimdienst«, vertraut mir ein arabischer Freund an, »heute sind es zwei Seiten, vor denen ich mich in Acht nehmen muss.«

In dieser Situation wollen wir als Familie ein Zeugnis für unseren Herrn sein und unsere vielfältigen Aufgaben gewissenhaft erfüllen. Als Journalist bin ich viel im Lande unterwegs, sammle Informationen, bemühe mich, die vielschichtige und komplizierte Lage zu verstehen, immer wieder neu zuzuhören. An vielen Abenden bin ich dann zu Vorträgen vor Reisegruppen unterwegs und zu Vortragsreisen in Deutschland. Währenddessen managt meine Frau einen »normalen« Haushalt mit fünf Kindern im Alter zwischen 1 und 10 Jahren mit allem, was dazugehört. Abgesehen davon, dass der »Papa« viel weg ist, muss auch noch der normale »orientalische« Alltag bewältigt werden. Da werden dann – eigenartigerweise oftmals in meiner Abwesenheit – kleine Kratzer am Auto zu großen Dramen, vor allem wenn ein Araber aus Ostjerusalem meint, dadurch sein altes, recht verbeultes Auto sanieren zu können ...

Warum soll ich für ein Stück Land um meine Kinder bangen?

Deinen Nachkommen will ich dies Land geben von dem Strom Ägyptens an bis an den großen Strom Euphrat.
(1. Mose 15,18)

Kinder

Die Großmutter von Amit stammt aus Deutschland. Sie schwärmt noch heute von den gut-nachbarschaftlichen Beziehungen, die ihre Familie mit ihren christlichen Mitbürgern hatte. Aber dann kam Hitler an die Macht. Das Leben veränderte sich und langsam wurde die Nazi-Herrschaft unerträglich.

Nach und nach verlor die Familie ihre Freunde und Kunden, die Angst hatten vor dem Kontakt mit den »Volksverrätern«. Die Teilnahme am öffentlichen Leben wurde ihnen versagt, sie wurden gezwungen, ihr Studium abzubrechen. Sie wurden bedroht und geschlagen. Schließlich entschied sich die damals junge Frau nach Israel auszuwandern. Nach dem Krieg musste sie erfahren, dass sie zu den wenigen Überlebenden einer zahlreichen Verwandtschaft gehörte.

Der Anfang in Israel war nicht leicht. Der Großvater von Amit hatte zwar Medizin studiert. Aber als Arzt gab es keine Zukunft. Deshalb bauten sie sich eine Existenz in der Landwirtschaft auf. Die Hitze, kriegerische Beduinen und ekelhafte Insekten machten das Leben ebenso schwer wie die Tatsache, dass sie die hebräische Sprache nicht beherrschten.

Trotzdem blickt Amits Großmutter zufrieden auf ihr erlebnisreiches Leben zurück. Vor allem freut sie sich über ihre Kinder und Enkelkinder – »auch wenn es nicht leicht war, die Söhne immer wieder in den Krieg ziehen zu lassen.«

Mir gegenüber sitzt Amit. Äußerlich unterscheidet sie sich kaum von den meisten jungen säkularen Israelinnen: kurze Haare, Jeans und ein eng anliegendes T-Shirt. Wir unterhalten uns darüber, warum junge Israelis heute so sehr vom fernen Osten schwärmen: »Japan, Indien … es ist einfach etwas ganz anderes!«

Die junge Israelin erzählt von der ständigen Anspannung, davon, wie hart der Militärdienst ist. »Und dann die Erwartungen, dass du studierst, anfängst zu verdienen und eine Familie gründest.« Diesem Druck wollen die jungen Menschen wenigstens für kurze Zeit entfliehen. Außerdem könne man in Indien mit 400 Dollar im Monat wie ein König leben. In Israel kann man dafür gerade mal ein Zimmer mit gemeinsamer Küche mieten.

Amits Freund ist restlos begeistert von Indien. Dort seien die Leute einfach glücklicher. Aber weil keiner von uns je in Indien war, können wir letztendlich nicht beurteilen, ob bettelarme Parias wirklich glücklich sind, wenn sie auf den Straßen sterben, in der Hoffnung, vielleicht in einer höheren Kaste wiedergeboren zu werden.

Der Bruder von Amit ist mit einer Engländerin befreundet, ihre Schwester lebt mit ihrem portugiesischen Freund in Deutschland. »Stell dir vor«, erzählt Amit von ihrem letzten Besuch in Europa, »wir sind dort von Kaufhaus zu Kaufhaus gebummelt und erst nach drei Tagen habe ich gemerkt, dass meine Tasche kein einziges Mal kontrolliert worden war!« In Israel werden aus Sicherheitsgründen an den Eingängen in allen öffentlichen Gebäuden die Taschen kontrolliert. »Wie angenehm die Menschen dort doch leben können!«

»Ich selber will lieber nach Australien ausreisen«, meint Amit im Blick auf ihre eigene Zukunft. »Dort gibt es genug Platz für alle. Niemand kämpft dort um ein Stück Land. Warum sollte ich wegen eines Stückes Land Angst haben, dass jemand meine Kinder erschießt?« Warum nur?

»Schivah«,
Sieben Tage der Trauer

Lehre uns bedenken, dass wir sterben müssen,
auf dass wir klug werden. (Psalm 90,12)

Die Sonne scheint, die Vögel zwitschern, ab und zu bellt ein Hund, ein Auto fährt vorbei. Es ist ruhig. Nur die Nachrichten aus Radio und Fernsehen drängen sich immer wieder in diese Idylle und drohen sie zu zerstören. Heute Morgen ist wieder ein Soldat umgekommen. Jeden Tag zahlen junge Männer im Kampf gegen den Terror einen hohen Preis für den Frieden, den wir erleben dürfen. Und dieses Mal war es einer aus unserer Gegend.

Im Kindergarten erfahre ich, dass es sich um den jungen Mann handelt, der freitagvormittags immer die frischen Schnittblumen verkauft hat. An ihn kann ich mich gut erinnern. Ein Blumenstrauß gehört in Israel zu den Einkäufen vor dem Sabbateingang.

Kurz darauf wird unsere Straße von der Polizei und vom Militär gesperrt, so als erwarte man einen offiziellen Staatsbesuch. Aber nein, die Befürchtungen werden zur Gewissheit. Der gefallene Soldat stammt direkt aus unserer Nachbarschaft. Meine Tochter erzählt, dass in einem Haus viele Menschen ein- und ausgehen, darunter viele Soldaten. Noch wird der Name in den offiziellen Medien nicht genannt, aber es ist klar: Wieder ist eine Familie ganz aus der Nähe betroffen.

Nicht nur das Leben, sondern auch der Umgang mit dem Tod ist im Judentum ein wichtiges Thema. Die Trauer um einen Menschen wird ernst genommen und eingebettet in die Fülle von Regeln und Traditionen, die oft ihren Ursprung oder ein Vorbild in der Bibel haben. Man begegnet dem Tod mit Respekt, aber auch mit Einfühlungsvermögen.

Ein herausragendes Beispiel sind die Freunde Hiobs, die mit dem Leidgeplagten »weinten, und ein jeder zerriss sein Kleid und sie warfen Staub gen Himmel auf ihr Haupt und saßen mit ihm auf der Erde sieben Tage und sieben Nächte und redeten nichts mit ihm; denn sie sahen, dass der Schmerz sehr groß war« (Hiob 2,12-13).

Sieben Tage lang wird in einem Hause, in dem ein Familienmitglied gestorben ist, getrauert. Diesen Zeitraum nennt man auf Hebräisch »Schivah«, was wörtlich übersetzt die Zahl »Sieben« bedeutet. Die Schivah wird dann noch einmal aufgeteilt in die ersten drei Tage der intensivsten Trauer. In dieser Zeit sollen vor allem die engsten Freunde und Familienangehörige kommen, um die betroffene Familie zu trösten. Liberalere Juden begrenzen ihre Trauerzeit oftmals auf diese drei Tage. In den darauf folgenden vier Tagen kommt dann jeder, der der trauernden Familie sein Mitgefühl bekunden möchte.

Die Besucher des »Schivah-Hauses« sollen weder klingeln noch klopfen. Sie treten einfach ein. Sie sollen niemanden grüßen und werden auch nicht begrüßt. Ganz auf die Trauernden eingestellt sollen sie nur da sein und sich danach richten, ob diese reden wollen oder nicht. Triviale Aussagen und Fragen, etwa »Wie geht es dir?« oder »Ich kann mir vorstellen, wie dir zumute ist«, sollen unter allen Umständen vermieden werden. Beim Abschied sagt man dann: »Möge Gott dich trösten unter den anderen Trauernden in Zion und in Jerusalem!« Niemand wird aus dem Haus begleitet.

Unmittelbar nach der Beerdigung beginnen die sieben Trauertage der »Schivah«. Freunde sollen einer Vorschrift zufolge ein Mahl für die trauernde Familie vorbereiten. Die Besucher werden in dieser Woche nicht als Gäste betrachtet und werden auch nicht von den trauernden Bewohnern bedient. Es ist ein Gebot, die Trauernden zu trösten. Dazu gehört auch, an den Gebeten, die in dem Trauerhaus verrichtet werden, teilzunehmen.

Zum Morgen- oder Abendgebet braucht man zehn Beter, einen so genannten »Minjan«. Wenn der Minjan nicht in das Haus kommen kann, nehmen die Trauernden an den Gebeten in der Synagoge teil. Manche traditionellen Teile der Synagogengebete fallen während der Schivah weg. Dazu gehört beispielsweise zum Monatsanfang Psalm 115,17: »Die Toten werden dich, Herr, nicht loben.« Oder Psalm 118,24: »Dies ist der Tag, den der Herr macht, lasst uns freuen und fröhlich an ihm sein.«

Nur wenn der »Rosch Chodesch«, der Monatsanfang, auf einen Sabbat fällt, soll der Lobpreis trotzdem gelesen werden, denn der

Sabbat hat Vorrang vor der Trauer. Ähnliches gilt für Festtage, die unter dem Gebot stehen »Du sollst dich freuen an deinem Fest«. Dann wird die Schivah verkürzt oder auf die Zeit nach dem Fest verlegt.

In der Trauerzeit wird, wie schon am offenen Grab, das »Kaddisch« gebetet, ein jüdisches Loblied, das mit der Friedenshoffnung endet: »Der Frieden in seinen Höhen schafft, der schaffe Frieden über uns und über ganz Israel, und sprechet Amen.« Orthodoxe Juden tragen während der Trauerzeit keine Lederschuhe, arbeiten nicht, baden nicht und ziehen auch keine frischen Kleider an. Sie nehmen nicht an Feierlichkeiten teil und haben keinen Geschlechtsverkehr.

In der Bibel gehört die »Kriah«, das Zerreißen der Kleider, zu den Zeichen der Trauer. Wenn nicht ein Kleidungsstück am Hals eingerissen wird, wird die »Kriah« heute noch oft symbolisch angedeutet, zum Beispiel durch ein schwarzes Band an der Kleidung.

Im Judentum ist es wichtig, dass die Trauerzeit ein Ende findet und diejenigen, die den Verlust erlitten haben, wieder ins Leben zurückkehren. Armen Menschen erlaubt die jüdische Tradition, ein zerrissenes Kleid wieder zusammenzunähen.

An manchen Orten wurde aus dem Zusammennähen des zerrissenen Kleidungsstückes eine Art Abschlusszeremonie für die Trauerzeit entwickelt, die den Prozess der Heilung darstellen soll. Dabei wird dann Psalm 23 zitiert: »Und ob ich schon wanderte im finstern Tal, fürchte ich kein Unglück; denn du bist bei mir, dein Stecken und Stab trösten mich.« Wie der Abschluss der Schivah aussehen soll, wird aber nirgends zwingend vorgeschrieben. Manche Trauernde gehen zum Grab, andere machen einen Spaziergang als Zeichen dafür, dass sie jetzt bereit sind, wieder in die Welt zu treten.

Neben dem oben erwähnten Vorbild der Freunde Hiobs wird die siebentägige »Schivah« auch darauf zurückgeführt, dass Josef sieben Tage um seinen Vater Jakob trauerte (1. Mose 50,10). Rabbi Jack Riemer erklärt die Trauerzeit als Parallele zur Schöpfung. Jeder Mensch sei eine Welt für sich. Deshalb verabschieden sich Juden sieben Tage lang von dieser individuellen Welt. Letztendlich berührt die Schivah aber die tiefste Dimension der menschlichen Beziehungen, die Beziehung zu Gott und zu den Mitmenschen.

Vom Umgang mit dem Tod

Wie gar nichts sind alle Menschen,
die doch so sicher leben. (Psalm 39,6)

Zahlreiche Bibelstellen sprechen über die Vergänglichkeit des irdischen Lebens. Das Judentum betrachtet den Tod als unvermeidliche Tatsache. Die jüdische Tradition kennt bestimmte Trauerzeiten, die den Trauenden helfen sollen ihre Trauer zu verarbeiten, ihr gleichzeitig aber auch Grenzen zu setzen.

Das erste Stadium der Trauer ist die Zeit bis zur Beerdigung, die in Israel oft schon am Tag des Todes, in jedem Falle aber so bald wie möglich nach dem Eintreten des Todes stattfindet. Mit den sieben Tagen der »Schivah« beginnt eine dreißigtägige Trauerperiode, an deren Ende eine Gedächtniszeremonie abgehalten wird.

Ein Jahr nach dem Tod wird eines Verstorbenen in einer besonderen Gedenkfeier noch einmal gedacht. Je nach religiöser Überzeugung werden in diesen Zeiten besondere jüdische Gebote und Sitten eingehalten. Grundsätzlich wird empfohlen, sich mit dem Rabbi zu beraten, um zu sehen, was für die jeweilige Situation am besten passt.

Beim Empfang einer Todesnachricht soll ein Jude sagen: »Gelobt seist du, Herr, unser Gott, König der Welt, der wahre Richter. Dieser Spruch wird »Ziduk HaDin«, »Rechtfertigung des Gerichtes« genannt. Dadurch soll der Glaube an Gott und seine gerechte Führung ausgesprochen und gestärkt werden, besonders in einer Zeit, wo die Trauer über den Verlust eines Menschen zum Zweifeln verleitet.

Der Talmud vergleicht den Tod eines jüdischen Menschen mit dem Verbrennen einer Torahrolle. In beiden Fällen sollen sich alle Anwesenden die Kleider einreißen, was in der Bibel das Zeichen tiefster Trauer ist.

Der Leichnam soll nicht allein gelassen werden. Deswegen wird in den meisten Fällen ein professioneller Wächter bezahlt, der anwesend ist und Psalmen vorliest. Der Tote wird gewaschen, was vor allem auch als Symbol einer geistlichen Reinigung gesehen wird. Das Einbalsamieren ist im Judentum nicht gebräuchlich, denn Gott sagte zu Adam: »Du bist Erde und sollst zu Erde werden« (1. Mose 3,19). Deshalb soll ein Mensch beerdigt werden.

Im Tode sind sich alle gleich. »Da sind Klein und Groß gleich und der Knecht ist frei von seinem Herrn« (Hiob 3,19). Deswegen haben vornehme Gräber und teuere Sarkophage im Judentum eigentlich keinen Raum. Rabbiner Simon Ben Gamliel beteuerte, dass Gedenkmäler für die Gerechten nicht nötig sind, denn ihre Werke sind ihre Gedenkmäler. Der Lehrer des Apostels Paulus, Rabbi Gamaliel der Große, gab Anweisung, dass er selbst in ganz einfachem Leinentuch beerdigt werden sollte, um kein Ansehen oder Reichtum zur Schau zu stellen und Mitgefühl mit den Armen zu zeigen. Zur Beisetzung werden deshalb entweder traditionelle Leinengewänder, die eigene Kleidung des Verstorbenen oder der zu Lebzeiten getragene Gebetsschal benützt.

Den ersten biblischen Hinweis auf eine Beerdigung finden wir in 1. Mose 23, wo Abraham in Hebron die Höhle Machpela kauft, um seine Frau Sara in Ehren zu beerdigen. Von daher kommt der jüdische Respekt für Verstorbene. Es ist die Verantwortung der nächsten Verwandten ihre Verstorbenen zu beerdigen. Wenn der Verstorbene keine Familie hat, soll sich die ganze Gemeinschaft darum kümmern.

Den Toten zur letzten Ruhe zu geleiten, ist ein Gebot. Familienmitglieder werfen Erde ins offene Grab. Außerhalb Israels werden die Toten oft mit israelischer Erde bestreut und mit dem Gesicht zum Heiligen Land gewandt begraben. Wer es sich leisten kann, überführt einen Verstorbenen nach Israel, um ihn hier beizusetzen.

Man duzt sich

... ich habe dich bei deinem Namen gerufen ...
(Jesaja 43,1)

In den fast acht Jahren, die wir jetzt schon in Israel leben (*dieser Artikel wurde im Januar 2002 geschrieben*), hat sich mir nur ein einziges Mal jemand mit dem Familiennamen vorgestellt. Das war mein Arzt, der sich am Telefon mit »Doktor Zentner« meldete. Wenn er aber jemanden in seine Sprechzimmer ruft, redet er ihn immer mit dem Vornamen an.

Wir duzen uns alle. Ob Rechtsanwalt oder Maurer, Psychologe oder Verkäufer im Fahrradladen, ob 60 oder 20 Jahre alt, jeder stellt sich, ohne zu fragen, mit dem Vornamen vor. Und so wird man auch überall angeredet.

»Ich heiße Gili und bin der Hausbesitzer. Hier ist meine Telefonnummer, falls es in der Wohnung Probleme gibt«, stellte sich unser Vermieter nach dem Einzug vor – seinen Nachnamen wissen wir bis heute nicht. Warum wir die Telefonnummer dann auch wirklich oft gebrauchten, hat nichts mit dem Du zu tun.

Wenn ich ihn dann aber angerufen habe, meldete er sich einfach mit »Hallo!« Ich antwortete dann: »Schalom, Gili! Wie geht es dir? Der Abfluss von meiner Waschmaschine ist verstopft und ich habe eine Sintflut in der Wohnung.« Gili schickte dann in der Regel nach ein paar Tagen Mohammed, seine rechte Hand – einen sympathischen Araber vom Ölberg, der sich als Handwerker ausgab. Nur mein deutscher Filterkaffee schmeckte ihm nicht. Bei einem »richtigen« Kaffee muss nach arabischer Auffassung unten »Schlamm« drin sein.

Auch die Kinder in der Schule und im Kindergarten rufen ihre Lehrer beim Vornamen und manche Kindergärten unterscheiden sich einfach nur durch die Vornamen ihrer Lehrer. So geht ein Kind in den »Kindergarten Ora« und ein anderes in den »Kindergarten Rivka«.

Ich habe den Eindruck, dass Beziehungen in Israel persönlicher sind und dass hier nicht so große »Klassenunterschiede« gemacht werden. Der israelische Satiriker und Schriftsteller Ephraim Kishon schrieb einmal: »In diesem Land ist jeder Mensch ein Soldat, aber trotzdem bleibt jeder Soldat ein Mensch.«

»Jo'annes, Jo'annes ...«, klang es aus dem Lautsprecher am Ben-Gurion-Flughafen. Mein Mann brauchte einige Zeit, bis er begriffen hatte, dass er damit gemeint war. Aber man gewöhnt sich an alles, auch ans Duzen.

Die erste, für deutsche Verhältnisse ungewöhnliche, für jüdische Umgangsformen normale Erfahrung in dieser Richtung hatte er schon lange vor unserer Ausreise nach Israel als Student in Deutschland gemacht. »Ich bin Aaron«, hatte sich damals der ältere, würdige Herr vorgestellt, »und wie heißt du?« Auf die Frage, warum sich der Rabbiner Prof. Dr. Aaron Poolman van Beusekom einfach nur beim Vornamen nennen ließ, kam die einfache Antwort: »Meinst du, mein Schöpfer wird mich ›Rebbe‹ nennen, wenn ich einmal vor ihn trete?«

»TU BiSchvat«, das Neujahrsfest der Bäume

Wenn ihr in das Land kommt,
sollt ihr allerlei Bäume pflanzen! (3. Mose 19,23)

Unter dieser Überschrift laden die Schulen in Israel Eltern und Schüler dazu ein, die Flora ihres Heimatlandes besser kennen zu lernen. Im Rahmen besonderer Veranstaltungen bekommen die Schüler nicht nur ihre Halbjahreszeugnisse, sondern auch der Frühlingsanfang wird gefeiert. An »TU BiSchvat« ziehen dann die Schulklassen aus, um in der Umgebung ihres Wohnortes neue Bäume zu pflanzen.

»TU BiSchvat« ist das Neujahrsfest der Bäume, eine Art erste Frühlingsfeier aus Freude über die ersten Baumknospen. Wörtlich übersetzt bedeutet »TU BiSchvat« »der 15. Tag des Monats Schevat«. »Schevat« heißt der fünfte Monat im jüdischen Kalender, der in die Monate Januar und Februar des gregorianischen Kalenders fällt.

Das »Neujahrsfest der Bäume« ist in der jüdischen Tradition ein »Halbfeiertag«, weil seine Einhaltung nicht in der Bibel geboten wird und auch im Talmud kaum erwähnt wird. Fasten ist an diesem Tag nicht erlaubt.

Im ersten Jahrhundert vor unserer Zeitrechnung wählte die Gelehrtenschule »Bet Hillel« den 15. Schevat, um den Zehnten der Früchte für ein Jahr festlegen zu können. Die Frucht derjenigen Bäume, die nach dem 15. Schevat blühen, wird also im folgenden Jahr besteuert. Die Bestimmung war den Rabbinern deshalb wichtig, weil man in einigen eher tropischen Regionen des Landes Israel manche Früchte fast das ganze Jahr über anbauen und ernten kann. Das Datum wurde gewählt, weil vor dem 15. Schevat im Land Israel der meiste Regen des Jahres fällt. »TU BiSchvat« hat also eine ganz praktische Bedeutung, wenn das Volk Israel im Land Israel lebt.

In den aschkenasischen Gemeinden Europas war es Sitte, an diesem Tag 15 verschiedene Arten von Früchten zu essen. Dabei wurde natürlich den Früchten, für die das Land Israel schon in biblischen Zeiten berühmt war, eine besondere Bedeutung beigemessen: Trauben, Feigen, Granatäpfel, Oliven und Datteln. Während des Essens wurden der Psalm 104 und die 15 Wallfahrtspsalmen (120-134) rezitiert. Aber vielfach war »TU BiSchvat« nicht mehr als ein besonderer Eintrag im Kalender. Der bekannte deutsche Rabbiner Samson Raphael Hirsch erwähnt das »Neujahrsfest der Bäume« in seinem 500 Seiten starken Buch »Choreb oder Versuche über Jissraels Pflichten in der Zerstreuung« aus dem Jahre 1838 nicht ein einziges Mal.

In der sephardischen Tradition Südeuropas, Asiens und Nordafrikas entwickelte sich »TU BiSchvat« zu einem »Fest der Früchte« mit einer speziellen Gottesdienstordnung. In deren Rahmen wurden nicht nur ausführliche Gebete und Passagen aus der Heiligen Schrift gelesen, sondern auch vier Kelche Wein getrunken, wie beim Passahmahl.

Mit den ersten landwirtschaftlichen Siedlungen, die von Juden im Land Israel im 19. Jahrhundert aufgebaut wurden, gewann auch »TU BiSchvat« eine neue Bedeutung. Das »Neujahrsfest der Bäume« symbolisiert die Neubelebung und Befreiung des Landes und die Eroberung der Wüste. Während die jüdischen Kinder in der Diaspora an diesem Tag schulfrei hatten, ist er heute voller Aktivitäten. Es werden TU-BiSchvat-Lieder gesungen und viel getanzt. Natürlich nutzt der Jüdische Nationalfonds, Keren Kajemet LeJisrael, den Anlass weltweit, um für sein Anliegen des Bodenerwerbs und der Aufforstung in Israel zu werben.

Die Phantasie der jüdischen Tradition denkt sich die Bäume als Gemeinde, mit Rabbi, Vorbeter und Schammes. In ihrer ganz eigenen Art loben die Bäume den Schöpfer, haben ihre eigenen Melodien beim Verlesen der Tora, so wie das vor langer Zeit schon der Prophet Jesaja gesagt hatte: »Berge und Hügel sollen vor euch her frohlocken mit Jauchzen und alle Bäume auf dem Felde in die Hände klatschen« (Jesaja 55,12).

Übrigens, TU BiSchvat ist auch der Geburtstag der Knesset, des israelischen Parlaments, das 1949 gegründet wurde.

Und wie ist das Wetter?

Das Land, in das du kommst, es einzunehmen, ist nicht wie Ägyptenland, von dem ihr ausgezogen seid, wo du deinen Samen säen und selbst tränken musstest wie einen Garten, sondern es hat Berge und Auen, die der Regen vom Himmel tränkt. *(5. Mose 11,10-11)*

Es ist Ende Dezember, aber noch immer hat es nicht geregnet. Mittags steigen die Temperaturen auf zwanzig Grad Celsius. Die Anoraks liegen aufgeräumt im Schrank und die Regenschirme hängen an den Haken. Die Kinder spielen im Freien.

Der Wasserspiegel des Sees Genezareths sinkt weiter. Israel ist darauf angewiesen, dass dieser See, das Wasserreservoir für ein Drittel seines gesamten Wassers, jeden Winter voll geregnet wird. Außer dem »Kinneret«, wie der See Genezareth auf Hebräisch genannt wird, gibt es noch natürliche unterirdische Wasserspeicher in der Küstenebene und im Bergrücken von Samaria und Judäa. Außerdem hat Israel noch ein paar verschmutzte Bäche, darunter auch der Jordan.

Der israelische Sommer dauert von Mai bis Oktober. In dieser Zeit ist es heiß und trocken. Gleich nach der Regenzeit verdorren Gras und Blumen, die das ganze Land für wenige Wochen geschmückt haben. Wo nicht bewässert wird, halten sich nur besonders widerstandsfähige Pflanzen, von denen Gott übrigens eine bewundernswerte Menge geschaffen hat.

Bis man sich hier als Europäer einlebt, spürt man oft die Sehnsucht nach erfrischendem Regen, der den Staub von Häusern, Straßen und Bäumen wäscht. Stattdessen bekommt man den »Chamsin« oder »Scharav« zu spüren, den heißen Wüstenwind, der Wolken von Staub und Sand mit sich bringt. Im September findet die Trockenzeit ihren Höhepunkt. Ausgetrocknet schreit dann die Natur nach Regen.

Nach kurzer Zeit lernt man aber auch die Vorteile des israelischen Klimas schätzen. Im Sommer muss eine Aktion unter freiem

Himmel nie wegen schlechten Wetters abgesagt werden. Zum Urlaub sind für die Kinder weder Regenmäntel noch Gummistiefel nötig. Ein halbes Jahr lang tragen sie nur T-Shirts, kurze Hosen und Sandalen – und natürlich immer einen Sonnenhut!

Regen ist in Israel nie selbstverständlich. Nach dem kurzen Frühregen im Herbst folgt meist noch eine Trockenzeit. Gegen Ende des Laubhüttenfestes betet das jüdische Volk um Regen. Die orthodoxen Juden rufen zur Buße auf. Die messianischen Gemeinden folgen ihnen bei der Bitte um Regen. Jetzt regnet es. Der Herr segnet uns! Die Kinder singen: »Regen, Regen vom Himmel, tip, tip, tip, tip, tap.«

Es ist Januar. Es regnet, nein, es schüttet und es hagelt. Mit Spannung beobachten wir, ob das Wasser vor unserem Hauseingang bis zur Tür reichen wird. Aber der Dank ist wichtiger als alles andere. Gott segnet uns!

Es ist Februar, der See Genezaret ist um ein paar Zentimeter gestiegen. Aber das reicht noch lange nicht. Es ist kalt geworden, aber die Sonne scheint. Wir beten weiter um Regen. Es regnet, es schüttet, es hagelt. Hier in Manahat, einem Viertel, das man Alaska Jerusalems nennt, tobt der Wind. Er wirft die Plastikstühle auf dem Balkon hin und her. Blumentöpfe fliegen durch die Luft. Obwohl die Rollläden heruntergelassen sind, schaukelt die Lampe an der Decke. Aber, es regnet!

»Tip, tip, tip, tip, tap« – tropft es von der Decke in einer Wohnung, die noch nicht einmal ein Jahr alt ist. Ein Haus bauen ist doch nicht so einfach. Jedenfalls war offensichtlich niemand auf solche Wassermengen gefasst. Die Straßen verwandeln sich in reißende Ströme. Anstatt abzufließen, quillt das Wasser aus dem Abflusskanal. Ein ganzes Dorf wird evakuiert und auf dem Hermon, dem höchsten Berg Israels an der Grenze zu Syrien und Libanon, gibt es zwei Meter Schnee. Die Skisaison ist im vollen Gang. »Tip, tip, tip, tip, tap« – schnell nehme ich die Bücher vom Regal, damit sie nicht nass werden. Gott segnet uns!

Je länger ich hier lebe, komme ich doch immer wieder ins Staunen darüber, dass israelische Städte Jahr für Jahr aufs Neue von Wassermengen überrascht werden, auf die sie absolut nicht gefasst, geschweige denn vorbereitet waren.

Die blühende Wüste und ihre Folgen

Ich will Wasserbäche auf den Höhen öffnen und Quellen mitten auf den Feldern und will die Wüste zu Wasserstellen machen und das dürre Land zu Wasserquellen. Ich will in der Wüste wachsen lassen Zedern, Akazien, Myrten und Ölbäume; ich will in der Steppe pflanzen miteinander Zypressen, Buchsbaum und Kiefern, damit man zugleich sehe und erkenne und merke und verstehe: des Herrn Hand hat dies getan, und der Heilige Israels hat es geschaffen.
(Jesaja 41,18-20)

Die Großmutter von Nirit Bagron ist noch von der römischen Brücke aus in den Jordan gesprungen. Das war nach ihrer Flucht aus Nazideutschland in den 30er Jahren nach Palästina und vor der Gründung des Staates Israel im Jahre 1948. Damals haben die Mitglieder des Grenzkibbuz »Gescher«, zu Deutsch »Brücke«, noch im Gebiet der alten osmanischen Karawanserei gewohnt und bei Hochwasser hat der Wasserstand noch die Bogen der alten Brücken erreicht.

Die heute 38-jährige Nirit kann sich den nassen Spaß ihrer Großmutter nicht mehr erlauben. Zum einen liegt die alte Brücke direkt auf der Grenze zwischen Israel und Jordanien und es ist schon ein Wunder, dass dies die einzige Stelle im Grenzgebiet ist, an der Zivilisten ohne spezielle Genehmigung des Militärs bis unmittelbar zur Grenze vorstoßen dürfen. Aber dann war zu Großmutters Zeiten auch der Wasserstand des Jordan noch gute drei Meter höher.

Eines der hehren Ziele des Zionismus war es, die Wüste zum Blühen zu bringen. Deshalb hat schon Staatsgründer David Ben Gurion sein Heim in Sde Boker am Rande der Wüste Zin gebaut. Doch die Anstrengungen, die Natur zu überwinden, haben einen furchtbaren Preis, den die Verantwortlichen in der Politik des Staates Israel und seiner Nachbarländer jahrzehntelang sträflich vernachlässigt haben.

Der See Genezareth liegt kaum zehn Kilometer nördlich von Gescher, ist der größte Süßwassersee im Nahen Osten und deckt ein Drittel des israelischen Wasserbedarfs. Einst waren es 450 Millionen Kubikmeter Wasser, die sich in Richtung Süden ergossen. Heute verlässt kein Tropfen Wasser mehr auf natürlichem Wege den See. Aller Wasserüberschuss des Kinneret wird über die Landeswasserleitung in die Küstenebene und von dort weiter bis in die Negevwüste gepumpt.

Wenige hundert Meter südlich der beliebten Taufstelle Jardenit versperrt der unscheinbare Alumot-Damm den Wasserlauf. Der neugierige Betrachter kann, wie die alten Israeliten zu Zeiten Josuas, trockenen Fußes von einem Jordanufer zum anderen gelangen. Rechterhand liegt das hellblau klare, fischreiche Wasser, das den See Genezareth verlassen möchte. Links, unter Büschen und Bäumen im Halbdunkel verborgen, spucken zwei Rohre ungeklärte Salz- und Abwässer aus, mehr als 20 Millionen Kubikmeter im Jahr, und machen den viel besungenen Fluss zu einer stinkenden Kloake.

Die römische Jordan-Brücke, von der Nirits Großmutter in den Fluss gesprungen ist. Die Alten erinnern sich noch, dass das Hochwasser bis unter die Brückenbögen reichte.

Dass auf Höhe des Kibbuz Gescher das Wasser wieder grün ist und wenigstens noch Katzenwelse darin leben können, liegt daran, dass südlich vom See Genezareth der Fluss Jarmuk aus dem jordanisch-syrischen Grenzgebiet in den Jordan mündet. Seit den 60er Jahren zweigt aber der König-Abdallah-Kanal schon 150 Millionen Kubikmeter Wasser pro Jahr nach Jordanien ab und ab Sommer 2005 der syrisch-jordanische »Einheitsdamm« das Jarmuktal vollends abriegeln wird, werden auch die ursprünglich 400 Millionen Kubikmeter des Jarmuk effektiv für die Begrünung der Wüste genutzt werden. Dann wird nur noch Abwasser auf dem Weg zum Toten Meer in dem einst als »Eingang zum Paradies« gepriesenen Tal versickern.

Die Folgen sind katastrophal, für das natürliche Gleichgewicht in der Region und auch für die Wirtschaft und Lebensqualität der Menschen, die im Bereich des Jordangrabens leben. Am deutlichsten sichtbar für jeden Israelreisenden ist, dass der Wasserspiegel des Toten Meeres um mehrere Meter pro Jahr sinkt. Als Folge davon hat Gideon Bromberg, Direktor des israelischen Büros der »Freunde der Erde im Nahen Osten«, allein auf der israelischen Seite des Toten Meeres mehr als tausend »Sinklöcher« gezählt.

Mit dem Wasserspiegel des Toten Meeres sinkt das Grundwasser im Ufer. Hohlräume entstehen, die irgendwann einstürzen. Dadurch wurden bereits zwei Straßen zerstört. Das Kibbuz Ein Gedi musste einen Teil seiner Palmenplantagen wegen Sinklöchern aufgeben und der Strand von Ein Gedi musste geschlossen werden. Der Bau eines Hotels mit 5.000 Betten wurde nicht genehmigt, weil der Grund die notwendige Festigkeit missen lässt.

»Die Wirtschaft spricht dafür, mit der Natur ein Abkommen zu schließen«, erklärt Gideon Bromberg. Hauptproblem ist aus Sicht des studierten Juristen die israelische Landwirtschaft, die nur aufgrund immenser staatlicher Subventionen rentabel ist und dabei nur zwei Prozent des israelischen Bruttosozialprodukts liefert. In Israel verbraucht der Anbau von einem Kilogramm Bananen 400 Liter Wasser. Ähnliches gilt für Avocado, Mango oder Zitrusfrüchte.

Unsinnige staatliche Subventionen führen zu einem unverantwortlichen Raubbau der kostbaren Wasserressourcen. Ein Landwirt bezahlt in Israel umgerechnet 13 Eurocent pro Kubikmeter Wasser, ein Privatverbraucher ca. 80 Eurocent. Zum Vergleich: In Deutschland liegt der Preis für einen Kubikmeter Trinkwasser zwischen vier und fünf Euro. Nach Ansicht Brombergs muss Israel erkennen, dass es sich den Export von landwirtschaftlichen Produkten nicht leisten kann.

Weil der See Genezareth 200 Meter unter dem Meeresspiegel liegt, muss sein Wasser kostspielig in die Höhe gepumpt werden. Möglicherweise wäre die Entsalzung von Mittelmeerwasser langfristig gesehen sogar kostengünstiger als der Verbrauch des Kinneret-Wassers. Auch die Wiederaufbereitung von Abwasser ist eine Möglichkeit, die laut Bromberg bei weitem noch nicht ausreichend in der Region genutzt wird. So sei in den palästinensischen Autonomiegebieten bislang Al-Bireh die einzige Stadt mit einer Kläranlage und von den jüdischen Siedlungen in Judäa, Samaria und dem Gazastreifen besitzt seinen Angaben zufolge keine einzige eine Wasseraufbereitungsanlage.

Dass die Lösung dieser Probleme nicht in erster Linie im technischen oder finanziellen Bereich liegt, ist dem in Australien aufgewachsenen Israeli klar. Gideon Bromberg beschreibt regionale Kooperation als ein Muss. Deshalb gehören auch Jordanier und Palästinenser seiner Organisation der »Freunde der Erde im Nahen Osten« an. Bei der Gründung 1994 gab es auch einen ägyptischen Zweig. Aber dessen Mitarbeiter wurden vom Geheimdienst ihres Landes so lange eingeschüchtert, bis sie 1998 die Kooperation mit dem verhassten Israel aufgaben.

Israelis und Araber bekämpfen sich seit Jahrzehnten erbittert und mit fast allen Mitteln. Das einzige unterzeichnete Abkommen, das im palästinensisch-israelischen Konflikt bislang von keiner Seite angetastet wurde, ist die Abmachung, die Wasserstrukturen des Gegners nicht anzutasten. »Im Bereich des Wassers klappt die Kooperation ausgezeichnet«, erklärt Bromberg, »allerdings hat dabei jeder nur im Blick, möglichst viel für sich selbst zu sichern. Die Natur hat das Nachsehen.« Die allseits proklamierte Liebe zum Land führt so dazu, dass Todfeinde da am besten zusammenarbeiten, wo es darum geht, das blutig umkämpfte Land zu Grunde zu richten.

»Methusalem« statt Wassermelonen

Der Gerechte wird grünen wie ein Palmbaum …
(Psalm 92,13)

Eigentlich war ich in den Kibbuz Ketura, knapp 40 Kilometer nördlich von der Südspitze Israels, gefahren, um »Methusalem« kennen zu lernen. Im Zentralbüro der Gemeinschaftssiedlung lief ich dann aber seiner »Mutter« in die Arme – und die bestand darauf, dass ich das Umfeld verstehen lerne, in das hinein »Methusalem« zu neuem Leben erweckt wurde, bevor sie mir ihren neuesten Schützling vorstellte, der abgeschirmt von der Außenwelt in einem keimfreien »Pflanzeninkubator« die ersten Monate seines Lebens verbringen darf.

Elaine Solowey war 1971 aus dem kalifornischen San Gaoquin nach Israel eingewandert. Vier Monate nach der Gründung des Kibbuzes Ketura in der südlichen Arava-Senke, die das Südende des Toten Meeres mit dem Golf von Eilat verbindet, zog sie 1974 dort ein und gehört so zu den ersten Mitgliedern der Gemeinschaftssiedlung. Frau Dr. Solowey hat kommerzielle Gartenwirtschaft studiert und sich dann auf Wüstenlandwirtschaft spezialisiert. Ihre Doktorarbeit hat sie über den Rückgewinn von Wüstengebieten für die Landwirtschaft geschrieben. Heute forscht sie im Rahmen des »Arava Institute for Environmental Studies« und ihr Arbeitsfeld erstreckt sich weit über Israel und die Negevwüste hinaus bis nach Jordanien, Marokko und Simbabwe.

Dr. Elaine Soloweys Anliegen ist es, dass die Menschheit lernt, Nahrung herzustellen, ohne den Lebensraum, in dem sie existiert, zu zerstören. »Wir betreiben eine Landwirtschaft, die nur in wenige Gebiete dieser Erde passt, ins Nildelta, ins Zweistromland oder ins Mississippidelta«, beklagt die Wissenschaftlerin und bezeichnet herkömmliche Anbauformen als »destruktiv«, »dumm«

und »tödlich«. Nicht nur Israel, die ganze Welt betreibe diese ungesunde Landwirtschaft, die zudem auch wirtschaftlich sinnlos sei: »Wassermelonen, zum Beispiel, lassen sich nur in Saudi-Arabien teurer als in Israel produzieren.«

Elaine Solowey doziert, dass Israel aufhören sollte, landwirtschaftliche Produkte zu exportieren. »Wir sollten nur das anbauen, was wir selbst benötigen, und uns dabei auf unsere guten, alten Traditionen besinnen, auf Wein, Käse, Olivenöl.« Exportieren sollte Israel nach Soloweys Ansicht »Know-How«, Wissen, Hightech und Medizin – und dafür könnte man dann auch medizinische Pflanzen anbauen: »Die brauchen ganz oft Wüstenklima.«

Überhaupt gibt es Pflanzen, die anders als Melonen, Avocados oder Zitrusfrüchte, das Wüstenklima mögen. In Israel sollten nach Erkenntnissen dieser Agrarwissenschaftlerin vor allem Büsche und Bäume angebaut werden. Bäume bauen mit ihrem Laub den Boden auf, senken Boden- und Lufttemperatur, wirken der Erosion des Erdreichs entgegen. In der Folge entwickeln sich Würmer im Boden, die Feuchtigkeit steigt, die Luft kühlt ab, was letztlich zu mehr Regen führt. Dr. Solowey experimentiert mit Bäumen, die 15 Kubikmeter Wasser im Jahr verbrauchen – ein Orangenbaum, im Vergleich dazu, benötigt 65 Kubikmeter Wasser pro Jahr.

Und so kommen wir endlich, endlich zu den Dattelpalmen, die östlich vom Kibbuz Ketura in großen Plantagen angebaut werden. Sie passen ins Wüstenklima und lieben es – und deshalb erforscht Elaine Solowey seit vielen Jahren ihre Artenvielfalt, mehr als 200 sind bekannt, und deren Vor- und Nachteile. Und weil es um Dattelpalmen geht, darf ich auch endlich ins »Allerheiligste« des Pflanzenforschungsinstituts, wo »Methusalem« auf uns wartet. Am Eingang steht: »Quarantine Site. Do not Enter« – was frei übersetzt besagt, dass der Zutritt zu »Methusalems« Babystube für Unreine untersagt ist.

Unter verstaubten Planen, die der brütenden Hitze kaum Widerstand bieten, steht eine Gruppe von ganz profanen Plastiktöpfen. Aus einem ragen ein paar grüne Halme, für den Laien kaum von anderem Unkraut oder Schilfgras zu unterscheiden: »Methusalem!« Liebevoll nimmt ihn seine Mutter auf den Arm und präsentiert ihn für den Fototermin.

Aus Dattelkernen, die der Archäologe Ehud Nezer vor Jahren auf der Wüstenfestung Massada am Toten Meer gefunden hatte, ist Methusalem entstanden. Die Samen wurden in der Schweiz durch

Karbontests auf die Zeit von 35 bis 65 nach Christus datiert. Jahrelang lagerten sie in der Hebräischen Universität in Jerusalem, bis sie dann auf dem Umweg über das Hadassah-Krankenhaus den Weg zu Elaine Solowey fanden. Eine Freundin von Dr. Solowey, die in der medizinischen Forschung arbeitet, bat sie, den Versuch zu unternehmen, die Datteln zu neuem Leben zu erwecken.

Trotz der unausgesprochenen, aber offensichtlichen Überlegungen, dass es verrückt sei, so etwas zu tun, stürzt sich Solowey auf die Literatur und macht sich kundig über Versuche, alte Samen sprossen zu lassen. Sie stößt auf Lotussamen, die nach über 1.000 Jahren erfolgreich gezüchtet wurden, und auf erfolgreiche Versuche, Weizen aus ägyptischen Gräbern auferstehen zu lassen. Schließlich macht sie sich nach einem genauen Plan daran, sieben Dattelkerne für die Erde vorzubereiten. Sie werden stundenlang in 35-Grad-warmem Wasser, in Wurzel treibenden Hormonen und Düngern eingeweicht. Am 25. Januar 2005, nach hebräischem Datum dem 15. Schewat 5765, dem traditionellen Neujahrsfest der Bäume, werden die sieben Samen in Blumenerde gesetzt, die genauso neu und steril ist, wie die Elemente der Bewässerungsanlage, über die sie Feuchtigkeit erhalten.

Am 5. März entdeckt Dr. Solowey zu ihrem Erstaunen, dass in einem der Töpfe etwas sprosst. Am 18. März ist erkennbar, dass es sich um eine Dattelpalme handelt. Die Agrarwissenschaftlerin kommt ins Schwärmen. »Die judäische Dattel war berühmt für ihre dunkle, zarte Haut. Selbst der römische Geschichtsschreiber Strato rühmt die Datteln aus Judäa.« – Mit der endgültigen Zerstörung Judäas im 2. Jahrhundert nach Christus wurde auch die Dattelkultur im Heiligen Land vernichtet. Die letzten wilden Datteln in der Gegend nördlich vom Toten Meer fielen den Kreuzfahrern zum Opfer, für die Palmwedel ein begehrtes Souvenir waren.

Bei den Überlegungen für einen Namen für das alt-neue Dattelkind war »Lazarus« im Gespräch. Es waren dann nicht jüdische Probleme mit dem Neuen Testament, die für einen anderen Namen entscheidend waren, sondern die Überlegung, dass Lazarus ja tatsächlich tot war, bevor er von Jesus wieder zum Leben erweckt wurde. Dieser Dattelkern dagegen war nie tot, sondern hatte nur geschlafen. Deshalb erhielt er den Namen »Methusalem«, nach dem ältesten Mann der Bibel, der nach 1. Mose 5,27 ein Lebensalter von 969 Jahren erreichte.

Viele Fragen um »Methusalem« bleiben noch offen. Genetische Tests sollen verwandtschaftliche Beziehungen zu Dattelpalmen aus anderen Teilen des Vorderen Orients aufzeigen. Elaine Solowey fragt sich auch, ob es gelingen wird, weitere antike Dattelkerne aufzuwecken. Wird man bei anderen Dattelkernen vielleicht eine »Embryonenrettung« vornehmen können? Und dann ist bei »Methusalem« auch noch nicht klar, ob er männlich oder weiblich ist. Wird er tatsächlich auswachsen? Und wo soll das geschehen? Elaine Solowey hat Angst vor neuen »Kreuzfahrern«, die auf der Suche nach echten judäischen Palmwedeln vorbeikommen und »Methusalem« zu Tode rupfen könnten.

Dr. Elaine Solowey mit »ihrem« Methusalem

Die Berge haben Ohren

Jauchzet, ihr Himmel, denn der Herr hat's getan! Jubelt, ihr Tiefen der Erde! Ihr Berge, frohlocket mit Jauchzen, der Wald und alle Bäume darin! Denn der Herr hat Jakob erlöst und ist herrlich in Israel. *(Jesaja 44,23)*

Auch Berge haben Ohren. Das sage ich nicht, weil ich nicht genug Deutsch könnte und den Spruch »Auch Wände haben Ohren« falsch verstanden hätte. Die Wahrheit ist, dass es bei Wänden nicht sicher ist, bei Bergen dagegen ziemlich sicher, dass sie hören – zumindest in Israel.

Der König David wusste das und deswegen wandte er sich in seinem Klagelied über Saul an das Gebirge Gilboa: »Ihr Berge von Gilboa, es soll weder tauen noch regnen auf euch, ihr trügerischen Gefilde; denn daselbst ist der Helden Schild verworfen, der Schild Sauls, als sei er nicht gesalbt mit Öl« (2. Samuel 1,21).

Jahrhundertelang waren die Gilboaberge eine Wüstenlandschaft, in der nichts gedieh. Heute sind sie ein beliebtes Ausflugsziel, besonders im März oder Anfang April, wenn sich ihre Weiden und Wälder in bunte Wiesen verwandeln. Eine besondere Attraktion ist, dass in dieser Zeit die wilde Gilboa-Iris blüht. Ein Teil dieser Berge bleibt aber trotz aller Versuche, sie zu bepflanzen, unfruchtbar.

Der erste Premierminister Israels, David Ben Gurion, soll auf diesen Bergen ausgerufen haben: »König David hat euch verflucht. Aber ich, David Ben Gurion, gebiete euch, wieder grün zu werden!« Ob das Gebirge Gilboa die Stimme David Ben Gurions gehört hat oder die Stimme Gottes, möchte ich dahingestellt sein lassen. Auf jeden Fall ist es wieder grün geworden.

Gott hat sich durch den Propheten Hesekiel (36,2ff.) an die Berge Israels gewandt: »Hört des Herrn Wort, ihr Berge Israels! So spricht Gott der Herr: Weil der Feind über euch frohlockt: ›Ha, die ewigen Höhen sind nun unser Besitz geworden!‹, darum weissage und sprich: So spricht Gott, der Herr: Weil man euch allenthalben verwüstet und vertilgt und ihr zum Besitz der übrig gebliebenen Heiden geworden und übel ins Gerede der Leute gekommen seid, darum hört, ihr Berge Israels, das Wort Gottes des Herrn! ... So spricht Gott der Herr: Wahrlich, ich habe in meinem feurigen Eifer geredet gegen die Heiden, die übrig geblieben sind, und gegen ganz Edom, die mein Land in Besitz genommen haben mit Freude von ganzem Herzen und mit Hohnlachen, um es zu verheeren und zu plündern. ... Darum spricht Gott der Herr: Ich hebe meine Hand auf zum Schwur: Wahrlich, eure Nachbarn, die Heiden ringsumher, sollen ihre Schande tragen. Aber ihr Berge Israels sollt wieder grünen und eure Frucht bringen meinem Volk Israel, denn bald sollen sie heimkehren. Denn siehe, ich will mich wieder zu euch kehren und euch mein Angesicht zuwenden, dass ihr angebaut und besät werdet. Und ich will viele Menschen auf euch wohnen lassen, das ganze Haus Israel insgesamt, und die Städte sollen wieder bewohnt und die Trümmer aufgebaut werden.«

Es ist nicht leicht, biblische Prophetien einzuordnen. Aber es fällt auf, dass heute »die Trümmer«, die auf den Bergen Israels wieder aufgebaut wurden, »übel ins Gerede der Leute gekommen sind«.

So berichtete vor kurzem die israelische Tageszeitung HaAretz, dass Israel zögert, sich einem internationalen Tribunal für Kriegsverbrechen anzuschließen. Der Grund dafür ist, dass dort jüdische Siedlungen unter dem Einfluss von Syrien und Ägypten als Kriegsverbrechen aufgeführt sind. Jüdische Dörfer und Städte, aufgebaut in einem Gebiet, das Israel 1967 in einem Verteidigungskrieg gegen Jordanien gewonnen hat, ein Kriegsverbrechen? Da habe ich wieder einmal gewickelt oder den Boden gewischt und dabei ist mir etwas vom Weltgeschehen entgangen ...

Ich bin überzeugt, dass es keinen Grund gibt zu befürchten, dass sich die Berge Israels eher von einer menschlichen Vereinbarung beeinflussen lassen und wegen ihnen die Stimme ihres Schöpfers vergessen. Wir wissen auch nicht, welche Berge der Herr genau meint. Es ist seine Sache, es ist sein Land. Aber gerade deswegen sollten wir auch sehr vorsichtig sein mit unserem Urteil. Es ist seine Sache, es ist sein Land. Die Welt scheint auf diesem Ohr taub zu sein, aber wir Christen sollten doch nicht zu denen gehören, die Ohren haben, aber nicht hören.

Nicht nur als Tourist

Denn das Land, in das du kommst, es einzunehmen,
ist nicht wie Ägyptenland, von dem ihr ausgezogen seid …
(5. Mose 11,10)

Als wir nach Israel umzogen, kannte ich von der modernen hebräischen Sprache nicht viel mehr als das Wort »Schalom«. Deshalb war es nicht einfach für mich, einkaufen zu gehen. »Was verbirgt sich wohl in dieser Packung, die mit hebräischen Buchstaben beschriftet ist?«, fragte ich mich immer wieder.

Auch wenn hier an allen Schulen Englisch unterrichtet wird, trifft man viele Menschen, die nur Hebräisch sprechen. Oft sind das Leute, mit denen man sich verständigen muss, wenn man hier lebt: Verkäuferinnen, Busfahrer, Handwerker.

Vor etwa hundert Jahren hat Eliezer Ben Jehuda unter viel Widerstand angefangen, die hebräische Sprache wieder zu beleben. Nicht nur europäische Akademiker erklärten ihn für verrückt. Orthodoxe Juden bezichtigten ihn der Gotteslästerung, weil er die heilige Sprache der Bibel für den Gebrauch im Alltag nutzbar machen wollte.

An Eliezer Ben Jehuda muss ich denken, wenn ich heute einen Israeli treffe, der hebräisch redet, als hätte es nie eine andere Sprache gegeben, so ganz selbstverständlich und ohne irgendeine andere Sprache zu beherrschen.

Aber zurück zum Einkaufen. Da ist es mir dann passiert, dass ich Schnitzel – natürlich Putenschnitzel, keine Schweineschnitzel! – paniert habe und beim Essen haben wir festgestellt, dass das vermeintliche Weckmehl eigentlich Grieß war. Da hier vieles (zumindest etwas) anders ist, haben wir uns die ungewöhnlichen Schnitzel schmecken lassen.

Man kann Lebensmittel im Supermarkt einkaufen, wie in Europa oder Amerika, aber auch in dem kleinen Laden an der Ecke, wo jeder jeden kennt und Mosche, der Verkäufer, bei der Arbeit singt. Natürlich kann man auch auf dem Markt, im »Schuk«, einkaufen.

Für unseren Geschmack ist es dort zwar etwas schmutzig und nicht gerade wohlriechend, aber der »Schuk« quillt über von frischem Obst und Gemüse, Fischen und billigem Spielzeug »Made in China«. Die Verkäufer schreien ihre Preise in die Menge, wie einst die Verkäufer des Prager Abendblatts. (Aber bevor ich Heimweh nach Prag bekomme, reden wir lieber weiter von Jerusalem.)

Weil ich von Deutschland aus nach Israel gekommen bin, habe ich auch den Aldi kennen gelernt. Hier in Israel hat mich überrascht, mit welcher Ruhe die Frauen an der Kasse sitzen. Beim Aldi wurde mir immer schon der Kassenzettel hingehalten, als ich noch damit beschäftigt war, meine Sachen in den Einkaufswagen zu legen.

In Israel meint die Verkäuferin Zeit zu haben, sich mit einer Kollegin oder Freundin zu unterhalten. Gemächlich steht sie auf, um umständlich das Papierband zu wechseln oder Kleingeld zu holen – dass vor der Kasse eine lange Menschenschlange wartet, scheint sie überhaupt nicht zu bekümmern.

»Was für ein süßes Baby! Darf ich es mal auf den Arm nehmen?«, fragte mich so einmal eine Verkäuferin im überfüllten Supermarkt mit strahlendem Gesicht, stand von ihrer Kasse auf und streckte mir die Hände entgegen.

Eine andere Verkäuferin ging von Kasse zu Kasse, um alle ihre Kolleginnen darauf aufmerksam zu machen, wie begeistert sie davon war, dass eines meiner Kinder aus vollem Halse »Eliyahu HaNavi« sang – ein Lied, das orthodoxe Juden am Sabbatausgang über den »Propheten Elia« singen, der schnell kommen und den Messias mitbringen soll.

Natürlich findet man im Supermarkt auch Freunde. So sprach mich einmal eine Schweizer Jüdin an und überzeugte mich, dass ich unbedingt eine christliche Familie aus der Schweiz kennen lernen müsse. Daraus entwickelte sich dann wirklich eine gute Freundschaft.

»Purim«,
der jüdische Karneval

Es gibt ein Volk, zerstreut und abgesondert unter allen Völkern in allen Ländern deines Königreichs und ihr Gesetz ist anders als das aller Völker und sie tun nicht nach des Königs Gesetzen. Es ziemt dem König nicht, sie gewähren zu lassen. Gefällt es dem König, so lasse er schreiben, dass man sie umbringe … *(Ester 3,8-9)*

Am Abend des 14. Adar, irgendwann in den Frühlingsmonaten Februar, März oder April, beginnt in Israel Purim, von außen gesehen so etwas wie ein »jüdischer Karneval«, ganz bestimmt eines der farbenfrohesten, fröhlichsten, vielleicht das ausgelassenste aller jüdischen Feste. Juden feiern mit dem Purimfest die Vernichtung Hamans, des persischen Kanzlers, der sich vorgenommen hatte, das jüdische Volk zu vernichten. Die Ereignisse werden im biblischen Buch Ester berichtet.

Nach Aussage von Ester 9,20-28 wurde Purim von Mordechai eingesetzt. Im zweiten Jahrhundert vor Christus war es deshalb als »Tag des Mordechai« bekannt (2. Makkabäer 15,36). Der heute gebräuchliche Name »Purim« kommt von dem akkadischen Wort für »Los«, »puru« (Ester 9,26), und erinnert an die Lose, die Haman geworfen hatte, um den Tag zu bestimmen, an dem der Völkermord hätte stattfinden sollen (Ester 3,7).

Im Laufe der Jahrhunderte wurde Purim ein Fest des Sieges über allen Antisemitismus. Die Ausgelassenheit und die Verkleidungen werden als »lange Nase« erklärt, die das jüdische Volk seinen Hassern und allen vergeblichen Vernichtungsversuchen macht.

Am Tag vor Purim findet aber noch das »Ester-Fasten« statt, das daran erinnert, wie Königin Ester und die persischen Juden das Vorgehen der jüdisch-stämmigen Königin vorbereitet haben (Ester 4,16). Von Sonnenaufgang bis Sonnenuntergang fasten deshalb orthodoxe Juden an diesem Tag. In den Synagogen werden spezielle Gebete und Schriftlesungen verrichtet.

Die Hauptsache an Purim ist das Lesen der »Ester-Rolle«, des biblischen Buches Ester, am Vorabend des Purimfestes in der Synagoge. Wenn dabei der Name »Haman« genannt wird, machen vor allem – aber nicht nur – die Kinder möglichst viel Krach, um »den Namen Amaleks auszulöschen« (vergleiche 5. Mose 25,19; 2. Mose 17,14). Haman wird als »Agagiter« bezeichnet (Ester 3,1) und deshalb für einen Nachfahren des Amalekiterkönigs Agag gehalten (1. Samuel 15,8ff.). Am Morgen in der Synagoge wird dann 2. Mose 17,8-16 verlesen, wo erzählt wird, wie Amalek die Israeliten auf der Wüstenwanderung angegriffen hatte.

Eine wichtige Sitte zum Purimfest ist das Versenden von Geschenken, besonders an die Armen (Ester 9,22). Gemeinnützige Hilfsorganisationen wissen die Purimzeit natürlich in besonderer Weise für ihre Zwecke zu nutzen. Schulklassen in Israel sind damit beschäftigt, Geschenkteller mit Süßigkeiten für Soldaten vorzubereiten.

An keinem jüdischen Fest dürfen bestimmte charakteristische Speisen fehlen. An Purim sind es besonders die so genannten »Hamantaschen« oder »Hamansohren«, kleine, dreieckige Gebäckstücke, die mit Süßem gefüllt sind. Über die Anweisung des babylonischen Lehrers Rabba, dass ein Mann aus Freude über die Errettung des jüdischen Volkes am Purimfest so viel Wein zu trinken habe, bis er nicht mehr unterscheiden kann, ob er Haman flucht oder Mordechai segnet, wird bis heute diskutiert. Es gibt allerdings orthodoxe Juden, die dieses rabbinische Gebot ernst nehmen.

In Schuschan, einer der vier persischen Hauptstädte, dem heutigen Susa, feierten die Juden erst am 15. Adar (Ester 9,18), weil sie sich einen Tag länger gegen ihre Feinde wehren durften. Deshalb wird bis heute in Israel in den Städten, die bereits zur Zeit Josuas eine Mauer hatten (vergleiche die Mischna, Traktat Megillot 1,1), auch am 15. Adar das so genannte »Schuschan-Purim« gefeiert. Konkret bedeutet das, dass heute in Israel das Purimfest beispielsweise in Tel Aviv am 25. März gefeiert wird, in Jerusalem dagegen erst mit »Schuschan-Purim« am 26. März.

Purim ist ein weniger wichtiges Fest, weil es nicht in der Tora geboten wurde. Deshalb ist es in Israel auch kein gesetzlicher Feiertag. Das heißt, dass viele Firmen, Geschäfte und öffentliche Einrichtungen kürzer geöffnet sind. Die Kinder haben schulfrei, aber die öffentlichen Verkehrsmittel sind wie gewöhnlich unterwegs. Immerhin wurde dem Purimfest aber schon im 2. Jahrhundert nach Christus ein ganzes Traktat in der Mischna unter dem Namen »Megillah« gewidmet. Darin wird diskutiert, wie das Purimfest gefeiert werden soll.

In einem Schaltjahr, wie das beispielsweise im jüdischen Jahr 5765 (2004/2005) der Fall war, wird ein zweiter Monat Adar im jüdischen Kalender eingeschaltet. Nach talmudischer Tradition muss das Purimfest am 14. und 15. Tag des zweiten Adar gefeiert werden, weil das auch das Datum des ursprünglichen Purim war, das nach jüdischer Zeitrechnung in einem Schaltjahr stattgefunden hatte.

Jüdische Mädchen am Purim-Fest

Auf, lasst uns Krach machen!

Ist Mordechai, vor dem du zu fallen angefangen hast, vom Geschlecht der Juden, so vermagst du nichts gegen ihn, sondern wirst vor ihm vollends zu Fall kommen. (Ester 6,13)

Das ganze Jahr über freuen sich die Kinder auf Purim. Mit diesem Fest feiert das jüdische Volk den Sieg über die Feinde, die seine Vernichtung geplant hatten. Im 9. Kapitel des Esterbuches kann man nachlesen:

»Und Mordechai schrieb diese Geschichten auf und sandte Schreiben an alle Juden, … sie sollten als Feiertage den vierzehnten und den fünfzehnten Tag des Monats Adar annehmen und jährlich halten als die Tage, an denen die Juden zur Ruhe gekommen waren vor ihren Feinden, und als den Monat, in dem sich ihre Schmerzen in Freude und ihr Leid in Festtage verwandelt hatten: dass sie diese halten sollten als Tage des Festmahls und der Freude und einer dem anderen Geschenke und den Armen Gaben schicke.« (Ester 9,20-22)

Die Aufforderung zu feiern, klingt verlockend. Der Hauptgrund zur Freude für die Kinder ist aber der Brauch, sich in diesen Tagen zu verkleiden. Vor zehn Jahren sollen die meisten Kinder noch als biblische Figuren, als »Königin Ester«, »König Ahasveros« oder »Mordechai« aufgetreten sein. Heute wimmelt es nur so von Mickey-Mäusen, Batmans, Power Rangers, süßen Häschen in rosa Anzügen und vielen anderen Modegestalten. Sogar Erwachsene verkleiden sich.

In der englisch-sprachigen Jerusalem Post sucht ein Mann Rat in der Kummerecke. Seine Frau nimmt das Verkleiden an Purim unheimlich ernst. Jedes Jahr näht sie neue Kostüme für die ganze Familie. Er selbst teilt diese Begeisterung nicht und ist nicht bereit, sich zu verkleiden. Jetzt fürchtet er einen ernsthaften Familienkonflikt. Welchen Rat Kummertante »Ruthie« ihm in seiner Not gegeben hat, weiß ich nicht mehr.

Am Vorabend des Purimfestes trifft man in der Synagoge eine bunte Gesellschaft. Überall rennen verkleidete Kinder durcheinander und machen einen schrecklichen Krach. So muss das sein. Während des Gottesdienstes wird das ganze Buch Ester vorgelesen. Jedes Mal wenn der Name »Hamans«, des Judenfeindes, fällt, machen die Rasseln, ohne die Purim heute nicht mehr denkbar ist, oder auch Schreckschusspistolen einen furchtbaren Lärm. Manchen Kindern fällt es aber offensichtlich schwer, abzuwarten, bis »Haman« an die Reihe kommt.

Zu jedem Fest gehören auch bestimmte Speisen. An Purim isst man »Hamansohren«, dreieckige Kuchen, die mit Datteln gefüllt sind. Ganz wie Mordechai es einst geboten hat, schicken sich die Leute Päckchen mit Süßigkeiten – mindestens drei verschiedene Arten und natürlich »Hamansohren«. Die verkauft man überall, genauso wie an Chanukka die im Öl gebackenen Krapfen.

Was wäre ein Fest ohne Lieder und Gesang? Die Purimlieder erzählen, was für ein tolles Fest Purim für die Kinder ist. Masken und Rasseln und Hamansohren werden besungen. »Auf, lasst uns Krach machen!«, heißt es im Refrain eines Liedes. Und natürlich wird das ganze Ester-Buch vorgesungen, nicht nur in der Synagoge, sondern auch im Radio.

Die äthiopischen Juden hat die Purim-Tradition nie erreicht, weshalb sie dieses Fest nicht kennen. Die Juden aus Russland denken dran, dass Josef Stalin gerade an Purim gestorben ist und so seinen Plan, die Juden nach Sibirien zu deportieren, nicht mehr verwirklichen konnte. Die amerikanische Zeitung New Herald Tribune berichtete am 16. Oktober 1946 über die Hinrichtung der Nazi-Kriegsverbrecher nach den Nürnberger Kriegsverbrecher-Prozessen. Die letzten Worte des Stürmer-Herausgebers Julius Streicher werden dort zitiert: »Purim-Fest 1946!«, bevor er, wie die Söhne des Haman, gehenkt wurde. Das jüdische Volk weiß, dass Gott innerhalb eines Tages sein Schicksal wenden und sein Weinen in Freude verwandeln kann.

Im Eichgrund

David aber sprach zu dem Philister: Du kommst zu mir mit Schwert, Lanze und Spieß, ich aber komme zu dir im Namen des Herrn Zebaoth, des Gottes des Heeres Israels, den du verhöhnt hast. *(1. Samuel 17,45)*

Unser Dreijähriger ist von biblischen Geschichten fasziniert. Ganz besonders packen ihn spannende Erzählungen wie der Auszug aus Ägypten oder Daniel in der Löwengrube. Wir leben im Land der Bibel und so konnte ich unserem Jüngsten einen Ausflug in das Tal versprechen, wo einst David und Goliat gekämpft haben.

»Mama, liegt der Goliat immer noch da?«, fragt mein kleiner Sohn erwartungsvoll. »Sicher nicht«, erkläre ich ihm. »Wenn sie ihn damals nicht begraben haben, haben ihn bestimmt wilde Tiere aufgefressen, Schakale, Hyänen oder Geier.« »Hast du das gesehen, Mama?« Sein Interesse wächst. »Das ist schon sehr lange her. Da waren wir alle noch nicht auf der Welt«, bemühe ich mich ihm klarzumachen.

Aber der Kleine lässt sich so leicht nicht abwimmeln: »Du warst noch nicht auf der Welt, aber wir schon.« »Wen meinst du denn mit ›wir‹?«, frage ich erstaunt zurück. – »Papa und ich, wir waren schon auf der Welt und haben gesehen, wie die Geier den Goliat aufgefressen haben!«

März und April sind die schönsten Monate in Israel. Nach der Regenzeit wird alles grün. Wilde Anemonen, Alpenveilchen, Krokusse, Tulpen und Lupinen kommen zum Vorschein. Da dieser Winter besonders regenreich war – in Jerusalem hat es sogar geschneit –, wurde der erste sonnige Sabbat sogar im Fernsehen groß »als besonders für Ausflüge geeignet« angekündigt.

So lassen auch wir uns von der Sonne verführen und machen uns auf den Weg in den Eichgrund. Aber, oh weh, schon vor dem ersten Naturpark stehen wir im Stau. Ganz Israel scheint dem Aufruf der Nachrichtensprecher gefolgt zu sein. Viel zu viele wollen die sprudelnden Bäche, die im Sommer nur trockene Gräber, höchstens stinkende Pfützen sind, und die bunten Wiesen, die sich schon bald wieder in trockene, dornige Flächen verwandeln, sehen und genießen.

Aber dann kommen wir schließlich doch an unserem Ziel an: »Emek Ha'Ela«, der Eichgrund. Zwischen den Hügelketten auf beiden Seiten dehnen sich grüne Felder. »Guck, dort standen die Philister, und da die Israeliten!« Am Bach sammeln wir runde Steine. Hier irgendwo muss auch David Steine für seine Schleuder gesucht haben.

Und dann finden wir doch noch einen Picknickplatz am Wald. Wir freuen uns an den Alpenveilchenteppichen. Auf dem Heimweg halten wir noch einmal an und sehen einer Schafherde zu, die auf einer von Anemonen roten Wiese weidet. Richtige Kalenderbilder, so wie man Israel aus Bildbänden kennt. In wenigen Wochen werden hier nur noch Disteln blühen zwischen gelbem, vertrocknetem Gras.

Erst hier in Israel habe ich verstehen gelernt, was der Prophet Jesaja vor Augen hatte: »Das Gras verdorrt, die Blume verwelkt, aber das Wort unseres Gottes bleibt ewiglich« (Jesaja 40,8). Den ersten Teil dieses Verses erleben wir hier in Israel in jedem Jahr neu. Den zweiten Teil sehe ich zum Beispiel daran, wie Gott seine Verheißungen für sein Volk Israel erfüllt.

Das Fest der ungesäuerten Brote

Jesus aber sprach zu ihnen: Seht zu und hütet euch vor dem Sauerteig der Pharisäer und Sadduzäer! (Matthäus 16,6)

ungesäuert

Reb Karmelitzki ist wütend. Die Rebbezin, seine Frau, hat ihn nach draußen geschickt, weil der Rauch die frisch geputzte Wohnung verstänkert. Der ultra-orthodoxe Rabbi, der einem osteuropäischen Städtel des 19. Jahrhunderts erst letzte Woche entsprungen zu sein scheint, fährt wie eine Furie mit dem Besenstiel in das Chomez-Feuer, dass nicht nur die Funken auseinander stieben, sondern auch die umstehenden Jungen, die allerlei mehr oder weniger Brennbares in das Feuer geworfen hatten. Jossi verliert seine Jarmulke und bringt sich mit versengten Haaren vor der Wut des Alten in Sicherheit. Nicht nur in Karmelitzkis Wohnung, über ganz Jerusalem liegt der Dunst von Lagerfeuern. Überall verbrennen fromme Juden vor dem Passahfest den letzten Sauerteig, hebräisch »Chomez« genannt.

Nachdem der alte Rebbe das Feuer drei Meter weiter nach links verlegt hat, legt sich sein Zorn und Karmelitzki beginnt wiegend die uralten Gebete zu murmeln. Tagelang zuvor hat er und seine Familie seinen gesamten Besitz peinlichst von allem »Gesäuerten« gereinigt. Das Chomez-Feuer ist der Abschluss eines langen, anstrengenden Frühjahrsputzes.

In ganz Israel bricht jedes Jahr in den Wochen vor dem Passahfest eine unbändige Putzwut aus. Wer sich kein spezielles Passahgeschirr oder wenigstens Plastikgeschirr leisten kann, geht auf die Straße, um sich von »Jeschive-Bochern«, Talmudschülern, die sich ein Zugeld verdienen wollen, alles fachgerecht »entsäuern« zu lassen. Alles wird bei diesem Frühjahrsputz auf den Kopf gestellt, um auch wirklich das biblische Gebot zu erfüllen: »Es soll sieben Tage lang kein Gesäuertes gesehen werden in deinem ganzen Lande« (5. Mose 16,4; cf. 2. Mose 13,7). Deshalb hat am Tag zuvor der israelische Finanzminister im Beisein der beiden Oberrabbiner Israels auch alles Gesäuerte, das im Besitz des Staates Israel ist, symbolisch an den arabischen Israeli Hussein Ismail Dschaber aus Abu Ghosch verkauft.

Das Passahfest, an dem das jüdische Volk in jedem Jahr des Auszugs aus Ägypten gedenkt, wird in der Bibel auch »Fest der ungesäuerten Brote« genannt (2. Mose 23,15; 3. Mose 23,6; 5. Mose 16,16). »Sieben Tage sollt ihr ungesäuertes Brot essen« (2. Mose 12,15; 13,6; cf. 2. Mose 23,15), lässt Gott den Israeliten durch Mose sagen. Dadurch soll Israel an die Eile erinnert werden, in der die Flucht aus dem Land der Knechtschaft und des Todes stattfinden musste. Es war keine Zeit dafür, den Sauerteig für den Festkuchen aufgehen zu lassen.

Das alles hat für orthodoxe Juden einen höchst aktuellen Bezug. »Jeder lebt in irgendeiner Knechtschaft, ist irgendwie unfrei«, weiß Rabbi Ken Spiro, der vor mehr als einem Jahrzehnt aus Amerika nach Israel eingewandert ist und noch immer lieber Englisch als Hebräisch spricht. »Eigentlich ist Passah das Fest des freien Willens, an dem jeder wieder neu vor die Entscheidung gestellt wird, wem er sich zur Verfügung stellen will.«

Der sephardische Rabbi Avraham Cohen hat schmunzelnd den Wutausbruch von Reb Karmelitzki beobachtet. Väterlich legt er den Arm um Jossis Schultern und versichert sich, dass der verängstigte Bub nicht ernsthaft verletzt wurde. »Der Sauerteig ist ein Bild für den ›Jetzer HaRa‹«, für den »bösen Trieb«, erklärt er. »Der böse Trieb ist wie ein Sauerteig. Wenn wir ihn gewähren lassen, wird er alles durchsäuern.« »Was wir hier vor dem Passahfest einmal im Jahr tun, nämlich alles Gesäuerte aus der Wohnung ausräumen und verbrennen, das müssen wir mit dem ›Jetzer HaRa‹ täglich tun.« Und mit Blick auf seinen aschkenasischen Nachbarn, dessen Auftritt seine Erläuterung der Passahwoche unterbrochen hatte: »Das hast du eben bei Reb Karmelitzki gesehen, er hat sich von seinem ›Jetzer HaRa‹ nicht überwältigen lassen. Er ist eben doch ›a guter Jid‹«, fällt der orientalische Rabbi zum Abschluss seiner Rede ins Jiddische seines osteuropastämmigen Kollegen.

Eigentlich erklären diese ultra-orthodoxen Rabbiner nichts anderes als »Rabbi Saul aus Tarsus« fast zwei Jahrtausende vor ihnen.

Sie werfen dem Schüler Gamaliels I., den die Christenheit Paulus nennt, die Gründung des Christentums vor – wenn sie ihn überhaupt wahrnehmen. »Darum schafft den alten Sauerteig weg, damit ihr ein neuer Teig seid«, hatte der Apostel Paulus in seinem ersten Brief an die Gemeinde im griechischen Korinth geschrieben, und: »Lasst uns das Fest feiern nicht im alten Sauerteig, auch nicht im Sauerteig der Bosheit und Schlechtigkeit, sondern im ungesäuerten Teig der Lauterkeit und Wahrheit« (1. Korinther 5,7-8).

Reb Karmelitzki beim Beten über die Schulter gesehen

Kaum hörbar und noch weniger verständlich beschließt Reb Karmelitzki seine Sauerteigverbrennungszeremonie mit den aramäischen Lauten, die er seit frühester Kindheit jedes Jahr zur selben Gelegenheit wiederholt hat: »Alles Gesäuerte, das noch in meinem Hause ist, ob ich es nun gesehen oder übersehen habe, das ich aber nicht entfernt habe, soll sein, als ob es nicht existierte und wie der Staub der Erde.« Dann schlurft er zufrieden, gefolgt von seiner Kinderschar, zurück in seine für das Passahfest grundgereinigte Wohnung, um sich auf den Sabbateingang vorzubereiten.

Erinnerungen, Fragen und ein Neuanfang: »Pessach«

Und ob ich schon wanderte im finstern Tal, fürchte ich kein Unglück; denn du bist bei mir, dein Stecken und Stab trösten mich. *(Psalm 23,4)*

»Warum ist diese Nacht so anders als alle anderen Nächte?« Die Grundschuldirektorin Mirjam Peretz stellt die Eingangsfrage der »Pessach-Haggadah«, der Liturgie des Passahfestes, und gibt gleich selbst die Antwort: »In dieser Nacht essen wir alle angelehnt, liegend.« Sklaven müssen immer zum Dienst bereitstehen, immer auf dem Sprung sein. Freie Menschen können sich gemütlich niederlassen. Pessach ist das Fest der Freiheit, weil die Israeliten aus der Sklaverei Ägyptens ausgezogen sind.

»Alle sind beisammen, man hat viel Zeit und es werden viele Gespräche geführt.« Mirjam wohnt mit ihrer Familie im Norden von Jerusalem. Sie ist Lehrerin aus Leidenschaft und liebt es, zu erklären. Als Fest der Freiheit ist Pessach ein Fest der Fragen. Wer keine Fragen mehr hat, ist Sklave seiner eigenen Meinungen, Gefangener seiner Klischees und Stereotypen.

Und dann ist Pessach auch ein Fest der Erneuerung. Nicht nur in der Natur, weil der Frühling anfängt und alles wieder grün wird, sondern auch im Haus. So wird jedes Jahr vor dem Passahfest ein gründlicher Hausputz gemacht. Altes wird hinausgeworfen. Keine Ecke im Haus bleibt unberührt. Alle Schränke werden ausgeräumt. Die Kinder müssen ihre Zimmer gründlich aufräumen und stöhnen dabei: »Nur weil unsere Vorfahren in Ägypten Sklaven waren, müssen wir jetzt wie Sklaven schuften.«

»Ich bin in Marokko aufgewachsen. Meine Eltern waren nicht reich«, erinnert sich die Mutter von fünf Kindern, »aber zu Pessach hat man immer etwas Neues gekauft, zum Beispiel neue Kleider. Wenn heute eine Familie ein neues Möbelstück oder neues Geschirr anschaffen möchte, wartet man damit bis Pessach. Das Alte muss raus, Neues kommt herein.« Die orthodoxe Jüdin weiß: »Das ist ein Bild für ein geistliches Geschehen.«

»Wir haben in unserer Familie ein besonderes Passah-Geschirr und die Kinder freuen sich jedes Mal, wenn wir es rausholen. Meine Eltern hatten so etwas nicht«, erzählt Mirjam Peretz aus ihrer Kindheit in Nordafrika. »Bei ihnen wurde alles Geschirr ›gekaschert‹. Um ganz sicher zu sein, dass das Geschirr wirklich mit kochendem Wasser gereinigt wurde, hat meine Mutter auf dem Gasherd Steine glühend heiß gemacht und sie in das Wasser gelegt.«

»Wir sefardischen Juden essen in der Passahwoche auch keinen Reis und keine Erbsen«, erklärt Mirjam, »einfach nichts, was in irgendeiner Weise aufgeht und gären könnte. Meine Eltern haben nicht einmal Zucker benützt. Zum Kaffee haben sie ein Stück Dattel abgebissen.« Dafür wird viel Fleisch und frisches Gemüse gegessen.

Einige Familien in den Dörfern schlachten bis heute ein Lamm zum Passahfest. Zur Zeit des Tempels pilgerten riesige Menschenmassen nach Jerusalem, um das Passahlamm zu opfern. Der römisch-jüdische Geschichtsschreiber Josephus Flavius schätzte, dass im Jahre 65 n.Chr. drei Millionen Menschen am Passahfest teilnahmen.

In Israel gibt es heute noch eine Bevölkerungsgruppe, die dieses Opferfest ganz ursprünglich hält. Das sind die Samaritaner, eine kleine Volksgruppe, die sich für einen Teil des Volkes Israel hält, aber von den Juden nicht als Juden anerkannt werden. Sie leben teilweise in Holon bei Tel Aviv und teilweise auf dem Berg Garizim, ihrer heiligen Stätte im Herzen Samarias. Feierlich gekleidet singen die Priester ihre Gebete. Jeder Familienvater opfert ein Lamm und zeichnet die Stirn seiner Familienmitglieder mit dem frischen Blut. Die Lämmer werden dann ganz auf dem Feuer gebraten. Noch in der Nacht müssen sie verzehrt werden. Alle Reste werden verbrannt, ganz wie es die Tora verlangt (2. Mose 12,43-46).

Am Abend vor dem Festbeginn, wenn alles geputzt ist, versteckt die Hausfrau noch etwas Gesäuertes. Der Hausvater und die Kinder suchen mit Kerzen in den Händen dann diesen letzten Sauerteig, der am nächsten Morgen verbrannt wird. Vor der letzten offiziellen Suchaktion darf noch Gesäuertes gegessen werden, aber nur draußen. Danach bekommen die Kinder Nüsse und Mandeln, weil die Zeit bis zum Abend noch lang ist.

»Besonders lieb sind mir am Passahfest die Erinnerungen«, meint Mirjam. »Beim Aufräumen kommen die alten Alben heraus und das Kleid, das meine Tochter zu ihrer Bar Mitzwa anhatte. Eigentlich ist das die Botschaft des festlichen Passah-Abends, des so genannten Sederabends: ›Blicke zurück! Besinne dich! Es gibt eine Vergangenheit!‹«

Während wir uns so über den Sinn des Passahfestes unterhalten, läutet das Telefon. Ein Holocaustüberlebender ruft an, den Mirjam Peretz vier Monate zuvor nach Ausschwitz begleitet hatte. »Sprechen Sie doch ein paar Worte auf Deutsch mit ihm«, fordert sie mich auf. Ich muss versprechen, bald einmal zu Besuch zu kommen. »Dieser Mann ist siebzig Jahre alt und war mit mir zum ersten Mal nach dem Krieg wieder in Polen«, erklärt sie mir. »Als wir das Gelände des Konzentrationslagers betraten, war für ihn alles wieder gegenwärtig. ›Lauf nicht auf der Straße, sondern im Gras‹, forderte er mich auf, ›damit deine Schuhe nicht kaputtgehen ...‹«

»Das Wichtigste an Pessach ist, dass wir unseren Kindern erzählen, was geschehen ist«, nimmt sie den Faden wieder auf. »Die Menschen wissen heute nur wenig über ihre Geschichte. Sie sind wie Bäume mit vielen Zweigen, aber wenig Wurzeln. Nur ein Baum, der tief verwurzelt ist, kann bestehen, wenn ein Sturm kommt.«

Auf unterschiedliche Weise bemühen sich die Eltern, den Kindern die Geschichte des Volkes Israel nahe zu bringen. »Bei meiner Schwester verkleiden sich die Kinder als Beduinen«, kommt Mirjam auf eine weitere Familientradition zu sprechen. »Mit Säcken auf dem Rücken klopfen sie an die Tür. Auf die Frage, woher sie kommen, erklären die Kinder: ›Aus Ägypten ...‹ So wird der Auszug aus Ägypten den Kindern durch das Spiel nahe gebracht.« Oder: »Wenn die zehn Plagen Ägyptens genannt werden, schütten wir etwas Wein und Wasser in einen Eimer und tragen diesen dann ganz schnell hinaus, damit nichts bei uns bleibt.«

Das Sedermahl ist eine Familienfeier. »Dieses Fest sollte immer in unserem Hause gefeiert werden und nicht bei Verwandten«, betont Mirjam Peretz, denn »der Segen soll bei uns im Hause bleiben.« Hadas, die 20-jährige Tochter des Hauses, macht zurzeit Zivildienst in einem Kinderheim für russische und äthiopische Jugendliche. Zum Passahabend sind zwei dieser jungen Leute, die selbst keine Familie haben, bei Familie Peretz eingeladen. Bei einer orientalischen Familienfeier sind ohnehin fünfzig Teilnehmer keine Seltenheit. Außerdem ist für die Mutter des Hauses das größte Gebot an Pessach, sich um die Armen zu kümmern, um die, die alleine sind, die nirgends willkommen sind.

Dann erzählt sie von der eigentlichen Passahfeier, dem Sedermahl. Obwohl am Abend alle müde und hungrig sind, wird jede Speise zuerst erklärt. Alle Gerichte auf dem Sedertisch haben eine symbolische Bedeutung. Manche Familien lesen die Pessach-Haggadah nicht vollständig. In der Familie Peretz bereitet sich jeder auf einen Abschnitt vor. »Mein Sohn erklärte zum Beispiel einmal, dass der Auszug aus Ägypten für ihn bedeute, ›Ägypten‹ aus sich selbst herauszuschaffen, diesen Körperkult, der den sterblichen Leib so lange wie möglich zu erhalten sucht – man denke nur an die Mumien.«

Kleine Kinder werden im Laufe des langen Abends vom Schlaf überwältigt und fallen einfach irgendwann um. Meist hält sie aber die Erwartung, dass der Prophet Elia, der Vorläufer des Messias, eintreten könnte, wach. Für ihn steht ein Weinglas auf der Fensterbank. Die Sitte, eine Tür für den Propheten offen stehen zu lassen, kommt aus Osteuropa, aus der Zeit der Pogrome. Die jüdischen Familien ließen dort ihre Tür offen, damit ihnen nicht jemand ein totes Kind vor den Eingang legte und sie beschuldigte, sie hätten das Blut christlicher Kinder zum Sederabend verwendet.

Der Höhepunkt ist für die Kinder die Suche nach dem »Afikoman«. Auf dem Sedertisch liegen drei ungesäuerte Brote – so genannte »Matzot« oder »Mazzen« – auf einem Teller übereinander. Der Hausvater zerbricht das mittlere der drei Matzot und versteckt eine Hälfte davon im Haus. Wer dieses Stück ungesäuertes Brot, das Afikoman, findet, bekommt eine Belohnung. In der Familie Peretz hat sich eingebürgert, dass sich jeder finanziell beteiligt. Der Finder bekommt dann ein wirklich schönes Geschenk, zum Beispiel ein Fahrrad.

Das Besondere bei den marokkanischen Juden ist die Sederschüssel. Ursprünglich war das kein Teller, sondern eine richtig große kupferne Schüssel mit Füßen. Diese Schüssel wurde mit einem schönen Tuch, der Kopfbedeckung der Mutter, zugedeckt. An einem bestimmten Punkt der Haggadah schwenkt der Hausvater die Schüssel über dem Kopf eines jeden Teilnehmers am Tisch, als Zeichen dafür, dass jeder Anwesende aus Ägypten ausgezogen ist. »Als Kinder«, so erinnert sich Mirjam Peretz, »haben wir diese Zeremonie immer mit Spannung verfolgt. Wenn eine Frau schwanger war, wurde die Schüssel zweimal über ihr geschwenkt – einmal für sie selbst und einmal für das ungeborene Baby. So haben wir dann erfahren, dass ein Kind unterwegs ist.«

»Wir haben diese Sitte beibehalten«, kehrt Mirjam Peretz in die Gegenwart zurück. »Für Uriel, unseren ältesten Sohn, der an seinem 22. Geburtstag im November 1998 im Südlibanon gefallen ist, halten wir einen Stuhl frei. Auch über seinem Platz wird der Sederteller geschwenkt. Durch seinen Tod ist für uns Pessach immer auch traurig. In den ersten Jahren nach seinem Tod haben wir uns gefragt, warum Gott das zugelassen hat, obwohl er doch so viele Wunder für Israel getan hat. Aber das Passahfest wird in der Nacht gefeiert, damit wir lernen in der Dunkelheit das Licht zu sehen. Wir danken Gott für seine Rettung, für all das Gute, das er für uns getan hat, und wissen selbst in größter Dunkelheit um die Erlösung, die kommen wird.«

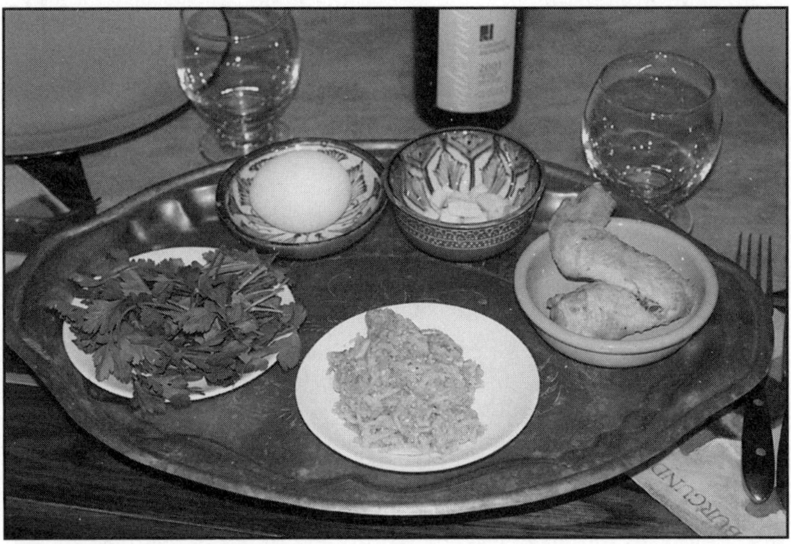

Ein traditioneller Sederteller

Holocaustgedenktag

Morgens wirst du sagen: Ach dass es Abend wäre!, und abends wirst du sagen: Ach dass es Morgen wäre!, vor Furcht deines Herzens, die dich schrecken wird, und vor dem, was du mit deinen Augen sehen wirst.

(5. Mose 28,67)

Jetzt muss ich schon wieder im hebräisch-deutschen Wörterbuch nachschlagen. Was wurde meinem Sohn da nachgerufen? Ah ja: »Dreckiger Deutscher!« Na, das geht ja noch. Ein andermal wurde er »stinkender Russe« genannt. Anscheinend werden an der Schule die russischen Neueinwanderer so betitelt. Der Grund für diese »Koseworte« scheint aber nicht die Hälfte slawischen Blutes zu sein, das durch seine Adern pulsiert. »Wenn ich nur nicht blond wäre«, erklärt unser Ältester bei einem Treffen mit der Klassenlehrerin seine Erfahrungen, »wenn ich nur nicht anders wäre ...« Die nette Israelin, die ihren Schüler sehr ins Herz geschlossen hat, schüttelt ihren blonden Schopf und versucht ihn zu trösten: »Sei froh, ich zahle dafür einen Haufen Geld!«

Heute, am Holocaustgedenktag, kam es dann aber wieder einmal knüppeldick. »Du bist ein Nazi, stimmt's?«, rufen ihm ein paar vorbeilaufende Jungs zu. »Ich bin Deutscher, aber kein Nazi«, kontert unser Ältester tapfer. Seine siebenjährige Schwester wird sogar von einem ihrer Freunde als »Nazi« bezeichnet. Andere nicken zustimmend. Und dann schaut mich der kleine dunkelhäutige Akiva mit seinen großen dunklen Augen fragend an: »Stimmt es, dass euer Opa ein Nazi war?« »Nein, das stimmt nicht«, erkläre ich ihm. »Ah, dann hat er also Juden geholfen?!«, klingt es nachdenklich.

Ja, einer von den tschechischen Vorfahren unserer Kinder hat sogar Auschwitz überlebt. Aber hier in Israel sind wir einfach »Deutsche«, und »Deutsche« sind »Nazis«, ganz besonders in diesen Tagen, in denen der sechs Millionen Juden gedacht wird, die der Naziherrschaft zum Opfer gefallen sind.

»Wir wissen, dass Juden von Deutschen unheimlich viel erleiden mussten. Das tut uns auch weh«, versuche ich den Kindern im Alter zwischen fünf und zehn Jahren zu erklären. »Aber begreift ihr nicht, dass wir Juden lieb haben?« Meine Tochter hängt sich an mich und erklärt: »Mir tut das auch sehr weh. Aber wenn ich Nazi bin, wie kommt es dann, dass ich Eli und Esra und Lea so lieb habe?!« Das Eis scheint gebrochen. Aufmerksam hört das Mädchen zu, das unseren Kindern vorhin noch das Recht abstreiten wollte, auf dem Spielplatz zu spielen, weil sie »Deutsche« sind.

Mit schwerem Herzen gehe ich ins Bett. Ich bete noch für die vielen Holocaustüberlebenden. Sie können oft gar nicht schlafen, weil sie bis heute von Alpträumen verfolgt werden. Sie haben die Hölle auf Erden durchgemacht. Und das ist nicht nur Vergangenheit für sie, sondern Gegenwart. Die Folgen der 12-jährigen Nazischreckensherrschaft sind als psychische Schäden oder Belastungen bis in die dritte Generation spürbar. Das will verarbeitet werden. Wenn nur das himmlische Jerusalem endlich, endlich kommen würde!

Am nächsten Morgen scheint die Sonne wieder auf Gerechte und Ungerechte. Auch auf die kleinen Vertreter des Volkes, das vor einem halben Jahrhundert brutal ausgelöscht werden sollte. Und sie spielen schon wieder unbekümmert mit den kleinen blonden Deutschtschechen Indianer.

Bleib ein Mensch!

Du sollst leben! Ja, zu dir sprach ich, als du so in deinem Blut dalagst: Du sollst leben! *(Hesekiel 16,6)*

Ich kann ja nicht hassen, ich hab ja gerne Menschen.« Zvi Blumenfrucht denkt an die furchtbarste Zeit seines Lebens zurück und fasst mit jiddischem Akzent zusammen, was zum Motto seines Lebens geworden ist: »Verzeihen ist leichter als Vergessen.« Er krempelt seinen linken Ärmel hoch und zeigt mir die Häftlingsnummer aus Auschwitz: 108009.

Vor etwas mehr als 78 Jahren wurde der Journalist, der bis heute regelmäßig für eine jiddisch-sprachige Zeitung schreibt, im polnischen Lodz als Sohn einer wohlhabenden jüdischen Familie geboren. Bevor er seinen Schulabschluss machen kann, wird die Familie im Dezember 1939 ins Ghetto Krakow deportiert, von dort weiter ins Konzentrationslager Auschwitz.

»Herschele – der hebräische Name Zvi heißt übersetzt Hirsch – du gehst herois von dannen, weil du den Nummer host 108009«, sagt ihm sein Vater, als ihnen die Häftlingsnummern auf die Unterarme tätowiert werden. Mit der jüdischen Tradition zutiefst vertraut, hatte Vater Blumenfrucht die Quersumme der Nummern seiner Söhne errechnet und in hebräische Buchstaben umgesetzt. Die Quersumme von 1+8+9 ist 18, der Zahlenwert des hebräischen Wortes »Chai«, was »lebe« bedeutet. Die Häftlingsnummer wurde Zvi zur Schicksalsnummer. Er ist der einzige Überlebende seiner Familie.

Das Vermächtnis, das ihm sein Vater mit auf den Weg gibt, ist: »Bleibe ein Mensch, denn du bist ein Blumenfrucht!« – Ein »Mensch«, so erklärt Zvi Blumenfrucht, ist im Jiddischen ein gradliniger Charakter, der nicht lügt, nicht stiehlt, auf dessen Wort man sich verlassen kann und der vor allem ein gutes Herz hat. »›Bleib ein Mensch‹, das war meine Devise in Auschwitz«, erinnert sich der agil wirkende ältere Herr – und man spürt ihm ab, dass ihn dieser Vorsatz ein Leben lang begleitet und geprägt hat.

Zvi Blumenfrucht zeigt die »Nummer des Lebens«: 108009

Am 18. Januar 1945 evakuieren die Deutschen das KZ Auschwitz. Für Zvi und seine Mithäftlinge beginnt ein wochenlanger Todesmarsch, in eisiger Kälte, ohne Essen. »Wir haben Gräser gegessen«, erinnert sich Zvi, »mit geschwollenen Beinen und voller Filzläuse mussten wir immer weitermarschieren. Wer stehen blieb, bekam einen Genickschuss.« In der Nähe von Hof an der Saale macht der junge Mann einen Fluchtversuch. Ein SS-Mann lässt ihn – durch Schüsse schwer verletzt – liegen, weil er den 16-Jährigen für tot hält.

Doch »wie ein Gottesfinger«, so erinnert sich Blumenfrucht heute, erscheint ein katholischer Pater, Dr. Norbert Backmund, liest ihn zwischen den Bahngleisen auf und sorgt dafür, dass der junge Jude gesund gepflegt wird. Sein Unterkiefer ist zerschmettert und in Armen und Beinen hat er weitere Schusswunden. Liebevoll erinnert sich Zvi Blumenfrucht an »Vater Norbert«. Bis heute erhält er die Verbindung zum Kloster Windberg nahe Straubing in Oberbayern aufrecht.

Über die Alpen und Rom führt sein Weg dann Ende der 40er Jahre nach Israel, wo Blumenfrucht heute mit seiner Frau Hanna, zwei Kindern und sechs Enkelkindern lebt. »Vergessen führt ins Exil. Die Erinnerung ist das Geheimnis der Erlösung.« Diese Worte stehen auf einer Urkunde, die Pater Norbert Backmund im Juni 1972 in der Jerusalemer Holocaustgedenkstätte Jad VaSchem für seinen Einsatz für verfolgte Juden verliehen bekam.

Verzeihen, ja, das will Zvi Blumenfrucht aus ganzem Herzen. Mit offenen Armen empfängt er junge Deutsche und erzählt bereitwillig von damals: »Heute gibt es ein anderes Deutschland als zur Nazizeit!« – Aber vergessen, nein, das darf nie geschehen. »Zu leicht kann ein Mensch, der doch als Ebenbild Gottes geboren wurde, zum Sadisten, zum Mörder, zum Scheusal werden.« Zvi weiß: »Das kann schon wiederkommen.«

Jeder Tag ein Holocaustgedenktag

Du Menschenkind, meinst du wohl, dass diese Gebeine wieder lebendig werden? Und ich sprach: Herr, mein Gott, du weißt es. *(Hesekiel 37,3)*

Der sonnige Frühlingsmorgen wird jäh durch den Schall der Sirenen zerrissen. Der Verkehr stockt, die Insassen steigen aus den Autos aus. Der Lärm auf der Baustelle verstummt, in Schulklassen und Büros hören das Klappern der Computertastaturen, die Gespräche und Vorträge auf. Ein ganzes Land hält den Atem an und gedenkt der mehr als sechs Millionen Juden, die dem Hass der Nazidiktatur zum Opfer gefallen sind.

Am Vorabend des Holocaustgedenktages finden in ganz Israel Gedenkfeiern statt. In jedem Jahr wird ein anderer Schwerpunkt gesetzt. 2001 verlas Verteidigungsminister Benjamin Ben-Elieser die Namen von marokkanischen Juden, die von den Deutschen in polnische Vernichtungslager verschleppt worden waren. Vergnügungsstätten, Restaurants und Cafes bleiben geschlossen. Radio- und Fernsehprogramme sind ganz auf den »Jom HaSchoah« eingestellt.

Eigentlich ist in Israel jeder Tag ein »Gedenktag für die Opfer des Holocaust«. Viele Familien müssen täglich mit der furchtbaren Realität leben, dass Leid und Schmerz, schreckliches Erleben und jahrelange Verfolgung nicht einfach weggewischt werden können. Holocaustüberlebende leiden noch mehr als ein halbes Jahrhundert nach Ende des Zweiten Weltkrieges unter Verfolgungswahn, Alpträumen, Depressionen, Angstzuständen, Schizophrenie und Aggressivität. Vieles ist unverarbeitet und bricht im Alter ganz neu auf. Ärzte und Psychiater sind ratlos.

Eine Frau, an der Nazi-Ärzte als jungem Mädchen medizinische Versuche durchgeführt haben, blieb beziehungsunfähig, konnte nie

Kinder zur Welt bringen. Der Versuch einer Ehe scheiterte nach nur drei Monaten. Einer anderen Frau wurden die Kinder weggenommen und vor ihren Augen getötet. Wenn solche Menschen in Israel wieder in Schutzräume müssen, deuten einzelne, scheinbar nebenbei hingeworfene Bemerkungen Abgründe an: »Jetzt will man uns immer noch nicht leben lassen!«

Aber auch für Israelis, die den Schrecken des Nationalsozialismus nicht selbst miterlebt haben, gehört die »Schoah«, wie die systematische Judenvernichtung des nationalsozialistischen Terrorregimes im Hebräischen genannt wird, zum täglichen Leben. So löst die Aufführung der Werke Richard Wagners bis heute heftige Diskussionen aus. Parlamentsabgeordnete dürfen alles fahren, nur keine Autos »Made in Germany«.

»Es gibt Ereignisse, die erzählen wir auch heute noch so, als hätten wir selbst daran teilgenommen«, erklärt Gideon, dessen Mutter in den 30er Jahren aus Deutschland eingewandert ist. »So sagen wir immer: ›Als wir aus Ägypten auszogen ...‹, oder auch: ›Massada darf nie wieder fallen!‹« Die Felsenfestung Massada am Toten Meer war das letzte jüdische Bollwerk, das im Jahre 73 nach Christus von den Römern zerstört wurde.

Die Schoah gehört neben dem Auszug aus Ägypten und der Zerstörung des zweiten Tempels zu den Erfahrungen, die sich unauslöschlich in das jüdische Volksbewusstsein eingeprägt haben. Ohne den systematischen Vernichtungsversuch durch die Nazis wäre der Staat Israel nicht denkbar. »Und leider ist es bis heute so«, meint der Landwirt Gideon aus Zentralisrael, »dass das jüdische Volk leiden muss, um leben zu dürfen.« – Eine Woche nach dem »Jom HaSchoah« gedenkt Israel mit dem »Jom HaSikaron« der Soldaten, die im Kampf um den Staat Israel gefallen sind.

Israel und seine Familien

Wie Pfeile in der Hand eines Starken, so sind die Söhne der Jugendzeit. Wohl dem, der seinen Köcher mit ihnen gefüllt hat! *(Psalm 127,4-5)*

Eine Frau soll entweder stillen oder schwanger sein«, sagt der stolze Vater einer orthodoxen jüdischen Familie in die Kamera. Um seine zufrieden lächelnde Frau krabbeln und springen fünf Kinder im Alter von sechs bis einem Jahr. Orthodoxe Juden gehen davon aus, dass das erste und damit wichtigste Gebot, das Gott der Menschheit gab, »seid fruchtbar und mehret euch und füllet die Erde« (1. Mose 1,28), lautet. Ehe und Familie haben deshalb für diese frommen Juden einen hohen Stellenwert. Kinder auf die Welt zu bringen, ist Glaubenssache.

Jüdische Frauen können sich aber auch wehren. Ein orthodoxer Rabbiner, Vater von zwei Kindern und mittlerweile Großvater einer ganzen Schar von Enkeln, erzählt, wie er seine Frau davon überzeugen wollte, mehr Kinder zu haben: »Ich heiße Jakob und möchte wie unser Stammvater gern zwölf Kinder.« – »Dann wirst du dir auch Silpa und Bilha zulegen müssen«, antwortete die schlagfertige Französin.

Auch säkulare israelische Familien haben nicht selten drei, vier oder fünf Kinder. »Ich will doch nicht, dass er allein bleibt!«, meint die Verkäuferin im Supermarkt mit Blick auf ihren jüngsten Sohn, die Nummer vier. Tatsächlich blieb er nicht lange allein und hat heute einen kleinen Bruder. In Israel sind Kinder willkommen und geliebt. Rein äußerlich zeigt sich das schon an den vielen bunten Spielplätzen an jeder Straßenecke.

Neueinwanderer aus dem ehemaligen Ostblock bleiben in der Regel bei einem oder zwei Kindern. Das gleichen die orientalischen Juden, die zum Beispiel aus Äthiopien eingewandert sind, dann wieder aus. Die drastischen Kindergeldkürzungen von Finanzminister Benjamin Netanjahu haben viele kinderreiche Familien hart getroffen. »In Äthiopien rannten meine Kinder barfuß herum. Hier in Israel muss ich jedem Kind ein Paar Schuhe kaufen«, stöhnt ein Vater und überlegt ernsthaft, ob er Israel nicht wieder verlassen sollte.

Eine durchschnittliche Familie in Israel ist auf den Verdienst von beiden Eltern angewiesen, auch wenn das Gehalt der Mutter in der Kleinkindphase wieder für Kinderbetreuung ausgegeben wird. Spätestens ein Jahr nach der Geburt steigen die meisten Frauen wieder ins Berufsleben ein, um ihren Arbeitsplatz nicht zu verlieren. Das ist in Israel so selbstverständlich, dass nur wenige Menschen darüber nachdenken, ob es für ein Kleinkind nicht besser wäre, in der mütterlichen Pflege zu bleiben. Andererseits arbeiten einige Mütter nur halbtags und bemühen sich, so viel wie möglich für ihre Kinder da zu sein.

Die israelische Frau ist überall in der Gesellschaft vertreten. Sie ist Ministerin und Richterin, arbeitet in der Luftwaffe und in der Forschung. Die Israelin ist gerne berufstätig und gerne Mutter. Sie liebt die Gesellschaft und achtet auf ihr Äußeres. Die ultra-orthodoxe Frau mit Kopfbedeckung trägt den langen Rock und die dicken Strümpfe genauso mit Überzeugung, wie die säkulare Frau ihren Hosenanzug und die rot gefärbten Haare. Israelische Frauen drücken ihre Überzeugung durch ihre Kleidung und ihren Lebensstil aus. Die israelische Frau weiß, was sie will. Sie ist eine tüchtige Frau.

Ein ewiger Bund: Beschneidung und Namengebung

Und so soll mein Bund an eurem Fleisch zu einem ewigen Bund werden. *(1. Mose 17,13)*

Eine der ersten Fragen, die eine Mutter nach der Geburt in Deutschland bekommt, lautet: »Wie heißt das Baby?« Auch auf dem Erkennungsband, das an der Hand des Neugeborenen befestigt wird, steht schon der Name des Kindes. In Israel ist das anders. Auf dem Band an der Hand oder am Fuß des Babys steht der Name der Mutter. Ein jüdischer Junge bekommt seinen Namen am achten Tage, wenn er durch die Beschneidung in den Bund Abrahams aufgenommen wird. Und auch bei einem Mädchen lassen sich die Eltern mit der Namengebung Zeit.

Hebräische Namen haben eine Bedeutung oder erinnern an eine Persönlichkeit. Je nachdem, wie die Geburt verlaufen ist, die Umstände davor und danach waren oder auch was vom Charakter des Kindes in der kurzen Zeit sichtbar wird, wird der Name ausgewählt. Jüdische Eltern haben so nach der Geburt erst einmal die Möglichkeit, ihr Kind zu beobachten, um den passenden Namen zu finden – außer er wurde bereits durch die Familientraditionen oder Gott selbst bestimmt, wie das beispielsweise bei Johannes dem Täufer der Fall war. Darüber berichtet der Evangelist Lukas (1,59f.): »Und es begab sich am achten Tag, da kamen sie, das Kindlein zu beschneiden, und wollten es nach seinem Vater Zacharias nennen. Aber seine Mutter antwortete und sprach: Nein, sondern er soll Johannes heißen.«

Im Hebräischen ist vom »Brit Milah«, dem Bund der Beschneidung, die Rede. Gott selbst war Abraham im Alter von 99 Jahren erschienen und hatte ihm geboten: »Ich bin der allmächtige Gott; wandle vor mir und sei fromm. Und ich will meinen Bund zwischen mir und dir schließen und will dich über alle Maßen mehren. ... Alles, was männlich ist unter euch, soll beschnitten werden; eure Vorhaut sollt ihr beschneiden. Das soll das Zeichen sein des Bundes zwischen mir und euch. Jedes Knäblein, wenn's acht Tage alt ist, sollt ihr beschneiden bei euren Nachkommen. ... Und so soll mein Bund an eurem Fleisch zu einem ewigen Bund werden« (1. Mose 17,1-2.10-13).

Jahrtausende hindurch hat sich das jüdische Volk an diesen Bund gehalten. Zur Zeit des Alten Testaments wurde die Beschneidung mit einem Steinmesser ausgeführt. Der Flint, den man im Negev und im Sinai findet, eignet sich besonders gut dazu, weil er rasiermesserscharf und, wenn man ihn unmittelbar vor dem Gebrauch erst schlägt, steril ist.

Zippora, die midianitische Frau Moses, rettete ihren Mann vor dem Zorn Gottes, indem sie schnell nach einem scharfen Stein griff und ihren Sohn beschnitt (2. Mose 4,24-25). Josua bekam in Gilgal vor dem Einzug in das Gelobte Land von Gott die Aufgabe, die ganze Generation, die unterwegs in der Wüste nicht beschnitten worden war, zu beschneiden (Josua 5,2-8). In der Zeit des Abfalls unter der Herrschaft des israelitischen Königs Ahab und seiner heidnischen Frau Isebel eiferte der Prophet Elia für den Herrn und beklagte, dass Israel seinen Bund verlassen hat (1. Könige 19,10.14). In Erinnerung daran wird bis heute der Beschneidungsstuhl in Synagogen traditionell »Stuhl des Elia« genannt.

Elia hat im Judentum eine besondere Stellung als Zeuge und Vorgänger des Messias. Auch beim Passahfest steht ein gedeckter Platz am Tisch für ihn bereit. Im Neuen Testament kommt diese Elia-Erwartung zum Ausdruck, wo nicht nur Johannes der Täufer von Jesus als Elia identifiziert wird, sondern er auch gemeinsam mit Mose bei der Verklärung Jesu auftritt (Matthäus 11,14; 17,3).

Unter dem Einfluss des Hellenismus ließen Juden im 2. Jahrhundert vor Christus durch schmerzhafte Operationen ihre Vorhaut wieder herstellen, um an den heidnischen Spielen teilnehmen zu können. Das 2. Makkabäer-Buch (6,10) berichtet andererseits, wie unter der Herrschaft des Seleuzidenherrschers Antiochus II. Epiphanes zwei Frauen getötet wurden, weil sie ihre Söhne beschnitten hatten: »Denen band man die Kindlein an die Brust und führte sie öffentlich herum durch die ganze Stadt und warf sie zuletzt über die Mauer hinab.«

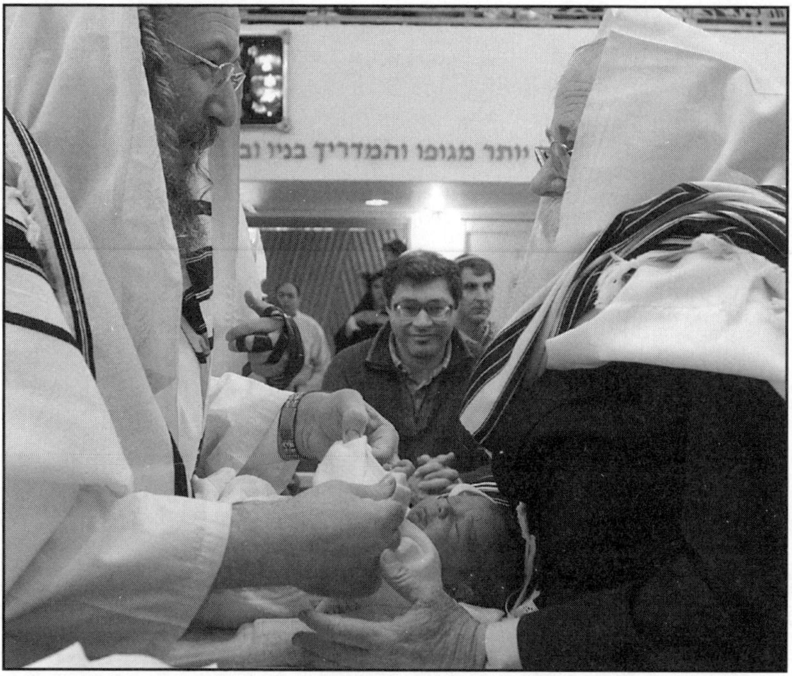

Beschneidungszeremonie in einer Jerusalemer Synagoge

Bis heute ist die Beschneidung ein fester Bestandteil des jüdischen Lebens. Auch die säkulare Bevölkerung Israels hält daran fest. Beschneidungen werden von einem »Mohel« durchgeführt, einem jüdischen Mann, der durch eine Urkunde seine Ausbildung nachweisen kann und außerdem das Vertrauen der Gemeinde besitzt. Die antiken Steinmesser wurden durch sterile Instrumente ersetzt, zu denen neben einem Skalpell auch eine Klammer und ein Gläschen zum Blutabsaugen gehören. Normalerweise hält der »Sandak«, der Pate, das Kind zur Beschneidung auf dem Schoß, nachdem schon am Morgen des Beschneidungstages in der Synagoge bestimmte liturgische Passagen gesungen wurden.

Früher fand die Beschneidung oft in der Synagoge statt. Man benützte für den Paten und für den Mohel besondere Sessel mit bestickten Kissen, die »Jidsch-Stühle« und die »Jidsch-Kissen«. Heute wird die Beschneidung auch zu Hause ausgeführt. Das Haus ist festlich vorbereitet und das Baby wird besonders hübsch angezogen. Wenn es hereingebracht wird, sagen alle Anwesenden:

»Baruch Haba – Gelobt sei der, der da kommt« (Psalm 118,26). Der Mohel betet: »Gelobt seiest du, Ewiger, unser Gott, König der Welt, der du uns geheiligt durch deine Gebote und uns die Beschneidung befohlen.« Nachdem die Vorhaut abgeschnitten ist, sagt der Vater des Kindes: »Gelobt seist du, Ewiger, unser Gott, König der Welt, der du uns geheiligt durch deine Gebote und uns befohlen, den Sohn in den Bund unseres Vaters Abraham aufzunehmen.«

Nach der Beschneidung bekommt das Kind seinen Namen, der feierlich verkündet wird. Unter anderen Segnungen wird auch der biblische Spruch aus Hesekiel 16,6 über dem Kind gesagt: »Ich sprach zu dir, als du so in deinem Blute dalagst: Du sollst leben!« Die alttestamentlichen Propheten erklärten die fleischliche Beschneidung als Bund mit Gott, der einer geistlichen Einstellung des Herzens entsprechen sollte: »Darum spricht Gott der Herr: Es soll kein Fremder mit unbeschnittenem Herzen und unbeschnittenem Fleisch in mein Heiligtum kommen« (Hesekiel 44,9).

Natürlich wird die Beschneidungspraxis innerhalb des Judentums diskutiert und vor allem von Seiten der Reformjuden hinterfragt. Manche betrachten die Beschneidung als unnötig oder sogar als Misshandlung. Aber wenn Gegner der Beschneidung meinen, »man würde doch auch nicht ein Stück vom Ohr abschneiden«, wäre auch das noch nicht einmal unbiblisch, wenn man bedenkt, wie sich der Prophet Jeremia beklagt: »Dass doch jemand hören wollte! Aber ihr Ohr ist unbeschnitten; sie können's nicht hören. Siehe, sie halten des Herrn Wort für Spott und wollen es nicht haben« (Jeremia 6,10). Auch Stephanus bezeichnete in seiner Verteidigungsrede vor seinem Tod seine Verfolger als »Unbeschnittene an Herzen und Ohren« (Apostelgeschichte 7,51).

Der holländische Rabbiner Simon Philip De Vries (1870-1944) schrieb vor dem Zweiten Weltkrieg: »Es soll keineswegs verneint werden, dass frühere Generationen es besser verstanden haben, um der Milah willen auch schreckliche Opfer zu bringen, als die an Freiheit und Wohlstand gewöhnte heutige Generation zu ertragen vermag.« Er meinte dann allerdings auch zu verstehen, warum gerade an dieser Stelle: »Dort, wo es als heiliges und intimes Zeichen für die Weihung des Lebens dienen wird; dort, wo es für immer daran erinnern wird, dass selbst der grundlegendste tierische Akt der Fortpflanzung auf einen göttlichen Befehl zurückgeht, wo es als lebenslange Warnung dient vor den Gefahren der Ausartung und Verderbtheit.«[3] Das stärkste Argument orthodoxer Rabbiner für die Beschneidung ist aber immer noch, dass es sich um ein biblisches Gebot handelt.

---

[3]Simon Philip De Vries, Jüdische Riten und Symbole (Wiesbaden: Fourier Verlag, 3. Auflage 1984), 171+176.

»Jom HaAtzmaut«, der Unabhängigkeitstag

Blau und weiß sind die Farben des Staates Israel. Am Unabhängigkeitstag wehen deshalb im ganzen Land, an Straßenrändern, von Dächern, Fenstern und Balkons die blau-weißen israelischen Fahnen. Auch Autos werden mit ihnen geschmückt. Gleich nach dem Passahfest verkaufen Kinder an Straßenecken die Fähnchen, die man am Autofenster befestigen kann. Für Schule und Kindergarten werden die Kinder blau-weiß angezogen und kommen danach stolz mit ihren blau-weißen Flaggen zurück.

Nach dem biblischen Passahfest folgen im Frühjahr der Holocaustgedenktag, der Gedenktag für die gefallenen Soldaten und Terroropfer und die Feier der Entstehung des Staates Israel, der aus der Asche der Konzentrationslager des Zweiten Weltkrieges heraus entstanden ist. Mit der Erfahrung des Dritten Reiches wurde dem jüdischen Volk klar, dass es auf der Welt einen Ort geben muss, wo jeder Jude Zuflucht vor Verfolgung finden kann.

Am Tag vor den fröhlichen Feiern des »Jom HaAtzmaut« erinnert sich Israel an die Opfer von sechs Kriegen und einer endlosen arabischen Terrorkampagne. »Gedenke!«, ist das Motto dieses Tages:

Unmittelbar nach Ausrufung des jüdischen Staates Israel am 14. Mai 1948 begann der so genannte Unabhängigkeitskrieg und dauerte 15 Monate.

Nach unzähligen Terrorangriffen und der Blockade der Schifffahrtswege um die Sinaihalbinsel durch Ägypten sah sich Israel 1956 zum Sinaifeldzug gezwungen, der acht Tage andauerte.

Der Sechstagekrieg im Juni 1967 war eine Antwort auf die Bombardierung galiläischer Dörfer von den syrischen Golanhöhen, Terrorangriffen aus Ägypten und Jordanien und einer erneuten Blockade der Straße von Tiran im Süden der Sinaihalbinsel, Israels Verbindung zum Fernen Osten.

Im September 1968 begann Ägypten einen Zermürbungskrieg entlang des Suezkanals, der erst 1970 mit einem Waffenstillstandsabkommen beendet wurde.

Am 6. Oktober 1973, am höchsten jüdischen Feiertag, dem Versöhnungstag »Jom Kippur«, überraschten die ägyptische und syrische Armee Israel. Bis sich das Blatt zu Gunsten Israels wendete und die israelische Armee 50 Kilometer vor Damaskus stand, war der »Jom-Kippur-Krieg« zum verlustreichsten Krieg in der Geschichte Israels geworden.

Nach der Vertreibung der Palästinensischen Befreiungsorganisation PLO im »Schwarzen September« von 1970 aus Jordanien überschwemmten Tausende palästinensische Freischärler die einzige Demokratie im Nahen Osten, den christlich dominierten Libanon. Ihre Übergriffe auf den Norden Israels zwangen den jüdischen Staat zu mehreren Aktionen und schließlich 1982 zum Libanonkrieg, der erst mit dem Abzug im Mai 2000 ein (vorläufiges) Ende fand.

Bei einem Klassenausflug in das judäische Bergland erkunden wir die zweitausend Jahre alte römische Straße, die einst Jerusalem mit Gaza verband. Einer der Väter erklärt den Schulkindern, wo im Unabhängigkeitskrieg der Weg über Felsen und Dornen führte, auf dem eine jüdische Einheit 1948 die Belagerung des Gusch Etzion zu durchbrechen suchte.

Von den Bewohnern zweier arabischer Dörfer und arabischen Fedajin wurden die schwer beladenen Soldaten überfallen. Nur einer, der wegen eines verstauchten Knöchels gleich zu Beginn der Operation umkehren musste, überlebte. Offensichtlich war ihnen die Munition ausgegangen, denn einer der Toten wurde noch mit einem Stein in der Hand gefunden.

Ofer, der Leiter des Schulausflugs, zitiert ein Lied aus den 20er-Jahren: »Jedes Stückchen dieses Landes ist mit Blut erkauft …«, und meint: »Das ist leider bis heute die Wahrheit!«

In der Geschichte des modernen Staates Israel bis zum Unabhängigkeitstag am 12. Mai 2005 sind 21.954 Soldaten gefallen. So wie der Gedenktag an die Gefallenen direkt in den Feiertag übergeht, so gehen in Israel Trauer und Freude, Tränen und Lachen, Schwäche und Stärke, Feiern und Kämpfen Hand in Hand.

Der Geruch von Feuer und gebratenen Kartoffeln

Um Zions willen will ich nicht schweigen, und um Jerusalems willen will ich nicht innehalten, bis seine Gerechtigkeit aufgehe wie ein Glanz und sein Heil brenne wie eine Fackel, dass die Heiden sehen deine Gerechtigkeit ...
(Jesaja 62,1-2)

Zu den Kindheitserinnerungen eines jeden Israeli gehört der Geruch von Feuer und gebratenen Kartoffeln genauso wie das Bild von Dutzenden riesiger Feuerstellen unter dem unendlichen Sternenhimmel. Am Vorabend des Halbfeiertages »Lag BaOmer« entzünden Juden in ganz Israel, in den Parks und in der Natur, aber auch am Straßenrand oder auf unbebauten Grundstücken Lagerfeuer und braten Kartoffeln. Manche feiern mit Freunden, andere Feuerstellen werden von Schulklassen betreut. Polizei- und Feuerwehrfahrzeuge sind allgegenwärtig, um schlimme Folgen der Feiern rechtzeitig abzuwenden.

Im ganzen Land sammeln die Kinder an den Tagen vor Lag BaOmer fleißig Holz. Weil in Israel andauernd gebaut wird, ist es nicht schwer, alte Paletten zu finden. Neben den Baumzweigen, die Stürme oder Schnee im letzten Winter heruntergerissen haben, sind auch der kaputte Holzstuhl oder das abgenutzte Sofa, die als Sperrmüll neben dem Müllcontainer stehen, heiß begehrt.

Der Konkurrenzkampf zwischen den einzelnen Gruppen, die ein eigenes Feuer vorbereiten, ist hart und wer sein Holz behalten will, muss es gut verstecken. Nur zu oft ist die Mahnung der Lehrer, dass Schalungsholz auf Baustellen nicht für die Lagerfeuer bestimmt ist und die damit verbundene Warnung vor Diebstahl, in den Wind geredet – nach Lag BaOmer findet man in Israel kaum noch herumliegendes Holz.

»Omer« ist der hebräische Ausdruck für »Garbe«. In 3. Mose 23,9-16 steht: »Wenn ihr in das Land kommt, das ich euch geben werde, und es aberntet, so sollt ihr die erste Garbe eurer Ernte zu dem Priester bringen … Danach sollt ihr zählen vom Tage nach dem Sabbat, da ihr die Garbe als Schwingopfer darbrachtet, sieben ganze Wochen … nämlich fünfzig Tage, sollt ihr zählen und dann ein neues Speiseopfer dem Herrn opfern.« Am Passahfest erinnert sich das Volk Israel also nicht nur an den Auszug aus Ägypten. Pessach ist auch ein Erntedankfest.

Vom zweiten Tag des Passahfestes an werden 49 Tage gezählt, bis am 50. Tag Schawuot, das Wochenfest, beginnt. Vom griechischen Wort für »50« ist übrigens die Bezeichnung für das christliche »Pfingstfest« abgeleitet. Die hebräischen Buchstaben Lamed und Gimel haben gemeinsam den Zahlenwert 33, nacheinander ausgesprochen ergeben sie »Lag«. »Lag BaOmer« ist also der 33. Tag der Omer-Zählung.

Wie Lag BaOmer zum »Lagerfeuerfest« wurde, ist unklar. Verschiedene Traditionen werden mit dem 33. der Omer-Zählung in Verbindung gebracht. Manche wollen mit dem Lagerfeuer an den Bar-Kochba-Aufstand gegen die Römer (132-135 n. Chr.) erinnern. Die aufständischen Juden hatten sich damals Nachrichten per Signalfeuer von Berg zu Berg vermittelt.

Kabbalisten datieren den Todestag von Rabbi Schimon Bar Jochai auf Lag BaOmer. Alljährlich versammeln sich deshalb Hunderttausende orthodoxer Juden am Berg Meron in Galiläa, wo er der Tradition zufolge beerdigt wurde. Dort findet ein riesiges Festival statt, auf dem viel getanzt und gesungen wird.

Die Omer-Zeit ist für das jüdische Volk eher eine traurige Erinnerung an die brutale Verfolgung durch die Römer. Auch der berühmte Rabbi Akiba und viele seiner Jünger wurden zur Zeit der Omer-Zählung ermordet. Einer anderen Überlieferung zufolge sollen 24.000 Torah-Schüler in dieser Zeit einer Epidemie zum Opfer gefallen sein, weil einer den anderen nicht genügend geachtet hatte. Deshalb wird während der Omerzählung eine Trauerzeit eingehalten, während der orthodoxe Juden ihr Äußeres vernachlässigen und keine Hochzeiten gefeiert werden.

Am 33. Omer soll dann aber das »Studenten-Sterben« aufgehört haben. Deshalb wurde dieser Tag im Mittelalter zum Tag der jüdischen Studenten. Bis heute feiern die Studenten Israels Lag Ba-

Omer als ihr Fest. Nach einer Auslegung des 2. Buches Mose, Kapitel 16, von Moses Sofer fiel an diesem Tag zum ersten Mal Manna vom Himmel.

Auf jeden Fall wird am 33. Tag der Omer-Zählung die Trauerzeit und alle mit der Trauer verbundenen Sitten und Gebräuche unterbrochen. An Lag BaOmer darf man sich Bart und Haare wieder schneiden und Hochzeiten können stattfinden. Deshalb ist dieser Tag in Israel als Hochzeitstag sehr beliebt. Und deshalb schneiden orthodoxe Juden an Lag BaOmer am Meron in einer feierlichen Zeremonie ihren dreijährigen Jungen zum ersten Mal die Haare. Orthodox-jüdische Buben unter drei Jahren sind nicht an der Frisur von Mädchen zu unterscheiden, sondern nur an der Kleidung. Die Mädchen tragen natürlich Röcke und Kleidchen, die Jungs Hosen.

Vom Vorabend des 16. Nissan, des zweiten Pessach-Tages, an wird zu Hause und in den Synagogen an jedem Abend »Omer« gezählt. An Wochentagen wird Omer kurz nach Sonnenuntergang, mit Beginn des neuen Tages, an Feiertagen kurz vor Sonnenuntergang im Stehen und mit einem Segen gezählt. Falls jemand am Abend das Zählen vergessen hat, darf er es am nächsten Tag nachholen, dann aber ohne Segensspruch. Für die Vergesslichen gibt es übrigens die »Omer-Kalender«, die vielleicht als Vorbild für den christlichen Adventskalender hergehalten haben könnten. Oder war es umgekehrt?

Der Feststellung »Heute ist der erste (zweite, dritte ...) Tag nach dem Omer« folgen Gebete und Psalmen. Dabei spielt der Psalm 67 eine besondere Rolle. Wenn man von der Überschrift absieht, besteht er aus 49 Worten, die den 49 Tagen der sieben Wochen zwischen Pessach und Schawuot entsprechen. Psalm 67 schließt mit den Worten: »Das Land gibt sein Gewächs; es segne uns Gott, unser Gott! Es segne uns Gott, und alle Welt fürchte ihn!«

Überhaupt ist dieser Psalm von der Bitte bestimmt, dass alle Menschen Gottes Heil erkennen und Gott danken mögen. Die im Neuen Testament überlieferten Pfingstereignisse wurden also sieben Wochen durch das Gebet Israels vorbereitet: Parther und Meder und Elamiter und die wohnen in Mesopotamien und Judäa, Kappadozien, Pontus und der Provinz Asien, Phrygien und Pamphylien, Ägypten und der Gegend von Kyrene und Libyen und Einwanderer aus Rom, Juden und Judengenossen, Kreter und Araber redeten von den großen Taten Gottes (Apostelgeschichte 2,9-11). Zwischen Ostern und Pfingsten betet Israel jeden Abend darum, »dass man auf Erden erkenne seinen Weg, unter allen Heiden sein Heil«. Und der Refrain des Psalms ist: »Es danken dir, Gott, die Völker, es danken dir alle Völker!« (Psalm 67,3-4.6).

In der »Zeit der Ernte«, in der »Omer-Zeit« also, spielt auch die Geschichte von Naomi, Rut und Boas, die im biblischen Buch Rut überliefert wird. Die Moabiterin Rut bekennt ihre Treue zur israelischen Schwiegermutter und ihren Glauben an den Gott Israels mit den Worten: »Dein Volk ist mein Volk, und dein Gott ist mein Gott« (Rut 1,16). Rut wurde schließlich Boas' Frau und die Urgroßmutter von König David, von dessen Nachfahren Juden wie Christen erwarten, »dass du die Menschen recht richtest und regierst die Völker auf Erden« (Psalm 67,5).

»Schawuot«, das Fest der Erstlingsfrüchte

Danach sollt ihr zählen vom Tage nach dem Sabbat, da ihr die Garbe als Schwingopfer darbrachtet, sieben ganze Wochen. Bis zu dem Tag nach dem siebenten Sabbat, nämlich fünfzig Tage, sollt ihr zählen und dann ein neues Speisopfer dem Herrn opfern. *(3. Mose 23,15-16)*

Am letzten Schultag vor den Schawuot-Ferien sammeln die Mütter im Garten oder in der Natur Blumen, um dann für ihre Töchter Blumenkränze zu flechten. Ganz in Weiß gekleidet gehen die Kinder in den Kindergarten oder in die Schule. Sie sind mit Blumen geschmückt und tragen Körbe mit buntem Obst und Gemüse, das lecker aussieht. Es ist Zeit, Gott für die erste Ernte zu danken.

Das »Wochenfest«, hebräisch »Schawuot«, wird am 6. Sivan des jüdischen Kalenders gefeiert, der meist in die Monate Mai oder Juni fällt. In Israel ist es dann schon richtig Sommer und es gibt eine große Auswahl an Obst. Zu den Orangen, Grapefruits, Mandarinen und Zitronen, die uns im Winter das nötige Vitamin C geliefert haben, kommen schon im Januar und Februar die Erdbeeren. In der Zeit vor Schawuot, wenn man in Deutschland anfängt, sich auf die Erdbeeren zu freuen, reifen hier schon die ersten Aprikosen, Pfirsiche, Zwetschgen, Trauben und Melonen. Gott hat seinem Volk ein Land gegeben, das nicht nur von Milch und Honig fließt, sondern auch viele verschiedene Arten von Obst, Gemüse und anderen Früchten bietet.

Doch was wären alle diese Früchte ohne das Brot. In 3. Mose 23,15-22 wird genau beschrieben, wann und wie dieses Fest der Ernte und der Erstlinge zu feiern ist. Als Erstlingsgabe hatte man ursprünglich zwei Brote als Schwingopfer dargebracht. Da man nach dem Passahfest in der so genannten »Omerzählung« sieben

Wochen plus einen Tag zählt, wird dieses Fest »Wochenfest«, »Schawuot«, oder nach dem griechischen Wort für »Fünfzig«, »Pentekostos«, auch »Pfingsten« genannt.

Schawuot ist nach dem Passahfest das zweite große Wallfahrtsfest der Bibel. Deswegen waren 50 Tage nach dem Tode Jesu an dem Pfingstfest, an das wir uns als Christen erinnern, in Jerusalem auch Juden »aus allen Völkern unter dem Himmel« versammelt (Apostelgeschichte 2). Bis heute pilgern Juden aus der ganzen Welt zu den drei großen Hauptfesten, Passah, Schawuot und dem Laubhüttenfest, nach Jerusalem.

Aber »der Mensch lebt nicht vom Brot allein, sondern von allem, was aus dem Mund des Herrn geht« (5. Mose 8,3). Deshalb ist Schawuot als »Fest der Erstlingsfrüchte« auch ein Fest des Wortes Gottes. Das jüdische Volk feiert an diesem Tag, dass ihm am Sinai die Tora gegeben wurde (2. Mose 19). Nach jüdischer Tradition wird während dieses Festes eine ganze Nacht dem Schriftstudium gewidmet. Unter anderem wird das Buch Rut vorgelesen, weil diese Geschichte während der Ernte spielt. Die bewusste Hinwendung der Moabiterin Rut zum Gott der Bibel passt zum Torafest und ist eine »Erstlingsfrucht« unter den vielen Heiden, die in den nachfolgenden Jahrhunderten ihrem Beispiel gefolgt sind (vergleiche Rut 1,16-17).

Zu jedem Fest in Israel gehören bestimmte Speisen. »Schawuot« ist undenkbar ohne Käsekuchen und Milchprodukte. Diese Sitte wird ganz unterschiedlich erklärt. So lernen die Schulkinder, dass das Volk Israel »vorsichtshalber« am Anfang nur Milch gegessen habe, weil die Tora noch ganz neu war und die einzelnen Gesetze noch nicht bekannt waren. Deshalb war auch nicht klar, wie die heute penibel eingehaltene Trennung von Milch und Fleisch im Einzelnen eingehalten werden sollte.

Andere sehen die Milchspeisen als Symbol für die Trennung von allem »Fleischlichen«, die im Zusammenhang mit dem goldenen Kalb vollzogen werden sollte (2. Mose 32). Wer das Hohe Lied auf seine Beziehung zum Wort Gottes überträgt, denkt bei den Milchspeisen an den Satz: »Honig und Milch sind unter deiner Zunge« (Hoheslied 4,11). Wieder andere verweisen darauf, dass der Zahlenwert des hebräischen Wortes »Chalav«, Milch, 40 ist. Vierzig Tage war Mose auf dem Berg Sinai.

Und wir, »die wir den Geist als Erstlingsgabe haben« (Römer 8,23), erwarten, dass sich die Prophetie des Joel ganz erfüllen wird.

Der Apostel Petrus hatte damit schon das Pfingstgeschehen vor 2000 Jahren erklärt, »dass die Tennen voll Korn werden und die Keltern Überfluss an Wein und Öl haben sollen ... Und ihr sollt's erfahren, dass ich mitten unter Israel bin und dass ich, der Herr, euer Gott bin, und sonst keiner mehr, und mein Volk soll nicht mehr zuschanden werden. Und nach diesem will ich meinen Geist ausgießen über alles Fleisch« (Joel 2,24.27; 3,1).

Schawuot-Feier in den Bergen von Judäa

Kindermund: »Der Herr Jesus im Vortrag«

Und siehe, ich bin bei euch alle Tage bis an der Welt Ende.
(Matthäus 28,20)

Zu unserem Dienst in Israel gehören die Dienstreisen meines Mannes vor allem nach Deutschland. Das fällt niemandem von uns leicht. Aber, Gott sei Dank, wurden wir bisher immer bewahrt. In der Abwesenheit von Ehemann und Papa haben wir nichts Schlimmeres als Windpocken erlebt. Einmal gab es eine Wunde am Kopf und Bewusstlosigkeit, und dann musste sich unser Hirtenhund, ausgerechnet als Johannes auf Dienstreise war, beide Beine ausrenken.

Wenn ich mich recht erinnere, war es gerade die Windpockenzeit. Bei unserer Abendandacht fängt unsere kleine Tochter an zu weinen. Sie hatte so schreckliches Heimweh nach dem Papa. »Weißt du was«, versuche ich sie zu trösten, »wir beten, dass dir der Vater im Himmel einen schönen Traum vom Papa gibt!« Nach dem Gebet beruhigt sie sich tatsächlich. Stille kehrt ein. An die Tür zum Kinderzimmer habe ich eine Postkarte geklebt. Über dem Bild eines süßen Babys steht: »Mutterglück ist das, was eine Mutter empfindet, wenn alle Kinder endlich schlafen.«

Am nächsten Morgen erinnert sich unsere kranke Tochter an das Gebet vom vorhergehenden Abend: »Mama, weißt du, was ich heute geträumt habe?« – »Nein, ich weiß es nicht. Erzähl mal«, frage ich gespannt. »Hast du wirklich vom Papa geträumt?« Und Gottes Antwort auf unser Gebet übersteigt meine Erwartungen: »Ja, ich habe geträumt, dass ich im Vortrag von Papa saß. Zwischen den vielen Menschen war auch der Herr Jesus. Er nahm mich zu sich auf den Schoß und die ganze Zeit durfte ich bei ihm sitzen. Dann hat er mich zu sich nach Hause eingeladen. Wir spielten Pferd und er hat mich auf seinem Rücken getragen.«

»Tefilin«, die Gebetsriemen

Höre, Israel, der Herr ist unser Gott, der Herr allein. Und du sollst den Herrn, deinen Gott, lieb haben von ganzem Herzen, von ganzer Seele und mit all deiner Kraft.

(5. Mose 6,4-5)

Ein orthodoxer Jude muss 613 Vorschriften einhalten. Manche sind Gebote, die er tun soll, andere Verbote, die das bezeichnen, was er zu lassen hat. Einige dieser Gesetze haben eine größere Bedeutung als andere, je nachdem, welche Stellung ihnen die Bibel zumisst.

Chaim Reichmann arbeitet in dem Jerusalemer Betrieb »Oter Israel«, der Gebetsriemen herstellt. Einer Schulklasse von nichtreligiösen Juden erklärt er, wie wichtig die Gebote für die Existenz des jüdischen Volkes sind. Große Imperien, wie die Römer, Griechen oder Sowjets, sind verschwunden, während das jüdische Volk seine Identität erhalten hat.

Die Beziehung zwischen Volk, Land und Torah ist lebenswichtig für die Juden. Deshalb hätten die Heiden, so Reichmann, in ihrem Bestreben die Juden zu vernichten, immer wieder versucht, das Volk entweder vom Land oder von der Torah zu trennen. Andererseits haben sich die Juden assimiliert und damit in ihrem heidnischen Umfeld aufgelöst, wenn sie die Bedeutung der Gebote aus den Augen verloren haben. Jedes Jahr gehen so allein in den Vereinigten Staaten dem jüdischen Volk zwischen 50.000 und 60.000 Menschen verloren.

Als die Griechen im zweiten Jahrhundert vor der Zeitrechnung den Juden verboten, die Torah – die fünf Bücher Mose – zu lesen, haben diese stattdessen die beiden nachfolgenden Teile des heute von Christen so genannten »Alten Testaments« gelesen, die »Propheten« und die »Schriften«. So entstand die »Haftarah«-Ord-

Ein alter jüdischer Mann mit den Gebetsriemen auf der Stirn. Der Junge im Hintergrund mit der Torahrolle im Arm hat die Gebetsriemen am Arm.

nung, der Zyklus der Wochenabschnitte, die heute im Synagogengottesdienst zusätzlich zu einem festen Abschnitt aus der Torah – auf Hebräisch »Paraschah« – jede Woche verlesen werden.

Chaim Reichmann erklärt seinen jugendlichen Zuhörern, dass die Gebote die jüdischen Menschen näher zu ihrem Gott bringen und damit an ihr Volk binden. Eines der wichtigen Gebote steht in 5. Mose 6,8-9: »Und du sollst sie binden zum Zeichen auf deine Hand, und sie sollen dir ein Merkzeichen zwischen deinen Augen sein, und du sollst sie schreiben auf die Pfosten deines Hauses und an die Tore.«

Außer einem biblischen Kommentator im 12. Jahrhundert, Samuel ben Meir, haben alle jüdischen Ausleger dieses Gebot wörtlich verstanden. Deswegen wurden die »Tefilin«, die Gebetsriemen, zu einem festen Bestandteil der jüdischen Tradition. In der kleinen Box, die jüdische Beter auf der Stirn oder am Arm tragen, stehen die vier Bibelstellen auf Pergament geschrieben, die dieses Gebot erwähnen.

2. Mose 13,1-10 und 11-16 sprechen über die Heiligung der Erstgeburt und den Auszug aus Ägypten. 5. Mose 6,4-8 ist das bekannte »Schemah Israel« und in 5. Mose 11,13-21 wird die Verbindung hergestellt zwischen dem lebensnotwendigen Regen für das Land und dem Gehorsam, der Liebe und der Hingabe des Volkes gegenüber seinem Gott. In allen vier Textabschnitten wird betont, dass Eltern mit ihren Kindern über diese Worte reden sollen.

Wie das Gebot der »Tefilin« praktisch ausgeführt werden soll, erklärt die mündliche Tradition. Die viereckige Form des Gehäuses erinnert an den Altar, dessen vier Hörner erreichbar sein sollten. Im Gehäuse selbst befinden sich in vier Abteilen die vier Bibelabschnitte, die von ausgebildeten Schreibern von Hand geschrieben werden müssen. Die kleine Box wird dann mit Leder umschlossen und mit 12 Stichen – die an die zwölf Stämme Israels erinnern – vernäht. In den Tefilin für die Hand sind alle vier Bibelstellen auf ein Stück Pergament geschrieben.

Reichmann erklärt, dass die heutige Form der Tefilin nur durch moderne Herstellungsverfahren möglich wird. Früher hat man die Pergamentstücke in weiches Leder, vor allem Schafsleder, gehüllt. Grundsätzlich kann man aber die Haut aller reinen Tiere für die Herstellung von Tefilin verwenden, sie müssen nicht einmal »koscher« zum Essen sein. So käme, laut Chaim Reichmann, theoretisch auch eine Giraffe in Frage, die aber wegen ihres langen Halses so schwierig zu schlachten sei.

Das Leder wird mit Salz und Kalzium gegerbt, mit Metalldrähten in die richtige Form gezogen und dann mit einer Kraft von ungefähr zehn Tonnen gepresst. Danach wird es innerhalb von drei Wochen 15-mal gefärbt, bis die schwarze Farbe richtig eingezogen ist. Die Herstellung der Gebetsriemen wird unter der sorgfältigen Prüfung von Rabbinern vollzogen und dauert etwa ein Jahr, manchmal aber auch viel länger.

Auf zwei Seiten des »Tefilin«-Gehäuses erscheint der hebräische Buchstabe »Schin«. Die jüdische Mystik, die Kabbalah, erklärt das »Schin« als Beginn des Gottesnamens »Schaddai«, »der Allmächtige«. Das eine der beiden »Schin« auf den Tefilin hat ganz gewöhnlich drei »Arme«, während das andere vier »Arme« hat – was ein Hinweis auf die drei Erzväter und die vier Stammmütter des jüdischen Volkes sein soll. Die Summe der »Schin-Arme«, sieben, bietet den Zahlenmystikern eine weitere Unmenge von Deutungsmöglichkeiten.

In dem handgeschriebenen Text auf Pergament darf kein einziger, auch noch so geringer Fehler vorkommen, sonst sind die »Tefilin« unbrauchbar. Wer die »Gotteswortkapseln« fallen lässt, muss einen Tag lang fasten. Wenn auch nur eine Ecke leicht verformt wäre und so die Form des »Altars« verändert würde, machte das den Gegenstand unbrauchbar. Niemals würden Juden eine Bibel, das geschriebene Wort Gottes, auf den Boden legen. Und wenn es doch einmal vorkommen sollte, dass eine Torahrolle auf den Boden fällt, muss der Verantwortliche mit einem 40-tägigen Fasten dafür büßen.

Da es kaum möglich ist, die Gebetsriemen den ganzen Tag zu tragen, werden sie beim täglichen Morgengebet angelegt. In 2. Mose 31,17 wird der Sabbat als »Zeichen« bezeichnet. Deshalb muss das »Zeichen« der Gebetsriemen am Sabbat nicht noch zusätzlich angelegt werden.

Das Wort »Tefilin« wird entweder vom hebräischen Wort für »Gebet« oder von einem Ausdruck für »absondern«, »unterschiedlich behandeln« abgeleitet. In Verfolgungszeiten konnte das »Absondern durch Gebetsriemen« bedeuten, dass ein Jude zum Märtyrer wurde. Es war also nicht immer so, dass das öffentliche Gebet mit den »Tefilin« Ehre und Ruhm zur Folge hatte – was Jesus in Matthäus 23,5 an den Pharisäern kritisiert.

Übrigens scheint die Kritik des orthodoxen Juden Jesus von Nazareth an der Herzenshaltung mancher Frommer in seinem Volk nicht ohne Folgen gewesen zu sein. Ganz im Sinne Jesu betont Chaim Reichmann, dass die Tefilin nur das Äußere, die Kapsel, seien, während es auf den eigentlichen Inhalt, nämlich das Wort der Torah, ankommt. Drastisch führt er den Kindern vor Augen, warum das Schwein unter den unreinen Tieren das Schlimmste ist: »Mit seinen gespaltenen Hufen erweckt es nach außen hin den Anschein, als wäre es rein, in Wirklichkeit aber ist es im Innern unrein. Bei einem Juden muss der äußere Schein mit dem inneren Sein, das Verhalten und die Einhaltung der Gebote mit der Herzenshaltung, übereinstimmen.«

Im Alter von 13 Jahren beginnt für die jüdischen Jungen die Pflicht, Gebetsriemen aufzusetzen. Wenn sie angelegt werden, rezitiert der Beter beispielsweise Hosea 2,21-22: »Ich will mich mit dir verloben für alle Ewigkeit, ich will mich mit dir verloben in Gerechtigkeit und Recht, in Gnade und Barmherzigkeit. Ja, in Treue will ich mich mit dir verloben, und du wirst den Herrn erkennen.«

Die Schulkinder, die selbst im Laufe des nächsten Jahres 13 Jahre alt werden, hören aufmerksam zu und stellen viele Fragen, vor allem, was die Tauglichkeit und Untauglichkeit der Gebetsriemen betrifft, aber auch, ob man sie für die Bar Mitzwa vom älteren Bruder ausleihen darf. »Und was ist, wenn ein Araber oder ein Christ diese Gebote halten möchte?«, will der schwarzhaarige Amit wissen. »Ich könnte sie nicht daran hindern ...« Chaim Reichmann wird nachdenklich: »Nein, hindern kann ich sie daran nicht!«

Rachel weint und will sich nicht trösten lassen

Aber so spricht der Herr: Lass dein Schreien und Weinen und die Tränen deiner Augen; denn deine Mühe wird noch belohnt werden, spricht der Herr. Sie sollen wiederkommen aus dem Lande des Feindes, und deine Nachkommen haben viel Gutes zu erwarten, spricht der Herr, denn deine Söhne sollen wieder in ihre Heimat kommen. (Jeremia 31,16)

Es ist die letzte Schulwoche vor den Sommerferien. Wir Eltern gehen von Abschlussparty zu Abschlussparty. Die Kinder üben lange für ihre Auftritte. Da wird viel getanzt und gesungen. Ich habe noch nie eine Schulfeier erlebt, in der die Sehnsucht nach Frieden nicht ein ganz zentrales Thema ist. In einem Anspiel stehen sich »Israelis« und »Palästinenser« gegenüber. Der Konflikt wird nicht verschwiegen. Aber am Ende singen sie: »Man braucht keine Schläge. Lasst uns nur in Ruhe leben, an jedem Ort und auch hier. Wir werden Frieden schließen, alles wird gut werden ...«

Auch in der Palästinensischen Autonomie geht das Schuljahr dem Ende entgegen. Die hebräische Tageszeitung Ma'ariv berichtet über die Abschlussfeier in einem Kindergarten im Gazastreifen. Die Kinder tragen Uniformen und Waffen. Unter anderem wird der Lynchmord an zwei israelischen Soldaten im Oktober 2000 in Ramalla nachgespielt. Ein etwa vierjähriges Mädchen streckt ihre rot bemalten Hände den Zuschauern entgegen, »blutverschmiert«, wie einst der Mörder aus dem Fenster der Polizeistation.

Es tut mir Leid, dass ich schon wieder über Terror schreiben muss. Man hört Klagegeschrei und bitteres Weinen in Jerusalem und in ganz Israel. Rachel weint über ihre Kinder und will sich nicht trösten lassen; denn es ist aus mit ihnen (Jeremia 31,15). Oded weint um seine Frau und seine Kinder. Anat hat gleichzeitig ihre Mutter und ihre kleine Tochter verloren. Schimon und Lea trauern um ihre Brüder, und Jehuda und Tamar weinen um ihre fünfjährige Schwester Danielle.

Zwei Mädchen aus unserer Gemeinde haben ihre Freundinnen verloren. Eine kam durch den Selbstmordbombenanschlag auf den Bus 32 A an der Patt-Kreuzung ums Leben, die andere an der Bushaltestelle auf dem French Hill. Die zwölfjährige Julia sagte ihrer Mutter: »Mama, wir dürfen nicht hassen, das würde uns nur von Gott entfernen!«

Nicht nur wir Erwachsenen, auch unsere Kinder müssen sich mit dem täglichen Terror auseinander setzen, mit dem Verlust von geliebten Menschen, mit dem Hass, der all das verursacht, und mit den eigenen Gefühlen, die dann aufkommen. Julia hat nicht nur viel geweint, sondern wollte aus Angst gar nicht mehr in die Schule gehen.

Es hat mich immer wieder betroffen gemacht, wie Eltern schon um ihre Kinder im Kindergarten bangen müssen. Bis vor kurzem hatten nur wenige Kindergärten das Vorrecht, einen Wächter zu haben. Jetzt steht bald vor jedem Kindergarten ein bewaffneter Wachposten, auch wenn die Sicherheitsmaßnahmen sehr viel Geld kosten.

Während der eine Vater um seine Kinder weint, ist der andere stolz auf seinen Sohn, der sich inmitten von wehrlosen Menschen in die Luft gesprengt hat. »Ein Sohn ist gegangen. Ich habe noch fünf«, sagt der Vater der moslemischen Familie Chorani im Flüchtlingslager el-Arub bei Gusch Etzion in die Fernsehkamera. Sein Sohn Ischmael setzte seinem eigenen Leben und dem von mindestens zehn weiteren Menschen ein Ende, als er sich im März im Café Moment in die Luft sprengte. »Die Israelis verdienen nicht zu leben«, fügte seine Schwester hinzu. Ich weiß nicht, welche Bilder in der Zeitung mich mehr traurig stimmen, die von den Beerdigungen oder die von diesen missbrauchten Kindern.

Kürzlich war ich wieder einmal auf dem jüdischen Markt Machane Jehuda, den ich nur noch selten besuche. Es gab in der letzten Zeit Warnungen vor Anschlägen, die sich leider nur zu oft als wahr erwiesen. Die Straße war abgesperrt und ein paar Polizisten und Soldaten standen am Eingang. In der kleinen Schuhladenecke saß eine alte Frau. Auf meine Frage, ob sie sich hier sicher fühle, antwortet sie: »Nur Gott, nur Gott kann auf uns aufpassen!«

Deswegen müssen wir weiter beten. »Wenn der Herr nicht die Stadt behütet, so wacht der Wächter umsonst« (Psalm 127,1). Vor einiger Zeit haben uns Kinder von einer befreundeten Familie, die für uns beten, gefragt, warum Gott ihre Bitten nicht erhört und weiter so schreckliche Sachen passieren. Wir danken ganz besonders dafür, dass jeden Tag Angriffe verhindert werden. Selbst in den israelischen Medien werden nicht alle Erfolge der Sicherheitskräfte berichtet. Allein gestern wurden in Hebron drei Sprengstoffgurte für Selbstmordattentäter gefunden. Der israelische Verteidigungsminister sagte, dass fast 90 Prozent aller Anschläge im Vorfeld abgefangen werden.

Wer für den Frieden Jerusalems betet, sollte auch die vielen palästinensischen Kinder nicht vergessen. Mehr als drei Viertel aller Araber, die sich heute Palästinenser nennen, sind nach 1967 geboren. Sie haben Israel immer nur als »Besatzungsmacht« kennen gelernt und wurden von klein auf zum Hass und Kampf gegen das jüdische Volk erzogen.

Abba, Vater!

Wer nicht das Reich Gottes annimmt wie ein Kind,
der wird nicht hineinkommen. (Lukas 18,17)

Unsere jüngste Tochter bringe ich regelmäßig zur Untersuchung. Sie ist sieben Monate alt und die Krankenschwester, die ihre Entwicklung beobachten soll, will wissen, ob mein Baby denn schon in Silben plappert. »Aber gewiss doch«, versichere ich und rede meiner kleinen Tochter animierend zu, »sie sagt schon ra, ra, ra, vor allem aber abba, abba, abba!« Doch die Kleine ist stumm, als hätte sie die Sprache verloren.

Ich erinnere mich noch gut daran, wie wir gelacht haben, als ihr älterer Bruder in ihrem Alter aufgefordert wurde: »Sag Imma (hebräisch: Mama)!« Und er dann mit klarer Stimme antwortete: »Abba, abba, abba!«

»Ich weiß, dass das in anderen Sprachen nicht so ist«, erklärt Channah, die Kinderkrankenschwester. »Aber bei uns ist das erste Wort der Kinder ganz oft ›Abba‹«, was »Vater« bedeutet.

»Aus dem Munde der jungen Kinder und Säuglinge hast du eine Macht zugerichtet um deiner Feinde willen, dass du vertilgest den Feind und den Rachgierigen«, hatte vor Jahrtausenden der hebräische Psalmdichter geschrieben (Psalm 8,3). Oder hat er sich eher ein »Lob« aus dem Munde der Unmündigen und Säuglinge bereitet, wie es der Davidssohn mehrere Jahrhunderte später übersetzt hat (Matthäus 21,16)? Ist vielleicht gerade dieses Lob eine Macht?

(Fast) Nichts unversucht

Denn so spricht der Herr: Siehe, ich breite aus bei ihr den Frieden wie einen Strom und den Reichtum der Völker wie einen überströmenden Bach. *(Jesaja 66,12)*

Während er mir die neuen Reifen montiert, bringt Dodi das Lebensgefühl vieler Israelis auf den Punkt: »Solange ich denken kann, habe ich nichts als Krieg und Terror erlebt!« In den sonst so lustigen Augen des 33-jährigen Orientalen mit den kohlrabenschwarzen Haaren und den fast ebenso schwarzen Händen liegt plötzlich ein tiefer Ernst, vielleicht Verzweiflung.

Israel hat in den vergangenen zehn Jahren kaum etwas unversucht gelassen, um endlich zur Ruhe zu kommen. Anfang der 90er Jahre hat es die PLO als Vertretung der Palästinenser anerkannt. In der Folge von »Oslo« wurden über 90 Prozent der palästinensischen Siedlungsgebiete autonom. »Freiheitskämpfer«, die es zu ihrer Lebensaufgabe gemacht hatten, den jüdischen Staat mit allen Mitteln zu bekämpfen, durften in die Autonomiegebiete einreisen und wurden bewaffnet.

Doch die unmittelbare Folge von »Oslo« war eine furchtbare Terrorwelle. Die ersten beiden Jahre nach der Unterzeichnung der Verträge von Oslo waren die bis dato blutigsten in der Geschichte des modernen Staates Israel. Trotzdem setzten israelische Politiker den eingeschlagenen Weg unbeirrt fort. Im Juli 2000 schlug Arafat ein Angebot Baraks aus, das nie die Unterstützung der Mehrheit der Bevölkerung gefunden hätte.

Im September 2000 brachen mit der Al-Aksa-Intifada dann endgültig alle Hoffnungen auf eine politische Lösung in sich zusammen. Israel sah sich einer Flut von todeswilligen Selbstmordattentätern ausgesetzt und erlebte eine Krise, die immer wieder als »unvergleichbar« und »nie da gewesen« bezeichnet wurde.

Die Abriegelung der Autonomiegebiete sollte Terroristen davon abhalten, in die jüdischen Wohngebiete einzudringen. Das gezielte Bombardement von Prestigeobjekten sollte die Autonomiebehörde dazu bringen, die von Israel gelieferten Waffen zur Eindämmung des Terrors zu verwenden. Die Belagerung des Bürokomplexes von Jassir Arafat sollte den Palästinenserführer zur Raison bringen. Gezielte Operationen sollten die Infrastruktur des Terrors in seinen Hochburgen, vor allem in den Flüchtlingslagern, zerstören.

Erst die fast vollständige Wiederbesetzung der palästinensischen Autonomiegebiete hat der israelischen Bevölkerung eine spürbare Ruhepause verschafft. Aber eine dauerhafte Lösung des Konflikts ist die Besetzung nicht. Darüber sind sich alle im Klaren.

Was hat Israel bislang nicht versucht? Sich wehrlos den Angriffen seiner Feinde auszuliefern. »Nie wieder«, hört man immer wieder, »werden wir uns wie Schlachtvieh in die Gaskammern treiben lassen!« Das Verhalten der »freien Welt« gegenüber dem jüdischen Volk im Zweiten Weltkrieg hat tiefe Wunden gerissen und bleibt unvergessen.

Israel hat auch bislang nicht versucht, den Konflikt militärisch zu lösen. Immer wieder wird beschwörend beteuert: »Es gibt keine militärische Lösung!« Dabei scheint aber weniger die Unmöglichkeit der Vater des Gedankens zu sein, als vielmehr das Grauen, das die Vorstellung einer militärischen Lösung des israelisch-palästinensischen Konflikts hervorruft. Kein gesunder Menschenverstand wünscht sich das, was wir mit einer »ethnischen Säuberung« oder den Flächenbombardements des Zweiten Weltkrieges vor Augen haben.

Und natürlich hat Israel das noch nicht ausprobiert, was Christen immer vorschlagen: Jesus als seinen Messias anzunehmen. »Das Heil liegt allein in Jesus Christus!«, betonen Bibeltreue und mahnen eine christliche Gesinnung bei israelischen Entscheidungsträgern an.

Theologisch ist dieser Satz gewiss richtig. Aber er gilt auch für die Arbeitslosen und Krebskranken in Deutschland, für die Opfer der Rekordflut, den Alkoholkranken und das Ehepaar, das in seiner Beziehung nicht mehr weiter weiß und keinen anderen Ausweg sieht, als die so mühsam aufgebaute Familie zu zerreißen.

Stimmt, die Sünde ist Ursache allen Leidens in dieser Welt und einzig der Gottessohn Jesus hat Sünde und Tod überwunden. Aber Leidenden gegenüber kann die Wiederholung theologischer Richtigkeiten zur Lieblosigkeit und damit zur Sünde werden. Feige Besserwisserei aus sicherer Entfernung war noch selten Salbe auf tiefe Wunden. Echtes Interesse, Dasein, Mitgehen und Mitleiden haben dagegen schon oft einen Heilungsprozess in Gang gesetzt.

Gibt es einen gerechten Krieg?

Gott wird abwischen alle Tränen von ihren Augen, und der Tod wird nicht mehr sein, noch Leid noch Geschrei noch Schmerz wird mehr sein; denn das Erste ist vergangen.
(Offenbarung 21,4)

»Krieg ist immer Sünde.« – Wenn dieser Satz in meinen Vorträgen fällt, kommen Zuhörer auf mich zu, um zu widersprechen. »Gott hat doch Kriege befohlen«, meint einer, »und Gott befiehlt doch keine Sünde!« Also muss es einen gerechten Krieg geben, lautet die logische Schlussfolgerung.

»Krieg ist immer Sünde.« – Wenn ich das betone, nicken mir viele demonstrativ zu. Die strahlenden Augen der Friedensbewegten, die »kein Blut für Öl« vergießen wollen, sind mir bei diesem Schlagwort sicher. Aber sie vergessen, dass König Saul nach dem Zeugnis der Heiligen Schrift gerade deshalb von Gott verworfen wurde, weil er zu human war.

Krieg, Leiden und Tod gehörten nicht zu der Schöpfung, die Gott als »sehr gut« bezeichnete. Von der Neuschöpfung heißt es: »Der Tod wird nicht mehr sein, noch Leid noch Geschrei noch Schmerz wird mehr sein.« Es sind menschliche Philosophien, die uns die schöpferische Kraft des Todes, z.B. in der Evolution, glauben machen und den Blick für die ursprüngliche Intention des Schöpfers und das eigentliche Ziel des Erlösers vernebeln.

Der Tod und die damit verbundenen Schmerzen, Leiden und Krankheiten sind eine Folge der Sünde. Gott hört das Seufzen seiner Schöpfung, die unter den Folgen der Sünde leidet. Bei Jona sehen wir, dass er sich sogar vom Geschrei der Tiere dazu bewegen lässt, sein prophetisches Wort abzuändern.

Israelische Soldaten an einer Straßensperre bei Jericho

Wir leben heute nicht mehr in der sehr guten Schöpfung und wir leben noch nicht unter dem neuen Himmel auf einer neuen Erde. Nachdem der Mensch gegen Gott rebelliert hat, setzte Gott einen Prozess in Gang, der die Schöpfung in letzter Konsequenz dahin zurückbringen wird, wo Gott sie ursprünglich haben wollte.

Zu dieser Heilsgeschichte gehört das Gericht. Dazu gehört, dass Gott Kriege befiehlt. Dazu gehört, dass er Tieropfer anordnet, obwohl dabei unschuldige Tiere leiden und sterben. Dazu gehört, dass er den Tod nicht nur zulässt, sondern sogar will. »Dein Wille geschehe!«, hatte Jesus im Blick auf sein eigenes Leiden und Sterben gebetet. Daraus können wir schließen, dass Gott zumindest im Blick auf die Passion das Handeln der Soldaten nicht nur zuließ, sondern wollte.

Gleichzeitig sorgte Gott aber auch immer dafür, dass wir das Ziel nicht aus den Augen verlieren. Deshalb spricht die Bibel von einer Zeit, in der die Wölfe bei den Lämmern wohnen. (Und machen wir uns doch nichts vor: Die Wölfe führen ihren Krieg gegen die Lämmer aus wirtschaftlichen Gründen!) David, der »Mann nach Gottes Herzen«, durfte deshalb nicht den Tempel bauen, weil er »Blut an den Händen« hatte – obwohl ihm Gott selbst befohlen hatte, die »Kriege des Herrn« zu führen.

Wir stehen heute nicht vor der Wahl zwischen einem sündigen und einem sündlosen Leben. Unsere gesamte Existenz ist von der Realität der Sünde geprägt, ob wir das wollen oder nicht. Wir haben lediglich die Wahl zwischen Gehorsam und Ungehorsam gegenüber dem Wort und Willen Gottes. In dieser Situation hilft uns kein ausgefeiltes theologisches System, sondern einzig eine lebendige Beziehung zum Vater im Himmel.

Wir leben in der Spannung zwischen dem »nicht mehr« und dem »heute«, zwischen dem »schon jetzt« und dem »noch nicht«. Und es gilt, diese Spannung auszuhalten. Durch das Wunder, das Jesus Christus in unserem Leben bewirkt hat, dürfen wir diese Spannung in Liebe erleben, ohne den Andersdenkenden oder gar Andersberufenen verurteilen zu müssen.

Konkret bedeutet das, dass in ein und derselben Gemeinde Raum ist für einen »David«, der zum Schwert greifen muss, aber auch für einen »Salomo«, der den Tempel des Herrn bauen darf; für Vegetarier, die nicht zum Leiden der Tiere beitragen wollen, und für Metzger. Die Gemeinde braucht Pazifisten, die darauf hinweisen, dass Krieg immer Sünde ist, und solche, die bereit sind, in einen notwendigen Krieg zu ziehen, weil es die größere Sünde ist, einen Verbrecher ungehindert weitermachen zu lassen. Das war das Spannungsfeld, in dem sich die Attentäter des 20. Juli 1944 fanden. Das ist das Spannungsfeld, in dem wir heute über den Krieg diskutieren.

Ein zivilisiertes Land

Darum sind euch alle Offenbarungen wie die Worte eines versiegelten Buches, das man einem gibt, der lesen kann, und spricht: Lies doch das!, und er spricht: »Ich kann nicht, denn es ist versiegelt«; oder das man einem gibt, der nicht lesen kann, und spricht: Lies doch das!, und er spricht: »Ich kann nicht lesen.« *(Jesaja 29,11-12)*

Schnell will ich das Pfund Zucker, den Liter Milch und die Butter an mich nehmen und nach Hause laufen. Aber Moische, der Besitzer des Makolet – in Deutschland würde man »Tante-Emma-Laden« sagen, aber das passt auf Moisches Bude nicht so recht... – also, Moische ist schneller als ich. Er packt meinen Einkauf in eine Plastiktüte. Meinen Einwand, dass Plastiktüten die Umwelt belasten, weist er vehement zurück: »Wir sind hier in einem zivilisierten Land. Hier herrscht Ordnung!« Ich gebe mich geschlagen. Vielleicht ist es ja wirklich so, dass die Plastiktüten, die der Wind im ganzen Land verweht, untrennbar zur unberührten Natur Israels gehören?

»Hier herrscht Ordnung!« Das war ein bewusster Seitenhieb des bärtigen, orthodoxen Juden mit den immer lustigen Augen gegen den »Jecken«, den perfektionistischen Deutschen. Wir waren Freunde geworden und hatten an der Kasse des Makolet so manches freundliche Streitgespräch geführt, über Israel und Deutschland, Politik und Familie, Gott und die Welt und vieles mehr. Das war vor bald sechs Jahren, als wir noch in Alt-Katamon wohnten.

In Israel herrscht Ordnung. Auch wenn so mancher Israelkenner diesen Satz mit einem ungläubigen Lächeln betrachtet, ich wage ihn aufzuschreiben. Es gibt hier Bürokraten sozialistischer Couleur, die ließen so manchen DDR-Beamten vor Eifersucht erblassen – wenn es denn heute noch DDR-Beamte gäbe. Auf alle Fälle wollen sie ernst genommen werden und machen einem das Leben mit dem Verweis auf allerlei Gesetze und Bestimmungen schwer.

Ich habe gelernt, dass es von Nutzen ist, diese Gesetze und Bestimmungen zu kennen.

Das gelbe Schild mit »Nun«, »Pei« und »Kuf« an einer Straßensperre bei Modi'in

Deshalb ist mir auch ein Schild aufgefallen, das seit einiger Zeit an den Straßensperren im Lande auftaucht. Es ist ungefähr einen Meter breit und 50 Zentimeter hoch. Auf gelbem Grund stehen die hebräischen Buchstaben »Nun«, »Pei« und »Kuf«. Offensichtlich eine der unendlich vielen Abkürzungen der hebräischen Sprache. Darunter steht auf Hebräisch: »Halt zur Untersuchung!«

Als mir das erste Mal an einer Straßensperre der junge Soldat auf meine Frage nach der Bedeutung der drei Buchstaben antwortete: »Wie soll ich das wissen?!«, habe ich mir noch nicht viel gedacht. Mit der Zeit wurde die Sache dann aber immer spanischer. Keiner der diensthabenden Sicherheitsbeamten konnte mir die Bedeutung der drei Buchstaben auf dem gelben Schild erklären.

»Das musst du unseren befehlshabenden Offizier fragen«, antwortet mir einer pflichtbewusst und weist mir den Weg, »der weiß es bestimmt.« Tatsächlich bekomme ich diesmal auf meine in Englisch (damit meine Unwissenheit nicht allzu peinlich wirkt) gestellte Frage auch eine Antwort: »Das heißt ›Nekudat Bikoret‹!«

»Ja, aber«, wage ich einzuwenden, »›Bikoret‹ schreibt man doch mit ›Beit‹ und nicht mit ›Pei‹?!« »Das stimmt«, gibt der Offizier zu, »tja, dann weiß ich es auch nicht.«

Auf der Weiterfahrt beschließe ich, dem Rätsel endgültig auf den Grund zu gehen. Ich rufe beim Sprecher der israelischen Armee an. »›Nun‹, ›Pei‹, ›Kuf‹???«, wiederholt der Wehrdienstpflichtige am anderen Ende der Leitung meine Frage. »Da muss ich mich erkundigen.« Ganze fünf Minuten warte ich auf die Antwort des Armeesprechers: »Wir wissen nicht, was diese Abkürzung bedeutet. Das muss ein Schild der Polizei sein!« »Das kann nicht sein«, muss ich einwenden. »Gerade eben an der Straßensperre stand ich neben einem hohen Polizeioffizier in der Warteschlange. Auf meine Frage nach der Bedeutung dieses Schildes wusste auch er keine Antwort – und meinte, das sei ein Schild der Armee.«

Was tun, wenn alle Stricke reißen, beziehungsweise alle Informationsquellen versiegen? Dann kenne ich noch Schimon, meinen Nachbarn, Freund und Taxifahrer. Schimon stammt aus Kurdistan und hat mir schon so manche unverständliche orientalische Gegebenheit erleuchtet. Täglich fährt er durch Straßensperren mit dem gelben Schild. »Da muss ich mich erkundigen!«, schreit er durchs Mobiltelefon auf meine Frage. Neben ihm hupt ein Lastwagen oder Autobus.

Zwanzig Minuten später ruft mich Schimon an: »›Nun‹, ›Pei‹, ›Kuf‹ steht für ›Nekudat Pikuach‹!«, was übersetzt so viel bedeutet wie »Kontrollpunkt«. Umwerfend ist diese Erkenntnis nicht, eher logisch. Aber vielleicht erscheint dem nicht eingeweihten Beobachter die Ordnung in Israel deshalb oft so chaotisch, weil die meisten Beteiligten sich kaum Gedanken machen über Regelungen, Bestimmungen, Gesetze und Schilder – und das auch gar nicht weiter schlimm finden, wenn sie deren Bedeutung nicht verstehen.

»Stickerim«

Ich halte Frieden; aber wenn ich rede, so fangen sie Streit an. (Psalm 120,7)

Das jüdische Volk ist in der ganzen Welt für seinen schöpferischen Geist bekannt. Besonders kreativ sind die Israelis, wenn es darum geht, gesellschaftliche und politische Diskussionen in der Öffentlichkeit durch Plakate und Aufkleber, die im heutigen Hebräisch aus dem Englischen abgeleitet »Stickerim« genannt werden, auszutragen. Beim Blick auf die beklebten Hinterteile vorbeifahrender Fahrzeuge kann man deshalb viel über die politische Einstellung, die Beziehung zum Land, aber auch die religiöse Überzeugung der Fahrer erfahren.

»Ha'Am im HaGolan« – »Das Volk mit dem Golan« – ist vielleicht das Schlagwort mit der längsten Lebensdauer. Als Mitte der 90er Jahre Friedensgespräche mit Syrien als reale Option erschienen, wurde dieser Slogan geboren. Der nordöstliche Nachbar Israels, der radikalen Terrororganisationen im Kampf gegen Israel Unterschlupf gewährt, erklärte sich zu Verhandlungen bereit, unter der Bedingung, dass sich Israel aus »allen besetzten arabischen Gebieten zurückzieht«. In Israel wurde das als Forderung eines Rückzugs von den Golanhöhen interpretiert, die Israel 1967 im Sechstagekrieg erobert und 1980 annektiert hatte.

Die Gegner dieser Rückzugsüberlegungen meldeten sich mit dem Aufkleber »Ha'Am im HaGolan« zu Wort und konkretisierten dann auch noch: »Ich mit dem Golan!« und: »Ich, ein Linker, mit dem Golan!«, was sich im Hebräischen ganz wunderbar reimt: »Ani Smolan im HaGolan«. Die Siedlervertretung in der Golanhauptstadt Katzrin gab per »Sticker« bekannt: »Der Golan ist unsere Seele« und »Von den Golanhöhen werden wir niemals weichen!«

Das blau-rot-schwarze Layout des Aufklebers »Das Volk mit dem Golan« taucht bis heute in vielen Variationen und verschiedenen

Texten immer wieder auf, was ihn zum Vater aller Stickerim macht. So mahnte ein Transparent auf einer stürmischen Likudsitzung die Lager der beiden großen Rivalen in der konservativen Partei Israels zur Einheit: »Netanjahu mit Scharon«.

Aus dem linken Lager war dann bald zu erfahren, dass das »Volk mit Peres« sei und ein Aufkleber in den Farben der palästinensischen Flagge verkündete, dass die »Araber mit Peres« sind. Ganz unbeeindruckt proklamierte gleichzeitig ein blau-weißer Sticker: »Ich verlasse mich auf Peres!« In Jerusalem überraschte einmal ein vorbeifahrendes Auto mit dem Slogan: »Regierung Israels, das Volk ist mit dir.«

Zum Glück für die Sticker-Fans überlebt kaum eine israelische Regierung ihre volle Legislaturperiode, denn in Wahlkampfzeiten haben Sticker natürlich Hochkonjunktur. »Nur Barak!« wurde innerhalb weniger Stunden mit dem Filzstift in »Nur nicht Barak!« verwandelt – und tauchte dann wenige Tage später ebenfalls als Gegenaufkleber in dieser Form auf. Viele israelische Fahrzeuge tragen auf Anweisung des TÜV einen roten Aufkleberstreifen auf der Rückseite, der mahnt »Halte Abstand!« – was von Gegnern der Arbeitspartei zu »Halte Abstand von Barak!« umgemünzt wurde.

Da die israelische Busgesellschaft Egged in derselben Zeit Werbung machte mit dem Slogan »Egged geht seinen Weg«, warnten Aufkleber bald vor dem damals amtierenden Regierungschef: »Netanjahu geht seinen Weg!« Enttäuscht über die Zugeständnisse »Bibis« an die Palästinenser schrie ein Aufkleber in die Welt hinein: »Nur ein Narr wird ein zweites Mal Netanjahu vertrauen!« Und: »Ich bin für Israel und nicht für Bibi.«

»Netanjahu, ich bin mir sicher!«, »Wir bewahren den starken Netanjahu!« und »Netanjahu, wir machen einen sicheren Frieden!«, versicherten die Getreuen Benjamin Netanjahus sich selbst und anderen »aufkleberweise«, um dann zu warnen: »Bibi oder Achmed Tibi – einen dritten Weg gibt es nicht«. Achmed Tibi ist ein arabischer Knessetabgeordneter, der im israelischen Parlament vehement palästinensische Interessen vertritt und eine Zeit lang als Berater Jasser Arafats fungierte.

Himmelblau verkündete die Oslo-bewegte israelische Linke Mitte der 90er Jahre auf großen Plakaten: »Israel Rozah Schalom!« – »Israel will Frieden!« Sofort waren die Oslo-Gegner auf dem Plan, schmierten anfangs das Wörtlein »Acher« per Sprühdose auf die Friedensplakate und mahnten dann im Blick auf die Selbstmordattentatswelle, die den Abkommen von Oslo gefolgt war, auch bald per Aufkleber: »Israel Rozah Schalom Acher!« – »Israel will einen anderen Frieden!«

Frieden, ein sicherer Frieden, ist überhaupt das Thema in Israel. Ungeduldig meint die israelische Friedensbewegung »Schalom Achschav« – »Frieden jetzt«: »Es hätte längst Frieden sein können« und fordert »Rettet den Frieden!« Nach der Beerdigung des ermordeten Premierministers Jitzchak Rabin waren die Abschiedsworte des amerikanischen Präsidenten Bill Clinton als Aufkleber allgegenwärtig: »Schalom, Chaver« – »Schalom, Freund!« »Chaver Ata Chaser« – »Freund, du fehlst!«, trauerten diejenigen, die Rabin in Anspielung an den »Sar Schalom«, den Friedefürsten des Propheten Jesaja, als »Mar Schalom«, als »Herrn des Frieden«, verehrt hatten. – »Alles wegen dir, Chaver«, klagte dagegen die politische Rechte an, die Oslo für die Terrorwelle der 90er Jahre verantwortlich machte.

»Nein zu einem Frieden um diesen Preis!«, »Dieser Friede bringt uns um!« und »Ein Holocaust hat uns gereicht – für einen Lügenfrieden werdet ihr teuer bezahlen, verteilt nicht Stücke vom Vaterland an den Feind«, konterten die Skeptiker. »Os-lo« meinte ein Aufkleber kurz und bündig, wobei das »Lo«, was im Hebräischen »Nein« bedeutet, ganz dick hervorgehoben war. Die Antwort der Oslogegner auf »Friede jetzt« war: »Mit Oslo aufhören – jetzt«. Die palästinensisch-israelischen Abkommen bezeichneten sie als »Ein großer Betrug Rabins 1993«.

»Land für Frieden« ist ein anderer Dauerbrenner in der israelischen Öffentlichkeit. Die Friedensbewegung proklamiert: »Verlasst die Gebiete, um Israels willen!« Andere glauben nicht daran, dass Frieden durch Gebietsabgabe erreicht werden kann. Sie sehen in Zugeständnissen an die Palästinenser eine Ermunterung zum Terror und wollen keinen Unterschied sehen zwischen besetzten Gebieten und dem alten Kernland Israels. »Jescha ist hier«, behaupten die Aufkleber in ganz Israel, wobei »Jescha« eine Abkürzung für »Judäa, Samaria und den Gazastreifen« ist.

In dieselbe Kerbe schlagen Aufkleber wie »Judäa und Samarien – Herz des Landes Israel«, »Das ist unser Land«, »Das Land Israel dem israelischen Volk«, »Hebron – damals und für immer« oder »Das Jordantal – Sicherheitsgurt des Staates Israel«. Das »Nein zu einem Palästinensischen Staat« wird dem Friedensnobelpreisträger Schimon Peres als »Nein zu einem Peres-tinischen Staat« per Aufkleber ins Gesicht geschleudert. Ironisch parodiert ein anderer Sticker aus dem rechten Lager: »Gnädige Juden! Der Feind braucht bessere Bedingungen für seinen nächsten Liquidationskrieg. Überlasst ihm, bitte, weitere Teile des Vaterlandes. 22 Länder reichen nicht aus.«

Über Jerusalem wurde bis kurz vor Ausbruch der Al-Aksa-Intifada im September 2000 verhandelt. Damals war Ehud Barak israelischer Premierminister. Aus dieser Zeit stammt der Aufschrei »Jerusalem ist unser!« oder die Warnung: »Barak, verliere nicht den Norden Jerusalems!« Und: »Gefahr – Jerusalem wird auseinander gerissen!« Die optimistischen Freunde des israelischen Regierungschefs versicherten: »Jerusalem – Rabin hat es befreit, Barak wird es schützen!« Wenig beeindruckt lamentiert dagegen ein Aufkleber: »Jerusalem, ohne dich bin ich nur ein halber Mensch!«

Bald nachdem Ariel Scharon die Räumung von 21 jüdischen Ortschaften im Gazastreifen und vier Siedlungen in Samaria im Rahmen seines Planes zur einseitigen Trennung ankündigte, tauchte auch schon der Sticker »Das Volk mit dem Gusch Katif« auf – wie könnte es auch anders sein. Der »Gusch Katif« ist der »Katif-Siedlungsblock« im südlichen Gazastreifen.

Als wollten sie sich selbst Mut einflößen, weil der politische Kampf um die Siedlungsräumungen im Gazastreifen bereits entschieden zu sein scheint, meint ein Siedleraufkleber: »Wir haben Liebe und die wird gewinnen. Gusch Katif und Samaria!« Trotzig betonen sie: »Israel wird sich bei seiner Sicherheit, bei der Besiedlung und im Krieg gegen den Terror nicht beugen!«, und erinnern ihre Mitbürger daran: »Ein Ausreißen der Siedlungen ist ein Sieg des Terrors!«

Wo man auf politischer Ebene diplomatisch vom »Abzug« oder der »Räumung« jüdischer Siedlungen spricht, sehen die Einwohner des Gusch Katif einen Vorgang, den sie mit »Akira« bezeichnen – ein Herausreißen mit den Wurzeln. Sie betonen, dass im Gusch Katif jüdische Menschen teilweise schon in der dritten Generation leben. Ein anderer Aufkleber zieht eine Parallele zu den Umsiedlungsplänen radikaler Israelis für die arabische Bevölkerung – was die westliche Welt heute als ethnische Säuberung bezeichnen würde – und proklamiert verzweifelt: »Der Transfer wird nicht durchgehen!«

Ein Teil der israelischen Bewohner des Gusch Katif und Nordsamarias wird seine Wohnungen wohl friedlich räumen. Diejenigen, die ihre Häuser nicht freiwillig verlassen wollen, werden von der eigenen Armee und Polizei weggetragen. »Ein Jude vertreibt nicht einen anderen Juden«, wollen sich die Siedler wehren. Weil orthodoxe Rabbiner unterstreichen, dass das Land Israel nicht an Heiden abgegeben werden darf, bewegen religiöse Soldaten die Option der Wehrdienstverweigerung. »Für jeden Soldat, der sich weigert, trete ich freiwillig ein«, bieten sich Friedensaktivisten per Sticker an. Sie betrachten die »Räumung von Siedlungen« als »Entscheidung für das Leben« und meinen zu wissen, dass »die Mehrheit entscheidet: Wir verlassen Gaza und fangen an zu verhandeln«.

Im Blick auf das Sticker-Phänomen muss in der aktuellen Situation aber die Beobachtung betont werden, dass eine Zeit lang viele Autos mit Sticker-freiem Heck unterwegs waren. Bei den letzten Parlamentswahlen hat das schon das israelische Fernsehen als Symptom der Diskussionsmüdigkeit in Israel gewertet. Als Israel sich dann aber aus dem Gazastreifen zurückzog, kam es zur »orangen Revolution«. Die Abzugsgegner machten ihre Meinung durch orange Farbbänder kund.

Die politischen Proklamationen ändern sich je nach aktueller Lage. Einzig die religiösen Aufkleber halten sich, manchmal alt und verwittert, auf rostigem Untergrund, fest. »Bereitet euch vor auf das Kommen des Messias«, mahnt die Chabad-Bewegung unbeeindruckt von der Tatsache, dass der von ihr als Messias proklamierte Lubawitscher Rebbe bereits vor Jahren in New York gestorben ist. Zeitlos bescheiden sind die Bekenntnisse: »Heiliger, gelobt seist du, wir lieben dich!« oder: »Unser himmlischer Vater, wir sind deine Kinder!« Politisch wissen die frommen Sticker-Kreateure schon lange: »Wir haben niemanden, auf den wir uns verlassen können, außer unserem Vater im Himmel!« Die volkstümlichere Version dieses Aufklebers verkündet: »Mit Gottes Hilfe wird es gut werden!«

Ohne Existenzrecht kein Friede

Herr, wie lange soll ich schreien und du willst nicht hören? Wie lange soll ich zu dir rufen: »Frevel!«, und du willst nicht helfen? Warum lässt du mich Bosheit sehen und siehst dem Jammer zu? Raub und Frevel sind vor mir; es geht Gewalt vor Recht. *(Habakuk 1,2-3)*

Den folgenden Kommentar schrieb Johannes, nachdem am 12. Juli 2005 kurz nach 18.30 Uhr der 18-jährige Palästinenser Ahmed Abu Khalil einen zehn Kilo schweren Sprengstoffgürtel voller Nägel und Kugeln vor dem Eingang des HaScharon-Einkaufszentrums in der israelischen Küstenstadt Netanja gezündet hatte. Bei dem Anschlag kamen die beiden 16-jährigen Mädchen Rachel Ben Abu und Nofar Horowitz aus Tel Aviv, sowie Julia Voloschin, 31, Ania Lifschitz, 50, und Mosche Maor Jan, 21, aus Netanja ums Leben. Neunzig weitere Menschen wurden teilweise schwer verletzt.

Nach dem Anschlag auf den Stage-Nachtclub auf der Tel Aviver Promenade im Februar 2005, bei dem ebenfalls fünf Menschen getötet und Dutzende verletzt wurden, war dies das zweite erfolgreiche Attentat einer Terrorzelle des Islamischen Dschihad aus der Gegend der palästinensischen Autonomiestadt Tulkarm, 15 Kilometer östlich von Netanja. Der Attentäter Abu Khalil stammte aus dem Dorf Atil, das sieben Kilometer nordöstlich von Tulkarm liegt. Vor dem Eingang desselben Einkaufszentrums hatte bereits im Mai 2001 ein Selbstmordattentäter fünf Menschen mit sich in den Tod gerissen und einhundert verletzt.

Die Reaktion von Palästinenserpräsident Mahmud Abbas auf den jüngsten Anschlag in Netanja gleicht in bemerkenswerter Weise den Reaktionen seines Vorgängers Jasser Arafat auf vergleichbare Untaten. Da ist von einem »Verbrechen am palästinensischen Volk« die Rede, von den »Interessen des palästinensischen

Volkes«, dem solche Aktionen schaden, und dass solche »dummen Aktionen« »bestraft« werden müssten. Bei dem Anschlag am Dienstagabend kamen nicht nur fünf Menschen ums Leben. 90 weitere wurden verletzt, teilweise fürs Leben verkrüppelt. Bei einem zweiten Anschlag auf die jüdische Ortschaft Schawei Schomron nahe Nablus kam nur der Selbstmordattentäter ums Leben.

Jasser Arafat hatte seinerzeit – und das kann heute durch Dokumente nachgewiesen werden – zeitgleich mit seinen Verurteilungen diese Terroranschläge gegen das jüdische Volk finanziert. Die Parolen bei seiner Beerdigung haben deutlich gezeigt, dass seine Bewunderer nichts von einer »Zwei-Staaten-Lösung« begriffen haben. Was sein Nachfolger Abu Masen gleichzeitig tut, ist noch nicht nachweisbar. Israelische Sicherheitsexperten äußern sich aber schon enttäuscht darüber, wie palästinensische Sicherheitskräfte ihren Verpflichtungen gegenüber den Extremisten aus den eigenen Reihen nachkommen.

Tatsache ist, dass in der Verlautbarung von Abbas, die über die palästinensische Nachrichtenagentur WAFA verbreitet wurde, jeder Hinweis darauf fehlt, dass so eine Gräueltat gegen israelische Zivilisten und gegen das Existenzrecht eines jüdischen Staates Israel gerichtet ist. Der Schlusssatz, in dem Abu Masen den betroffenen Familien sein Mitgefühl ausspricht und den Verletzten eine schnelle Genesung wünscht, fällt schwach und farblos aus – und wird von den meisten Redaktionen sowieso aus Platzgründen gekürzt werden. Geradezu zynisch wirkt die Stellungnahme des palästinensischen Innenministeriums, in der die israelische Aggression gegenüber dem palästinensischen Volk betont wird, und: schließlich habe ja Israel die Sicherheitskontrolle über die Gebiete, aus der die beiden Selbstmordattentäter stammen.

Ein Großteil der israelischen Bevölkerung hat erkannt, dass die berechtigten Interessen der palästinensischen Nachbarn nicht ignorieren kann, wer sich wirklich nach Frieden sehnt. Deshalb bietet der jüdische Staat Israel dem palästinensischen Volk erstmals in der Geschichte einen eigenen Staat an – was in der Vergangenheit weder die türkischen Glaubensgenossen der Palästinenser noch ihre ägyptischen oder jordanischen Brüder zu tun bereit waren. Israelische Medien berichten über die Lage der Palästinenser und geben dem Leid der anderen Seite ein menschliches Gesicht. Israelische Menschenrechts- und Friedensaktivisten setzen sich für die Rechte der Palästinenser in einer Weise ein, dass man sich als außenstehender Journalist fragt, was Israelis dazu bringt, pro-palästinensische Propaganda zu betreiben.

Aber zu einem Frieden gehören zwei Seiten. Zu einem Frieden gehört auch, dass die Palästinenser ihre Nachbarn als Männer, Frauen, Kinder mit ihren berechtigten Sehnsüchten, Bedürfnissen und Rechten wahrnehmen. Solange man auf arabischer Seite das furchtbare Leiden der Menschen in Israel nicht sehen will und solange das Existenzrecht des jüdischen Staates Israel in einem muslimisch dominierten Orient nicht explizit und in einem Großteil der palästinensischen Bevölkerung anerkannt wird, wird ein echter Friede in Nahost Utopie bleiben.

Auf der Beerdigung von PLO-Chef Jasser Arafat betonte dieser Palästinenser, was viele seiner Landsleute denken: »Palästina gehört uns, vom Fluss bis zum Meer.«

Der 9. Av, Tag der Trauer und des Fastens

Wie hat der Herr die Tochter Zion mit seinem Zorn überschüttet! Er hat die Herrlichkeit Israels vom Himmel auf die Erde geworfen; er hat nicht gedacht an seinen Fußschemel am Tage seines Zorns. *(Klagelieder 2,1)*

Am 9. des Monats Av ist ein Tag der nationalen Trauer für das jüdische Volk. Orthodoxe Juden fasten an diesem Tag, nachdem sie sich zuvor wochenlang, genauer seit dem 17. Tammus, nicht rasiert haben – was als Zeichen der Trauer gilt. Am 9. Av selbst ist neben Essen und Trinken auch das Baden, die Verwendung von Kosmetika, der Geschlechtsverkehr und das Tragen von Lederschuhen verboten.

Um der Trauer und dem Leid Ausdruck zu verleihen, soll man, der Tradition zufolge, auf einem niedrigen Stuhl oder Hocker sitzen, nicht arbeiten und auch nicht die Tora studieren, weil das eine Quelle der Freude ist. Nur die Klagelieder, das Buch Hiob, die Flüche im 3. Mose (26,14-42) und einige Kapitel des Buches Jeremia dürfen gelesen werden. Am Vorabend des 9. Av bleiben im modernen Staat Israel Restaurants und Vergnügungsstätten geschlossen.

Die jüdische Tradition legt auf diesen Tag die Entscheidung, dass die Israeliten nach dem Exodus nicht unmittelbar in das verheißene Land einziehen durften, sondern 40 Jahre durch die Wüste ziehen mussten, die Zerstörung des ersten Tempels im Jahr 586 vor Christus und des zweiten Tempels im Jahr 70 nach Christus.

Am 9. Av im Jahr 135 nach Christus fiel Bethar in Judäa, die letzte Festung des Bar Kochba im Kampf gegen die Römer, und genau ein Jahr danach errichtete der römische Kaiser Hadrian einen heidnischen Tempel auf dem Tempelberg, nachdem er Jerusalem in »Aelia Capitolina« umbenannt und den Juden den Zugang zur Stadt bei Todesstrafe untersagt hatte.

1096 werden die Pogrome in Speyer und Worms, verübt durch Kreuzfahrer auf dem Weg ins Heilige Land, mit dem 9. Av in Verbindung gebracht. 1492 sollen die Juden genau am 9. Av aus Spanien vertrieben worden sein. Am 9. Av im Jahre 1914 begann der Erste Weltkrieg, während dem insgesamt 134.000 jüdische Soldaten fielen, davon 12.000 aus Deutschland. Und moderne orthodoxe Juden behaupten, dass am 9. Av die ersten Züge in Richtung Auschwitz gefahren sein sollen.

Ursprünglich hatte die israelische Regierung die Räumung der jüdischen Siedlungen im Gazastreifen auf Mitte Juli gelegt. Da aber zu den in der Trauerzeit zwischen dem 17. Tammus und dem 9. Av verordneten Trauerbräuchen auch das Verbot gehört, etwas Neues zu kaufen, wäre ein Umzug für orthodoxe Juden schon aus religiöser Sicht unmöglich gewesen.

Dass der Termin dann um einen Monat, ausgerechnet auf den Abend des symbolträchtigen 9. Av, verschoben wurde, unterstreicht nur, wie weit manche Regierungsplaner in Israel von den Sitten und Gebräuchen ihres eigenen Landes entfernt leben und denken – was religiöse Abzugsgegner zu allen möglichen Vergleichen animiert. Die Gebete von Zigtausenden an der Westmauer in Jerusalem und in den Synagogen Israels am 9. Av 5765, der im bürgerlichen Kalender auf den 14. August 2005 fiel, hatten natürlich einen besonderen Akzent im Blick auf den Beginn des israelischen Rückzuges aus dem Gazastreifen.

Übrigens: Wenn der 9. Av auf einen Sabbat fällt, wird der Trauer- und Fasttag um einen Tag auf den darauf folgenden Sonntag verschoben, weil am Sabbat niemals getrauert oder gefastet werden darf. Der Sabbat bleibt auch in schlimmsten Zeiten ein Vorgeschmack auf die kommende Welt.

Wo Israelis Urlaub machen

Denn der Herr, dein Gott, führt dich in ein gutes Land, ein Land, darin Bäche und Brunnen und Seen sind, die an den Bergen und in den Auen fließen, ein Land, darin Weizen, Gerste, Weinstöcke, Feigenbäume und Granatäpfel wachsen, ein Land, darin es Ölbäume und Honig gibt …
(5. Mose 8,7-8)

Bis jetzt gab es in Israel immer zwei Monate Sommerferien. Traditionell sind das die Monate Juli und August. Für die nächsten Jahre ist aber eine Reform des Schulwesens geplant. Die bislang sechstägige Schulwoche von Sonntag bis Freitag soll dann auf fünf Tage gekürzt werden. Das freie Wochenende – bis jetzt nur Samstag – soll um den Freitag verlängert werden, und die Sommerferien werden auf sechs Wochen verkürzt.

Außer den Sommerferien haben Israels Schüler im Herbst mehr als eine Woche Laubhüttenfestferien, im Winter die Chanukkaferien und dann noch einmal zwei Wochen Pessachferien im Frühjahr.

Im Allgemeinen sind Israelis sehr unternehmungslustig. Wer sich an die jüdischen Gesetze hält, wird dadurch eingeschränkt, dass am Sabbat und an den biblischen Feiertagen das Autofahren nicht erlaubt ist und auch keine öffentlichen Verkehrsmittel benutzt werden können.

Wenn die Kinder nach den Ferien in den Kindergarten oder die Schule zurückkehren, werden sie von den Lehrern aufgefordert zu erzählen, wo sie mit ihren Eltern unterwegs waren. Selbstverständlich wird erwartet, dass man während der Ferien mindestens einen Ausflug macht.

In den heißen Sommermonaten ist der Strand, am Mittelmeer oder am See Genezareth, natürlich das beliebteste Ziel. Dort gibt es auf jeden Fall immer Wasser – im Gegensatz zu natürlichen Wasserfällen wie beispielsweise in der Nähe von Metulla, ganz im Norden Israels an der libanesischen Grenze. Im Sommer kann man dort eine große Enttäuschung erleben. Weil die libanesischen Bauern das Wasser des kleinen Flusses Ijun auf ihre Felder leiten, trocknet der Wasserfall im »Tanur«, dem »Ofen«, und den drei anderen Wasserfällen, die man auf einer zweistündigen Wanderung sehen kann, fast völlig aus. Der Naturpark kann zumachen.

Die Regenzeit ist in Israel die grünste Zeit im Jahr. Im ganzen Land kommen an Stellen, wo im Sommer nur Disteln wachsen, wilde Blumen zum Vorschein, mit deren Schönheit sich nicht mal Salomo in seiner ganzen Pracht messen konnte. Viele möchten in den Wintermonaten mindestens etwas Schnee auf dem Hermon genießen.

Auf dem Golan gibt es einige wunderschöne Wanderpfade und Wasserfälle, die mit wilden Rhododendren bewachsen sind. In Gamla, wo eine der letzten jüdischen Festungen gegen Römer stand, kann man sich über die Geschichte des jüdischen Volkes bilden wie auch Geier beobachten. Manchmal fühlt man sich übrigens von ihnen beobachtet, wenn sie so über den müden Wanderern kreisen und von oben runterschauen, als würden sie warten, wann der erste von ihnen umfällt.

Wer mehr die Bequemlichkeit liebt, kann am Fuße des Golans die warmen Thermen in Hamat Gader genießen. Kinder lernen dort eine Krokodilzucht und einen Papageienzirkus kennen. Im Winter gibt es aber kaum etwas Schöneres als die heißen Schwefelquellen am Toten Meer. Selbst wenn es tröpfelt und ein kalter Wind weht, in der natürlichen Badewanne in der zerklüfteten Wüste Juda umgeben von Palmen und Akazien verschwinden alle Sorgen.

Weiter im Süden liegt am Ufer des Toten Meeres die Oase Ein Gedi, wo sich einst David mit seinen Kriegern vor Saul versteckt hat – einer der nördlichsten tropischen Flecken auf der nördlichen Erdhalbkugel.

Auch die Negevwüste, immerhin 60 Prozent des Staates Israel, bietet nicht nur atemberaubende Wüstenkrater, sondern unzählige Naturschönheiten. In der Wüste kann man wandern, eine Jeeptour machen oder auf Kamelen reiten. Ein attraktives Ziel für Familien mit Kindern ist Eilat. Am Roten Meer, dem äußersten Zipfel des Indischen Ozeans, suchen wild lebende Delfine den Kontakt mit Menschen. Und wer es wagt, mit Taucherbrille und Schnorchel bewaffnet, den Kopf unter Wasser zu stecken, taucht ein in die wunderbare Welt der endlos bunten Bewohner der Korallenriffe.

Wer es sich leisten kann, reist gerne ins Ausland. Für junge Israelis nach dem Militärdienst hat der ferne Osten eine große Anziehungskraft. Sie begeben sich auf Reisen nach Thailand, Japan oder Indien, möchten die Probleme zu Hause und die traumatischen Erlebnisse des Militärdienstes vergessen, andere Kulturen und Religionen erleben, sich an der schönen Natur ergötzen und für wenig Geld das Leben genießen.

Eher Konservative besuchen gerne Europa – wobei viele jüdische Menschen noch immer Vorbehalte gegen Deutschland haben und vor einem Besuch dort Ängste äußern. Andere suchen auf einer langen Reise nach Amerika Verwandte auf oder machen für weniger Geld einen Sprung auf das nahe Zypern oder eine der griechischen Inseln. Vor der Anschlagsserie im Oktober 2004 war auch der nahe gelegene Sinai unter ägyptischer Herrschaft ein bei Israelis sehr beliebter Ferienort.

Last-Minute-Angebote werben massenhaft in den Tageszeitungen mit Slogans wie »In letzter Minute«, »Fliegen, ganz spontan« oder »Ferien, ganz einfach«. Weil Israelis nicht nur das Reisen und den Urlaub lieben, sondern sich auch schnell entscheiden können, fliegen sie für 99 Dollar auch einmal fürs Wochenende nach Prag oder für wenig mehr für einen Tag zum Einkaufsbummel nach London.

Mit Israelis in Prag

Jeder zweite Israeli erzählt begeistert von Prag, wie gerade gestern unser Zahnarzt. Als Musikliebhaber ist er dort wirklich auf seine Kosten gekommen. Andere genießen das gut erhaltene jüdische Viertel oder dass man so günstig einkaufen kann. Prag ist für Israelis ein beliebtes Ausflugsziel. Israelische Zeitungen bieten günstige Reisen für drei, vier Tage, übers Wochenende oder unter der Woche an. Im billigen oder Luxushotel, ganz nach Wunsch. Warum sollte ich das eigentlich nicht auch einmal probieren?

Im Reisebüro macht man sich Sorgen, dass mir die Einreise verweigert wird, weil ich keinen israelischen Ausweis habe, sondern nur einen ausländischen Reisepass. Dass es sich dabei um einen tschechischen Reisepass handelt, macht keinen Eindruck. Ich muss unterschreiben, dass ich die Reise auf eigene Verantwortung wage. Schließlich hat ein Grieche schon einmal so eine Reise nach Prag gebucht und wurde dann nicht hereingelassen.

Im Fünf-Minuten-Takt sollen am Morgen unseres Abflugs drei Charterflugzeuge voller Israelis in Richtung Prag starten. Bei der Sicherheitskontrolle erfahren mein Mann und ich zuerst einmal, dass wir in der falschen Schlange stehen. Der Billigflug macht uns mit einer Fluggesellschaft bekannt, von deren Existenz wir bis dahin nichts geahnt hatten. Die kleine blaue Boeing sieht süß aus. Ich fühle mich aber unsicher. Um ehrlich zu sein: Genervt durch die ständige Bedrohung durch den Terror und vor allem nach dem 11. September, bin ich mir ziemlich sicher, dass wir abstürzen werden.

Es passiert aber nichts Derartiges und bald heißt uns das regnerisch düstere Prag willkommen. Aber was soll's. Es ist Prag! Nur: Ich friere so schrecklich! Überall drücke ich mich an die Heizungen. Schlussendlich entschließe ich mich zum Kauf eines langen Mantels, der bis an die Knöchel reicht.

Während der Anprobe im Kaufhaus am Wenzelsplatz höre ich aus der Nachbarkabine vertraute hebräische Laute: »Lo, se lo!« – »Nein, das nicht!« Und das ist bei weitem nicht das einzige Mal, dass wir in der Hauptstadt Tschechiens an diesem Wochenende Israelis begegnen.

Unser supergünstiges Hotel hat offensichtlich nichts vom Fall des Eisernen Vorhangs mitbekommen. Die Anmeldekarten stammen ganz sicher noch aus der guten alten Zeit. Außer allen möglichen Angaben, die da erfragt werden, fällt mir auch das alte Kästchen »Zweck des Aufenthaltes« auf.

In dem Zimmer, das wir als Ehepaar zugeteilt bekommen, gibt es nur ein Bett. Als ich an der Rezeption darauf aufmerksam mache, werde ich von der Rezeptionistin energisch zurück ins Zimmer abkommandiert. Trotz meiner 15-jährigen Erfahrung in der freien, demokratischen Welt folge ich gehorsam. Irgendwie scheine ich die sozialistische Mentalität doch noch in den Knochen zu haben. Es bleibt mir nichts anderes übrig, als meinen westlichen Mann zu bitten, sich unseres Anliegens anzunehmen. Es ist wie in alten Zeiten: Ein paar Worte auf Deutsch und wir sind im Nu umgezogen. Sogar die Bitte um eine zusätzliche Decke wird umgehend erfüllt.

Dass das Frühstück im Vergleich zu Israel eher bescheiden ist, überrascht mich nicht. Es fehlen jegliche Arten von Gemüse, Fische, Salate und die unterschiedlichen Käsesorten. Das ist eine Frage der Kultur und schließlich haben wir ja ein günstiges Hotel genommen. Aber dann bin ich über das Schild auf dem halbleeren Buffet doch erstaunt: Ein Glas Saft 90 Kronen, ein hart gekochtes Ei 10 Kronen, Rührei 30 Kronen. Hätte man die ganze Reise nicht um einen Dollar teurer und ein Ei kostenlos anbieten können?

Das unangenehme Gefühl habe ich noch nicht überwunden, da muss ich beobachten, wie ein Kellner einen ausländischen Gast packt, der sich von einem gedeckten Nachbartisch eine Serviette holen wollte. »Sieh mal, da hast du Servietten!«, bellt er den Spanier fließend tschechisch an. Tja, zu Hause ist eben zu Hause.

Unser Wochenendtrip naht seinem Ende. Vom Wenzelplatz sind wir über den Altstädter Ring und die Karlsbrücke bis zur Burg gebummelt. Unterwegs haben wir Glühwein getrunken. Ich liebe Prag! Dank des unfreundlichen Wetters mussten wir uns nicht einmal durch die übliche Touristenmasse drängeln.

Auf dem Flughafen treffen wir die Gruppe schreiender Israelis wieder und schließen uns ihnen an. Auch das ist nichts Ungewöhnliches. Wieder Heimatgefühle. Aber irgendeine tschechische Dame stört der Lärm dann doch. »Shut up!«, ruft sie wenig erfolgreich in die Menge.

Bald erfahren wir den Grund für die Aufregung. Weder die Namen unserer israelischen Mitreisenden noch unsere Namen sind auf der Liste der dunkelblauen Billigfluglinie zu finden. Als gut erzogene Tschechin, die mit einem ordentlichen Deutschen verheiratet ist, werde ich natürlich nicht anfangen, mich laut aufzuregen. Aber was ist, geht es mir durch den Kopf, wenn mein frotzelnder Mann Recht hatte und diese billigen Flüge tatsächlich von »Never-Come-Back-Airlines« angeboten werden? Was soll mit unseren armen Kindern geschehen, wenn Mama und Papa nicht mehr zurückkommen?

Wir haben Glück und sitzen schließlich doch im Flugzeug. Es geht uns nicht wie der Freundin meiner Freundin aus Jerusalem, deren Rückflug einfach nicht stattgefunden hat. Um uns herum versuchen Israelis verzweifelt, ihre übervollen Taschen, die sie für Handgepäck halten, ins Gepäckfach zu stopfen. Kein Wunder, in Israel ist alles viel teurer als in Tschechien. Typisch israelisch erklärt eine Frau so, dass es niemand im Flugzeug überhören kann: »Wenn die uns nicht hätten, wer würde dann eigentlich dort einkaufen?«

Leben in drei Welten

Denn wir haben hier keine bleibende Stadt,
sondern die zukünftige suchen wir. (Hebräer 13,14)

Nach vier Jahren stehe ich wieder einmal mit meinen Kindern auf der Prager Burg. Mit vielen anderen Touristen genießen wir die Vorführung einer Gruppe von Straßenmusikern. Plötzlich werden die Kinder hellhörig. Sie haben eine israelische Familie entdeckt und eilen voller Glück auf sie zu. Dieses kleine Erlebnis bestätigt, was ich längst weiß: Meine Sprösslinge sind in der Seele Israelis. »Endlich wieder Hebräisch!«, rufen meine Mädchen einstimmig, als wir zu Hause anrufen und dort nur eine hebräische Telefonansage erklingt.

Nach den wunderschönen Ferien in Deutschland und Tschechien fliegen meine Kinder von Prag aus zufrieden nach Hause. Und ich? Ich verlasse mein Zuhause. Oder kehre ich nach Hause zurück? Nach zwei Monaten außer Landes bin ich ganz durcheinander, denn ich lebe in drei Welten: Die deutsche Familie und Deutschland ist eine Welt für sich, die tschechische Familie und Tschechien eine andere Welt und Israel noch einmal eine ganz andere.

Bin ich »Mama«, »Máma« oder »Imma«? Ich soll alles gleichzeitig sein und vor allem muss ich mich jetzt schnell wieder in die Rolle der »Imma« einleben, denn es erwarten mich mindestens drei Elternabende.

An den Elternabenden wird mir am meisten deutlich, dass ich nicht in Israel aufgewachsen bin. Die Israelis sind sehr direkt, laut und undiszipliniert, reden durcheinander und lassen die Lehrerin kaum zu Wort kommen. Außerdem sprechen sie mit einer Selbstverständlichkeit über Dinge, die es in der Schule schon immer gab, gibt und geben wird und von denen ich gar keine Ahnung habe. Die Lehrerin ist hier nicht die »Frau Lehrerin«. Sie ist eine Freundin, mit der man sich duzt.

Wem unsere Kinder in Deutschland oder Tschechien ungezogen vorkommen, erklären wir, dass sie in Israel stets Komplimente für ihr gutes Benehmen erhalten. Denn diese blonden Israelis sind doch auch noch ein Stück weit deutsch-tschechisch.

»Kein Ort auf der Welt ist wie Israel!«, schwärmt eine Mutter, die ich auf dem Spielplatz getroffen habe und einen Teil des Jahres in London lebt. »Israelis sind freundlich und offen. Ich glaube, dass das mit dem Wetter zusammenhängt. Hier lebt man einfach mehr draußen.« »Das ist wahr«, nicke ich, »Europäer sind wirklich mehr auf ihre Privatsphäre bedacht, ihre eigene, aber auch die der anderen, und kommen einem nicht so laut vor.«

An dem Tag, an dem wir zurückkommen, ist es schrecklich heiß. Die Feste, auf die sich alle schon freuen, stehen vor der Tür. Jetzt soll mir jemand erklären, wie ich das jüdische Neujahrsfest feiern, den großen Versöhnungstag halten und eine Laubhütte bauen soll.

In einer christlichen Zeitschrift beschreibt eine internationale Familie, wie sie ihr »Weltbürger-Dasein« erlebt: »Wenn ich in Kanada lebe, bin ich ein Kanadier.« Langsam kommt meine aufgewühlte Seele zur Ruhe. Hat nicht der Apostel Paulus schon so etwas gesagt? »Den Juden war ich ein Jude«, den Deutschen ein Deutscher und den Tschechen ein Tscheche. Und meinen Kindern werde ich das alles sein. Und ich will es gerne sein!

Wenn Fische interessant werden

Und Gott schuf große Walfische und alles Getier, das da lebt und webt, davon das Wasser wimmelt, ein jedes nach seiner Art … (1. Mose 1,21)

Gespenstisch schwerelos gleitet der riesige Hai vorbei, kaum eine Armlänge entfernt. Zum Glück trennt uns die dicke Glasscheibe des riesigen Meerwasseraquariums. Der »Marine-Park Eilat« hat nicht nur ein Unterwasserobservatorium zu bieten, in dem man einige Meter in die farbig-exotische Welt des tropischen Roten Meeres eintauchen kann. Ausgedehnte Aquarien, die ständig mit frischem Meerwasser versorgt werden, zeigen die atemberaubende Vielfalt von Pflanzen und Tieren, die sich unter der Wasseroberfläche des azurblauen Golfs von Akaba und Eilat verbirgt.

»Papa, weißt du, wir haben gesehen, wie ein Taucher zu den Haien gegangen ist.« Mit großen Augen erzählt unser Jüngster von dem Ausflug in den Marine-Park. »Der hatte so etwas wie eine Gasmaske und hat durch einen Schlauch Luft gekriegt.« – »Wir sind gar nicht auf ihrer Speisekarte«, erklärt die große Schwester, die gerade die sechste Klasse absolviert hat. »Sie machen nur etwas, wenn sie uns mit ihrem Futter verwechseln oder wenn sie gereizt werden.« Trotzdem bin ich ganz froh, dass wir beim Schnorcheln in Eilat bislang noch nie einem Hai begegnet sind. Ich habe keine Lust, auch nur irrtümlich gebissen zu werden, so wie das deutsche Mädchen vor einiger Zeit.

Begeistert erzählen die Kinder, wie Merav, eine junge Israelin, die im Unterwasserobservatorium arbeitet, ihnen alles erklärt hat. Da ist von Seepferdchen und Seekatzen, von Seeigeln, Meeresschildkröten, Tinten- und Steinfischen die Rede. Alle reden durcheinander und sind ganz entzückt von den Gefahren des Meeres. Unser Jüngster weiß: »Ein ganz gefährlicher Seeigel kann sogar Menschen töten, weil er giftige Stacheln hat!« – »Nein«, meint sein großer Bruder, »das ist der Steinfisch, den man kaum sieht, wenn er auf dem Grund liegt, der gefährlichste Fisch im Golf von Eilat.« »Deshalb darf man auch nur mit Schuhen ins Wasser gehen«, fügt die große Schwester hinzu. Ob die Seekatzen auch maunzen, kann der Kleine nicht bestätigen. »Da war das Glas dazwischen.«

Die Grundbotschaft von Merav Meros, deren Vater Aharon Meros als einer der leitenden Wissenschaftler den »Marine-Park Eilat« aufgebaut hat, ist, dass die Mitarbeiter sich mit den Meerestieren angefreundet haben. Als ich am späten Nachmittag noch einmal ins Unterwasserobservatorium komme, um zu den Berichten meiner Kinder einige Fotos zu machen, schmust sie demonstrativ mit einer glitschigen Meeresschildkröte. Die Zucht dieser Tiere im Bereich des Marine-Parks von Eilat leistet einen entscheidenden Beitrag zum Fortbestand dieser bedrohten Tierart.

Merav mit einer ihrer Lieblinge,
einer noch ganz kleinen Meeresschildkröte

Die Kinder sind vor allem von den Tintenfischen beeindruckt. »Die sind fast so intelligent wie Hunde. Sie müssen immer irgendwas machen. Deshalb bekommen sie ihr Futter auch in einer zugeschraubten Glasflasche, die dann mit den langen Armen voller

Saugnäpfe geöffnet – oder auch auf die Wärter zurückgeworfen wird, wenn das Mittagessen nicht schmeckt. Spätestens nach sechs bis acht Monaten werden die Tintenfische wieder ins Meer entlassen, sonst sterben sie vor Langeweile.« Die evolutionäre Nähe zwischen Tintenfischen und Kindern ist unübersehbar.

Interessant ist auch, wie die Meerestiere sich vermehren. Die Tintenfischmutter legt 24.000 Eier, von denen dann aber nur zwei Jungtiere schlüpfen. Merav stellt Frau Tintenfisch ihren jungen Zuhörern als »beste Mutter des Meeres« vor, weil »sie ein halbes Jahr nicht schläft oder frisst, bis die beiden Jungen geschlüpft sind«. Das eine ersetzt die Mutter, die infolge der Anstrengungen der Kinderstube meist stirbt, das andere den Vater, der von der »besten Mutter des Meeres« gleich nach der Paarung aufgefressen wird – wenn ihm nicht ausnahmsweise einmal die Flucht gelingt.

Unsere 10-jährige Tochter ist von den Seepferdchen begeistert, die ganz romantisch Schwänzchen haltend durch das Wasser schweben. Bei den Seepferdchen legen die Weibchen ihre Eier in den Bauch des Männchens, das dann die Beschwerden der Schwangerschaft auszutragen hat. Offensichtlich haben die Seepferdchenweibchen den Traum so mancher Menschenmutter erfolgreich verwirklicht.

Der große Bruder findet schon eher bemerkenswert, dass eine Fischart ausschließlich als Weibchen zur Welt kommt. Erst wenn diese Fischkinder ausgewachsen sind, verwandelt sich das stärkste und größte innerhalb von wenigen Tagen zum Mann. Konkret bedeutet das, dass bei diesen Tieren wirklich nur der Mann wird, der das auch verdient hat – allerdings muss er dann auch seine Farbe von gelb-orange zu rosa wechseln.

»Fische werden erst richtig interessant, wenn man was über sie weiß. Wenn man nicht weiß, wie sie sind und was sie machen, sind sie langweilig, schwimmen halt nur so rum.« Während ich durch die ausgedehnte Anlage des Marine-Parks von Eilat schlendere, zu dem auch noch eine multimediale Erlebnisshow gehört, überlege ich mir, dass an der Bemerkung unseres Ältesten schon etwas dran ist. Wenn man weiß, welche Mittel die Bewohner dieses blutrünstigen Paradieses im täglichen Überlebenskampf einsetzen, wie sie sich vermehren und bei alledem doch jeder auf jeden angewiesen ist, erschließt sich eine ganz neue Welt, die aber schon aufgrund ihrer Farben- und Formenvielfalt einzigartig und faszinierend ist.

Erfüllte Käfer-Wünsche

Der Vierjährige strahlt. Aus seiner Hosentasche holt er einen Käfer, den er im Kindergartenhof gefunden hatte. Miteinander machen wir Pläne, wie er ihn zu Hause ins Aquarium tut und für ihn sorgen wird und ...

In dem Moment fällt der unglückliche Käfer auf den Boden und mein Sohn tritt ihn aus Versehen tot. Es folgen Geschrei und Weinen: »Wenn ich nur eine Wunschmaschine hätte!!!« Der Gedanke stammt von einer Kinderkassette.

Unser Jüngster wünscht sich sehnsüchtig seinen Käfer zurück. »Du kannst doch beten, dass Gott dir wieder so einen Käfer gibt«, schlage ich vor. »Das ist nicht das Gleiche. Bei Gott gehen Wünsche nicht gleich in Erfüllung«, protestiert er schluchzend. Beim Mittagessen unterhalten wir uns darüber, warum Gott nicht unser Wunschautomat sein möchte.

Zwei Tage danach holt er wieder zwei Mitleid erregende Käfer aus der Hosentasche, die schon zu Genüge die Aufmerksamkeit der Kindergartenkinder genossen haben. »Na siehst du, Gott hat dein Gebet erhört«, freue ich mich trotzdem mit ihm. Der Junge antwortet mit einer Ehrlichkeit, die nur bei Kindern zu finden ist: »Ich habe gar nicht gebetet!«

Meint dann aber nach kurzer Überlegung: »Aber er hat es gewusst.«

Unser Käferexperte in seinem Element

Nur noch für Verrückte?

Ich bin krank gewesen und ihr habt mich besucht.
(Matthäus 25,36)

Warum ladet ihr uns nicht gleich zum Skifahren nach Afghanistan ein?!« Ironisch lehnt die Redaktion eines bekannten deutschen Privatsenders das Angebot ab, die Situation in Israel und den Palästinensischen Autonomiegebieten vor Ort kennen zu lernen.

Nicht nur Touristen und Pilger, selbst Journalisten, für die das Berichten über den Nahostkonflikt zum Tagesgeschäft gehört, meiden Israel, haben Angst vor den Gefahren, die hier lauern. Ist das nicht Grund genug, Gedanken an eine Israelreise von vornherein abzuhaken?

Eine Kollegin, die allen Unkenrufen zum Trotz den Trip ins Heilige Land gewagt hat, schrieb nach ihrer Rückkehr: »Ich bin wieder gut in Deutschland gelandet. Als ich vergangenen Dienstag von Wetzlar nach Köln zurückfuhr, entkam ich zweimal nur knapp einer Autokarambolage. So viel zum Thema, ob Israel nicht gefährlich sei ...«

Täglich sterben auf deutschen Straßen zwanzig Menschen durch Verkehrsunfälle. Kaum jemand denkt daran, den Straßenverkehr deshalb zu meiden oder gar Autos als lebensgefährlich zu verbieten. Auch in Israel ist die Wahrscheinlichkeit, von einem Auto überfahren zu werden bei weitem größer, als in Kampfhandlungen verwickelt zu werden.

Das Leben ist riskant und endet, abgesehen von ganz wenigen Ausnahmen – wie etwa bei Henoch oder Elia, die von Gott entrückt wurden –, mit dem Tod. Das klingt banal, ist aber wahr. Manche Gefahren nehmen wir wahr, andere sind uns überhaupt nicht bewusst. Das ist bei jedem Menschen anders, je nach Charakter, Prägung und Alter. Manche Gefahren nehmen wir bewusst in Kauf, andere werden schlicht verdrängt.

Manche Risiken werden unverhältnismäßig aufgebauscht. So erlebe ich beispielsweise immer wieder Menschen, die Angst vor dem Fliegen haben, obwohl das Flugzeug das sicherste Verkehrsmittel überhaupt ist. Dass Leute bei meiner Fahrweise gezittert haben, habe ich schon erlebt. Aber jemand, der grundsätzlich Angst vor dem Autofahren gehabt hätte, ist mir noch nicht begegnet, obwohl das bei weitem gefährlicher ist als Fliegen.

Entscheidend ist, dass wir Gefahren nüchtern einschätzen und verantwortlich begegnen. Um beim Verkehr zu bleiben: Man kann sich durchaus auf deutschen Autobahnen fortbewegen – allerdings würde dort kaum jemand einen Spaziergang machen. Seine Kinder zum Spielen dorthin zu schicken, ist unverantwortlich. Entscheidend ist, wie man mit dem Gefahrenbereich Autobahn umgeht, wie man sich in diesem Umfeld verhält.

Das gilt für alle Lebensbereiche, ganz besonders aber für Berufsgruppen mit hoher Gefährdung. Waldarbeiter und Bergleute zum Beispiel, haben eine besondere Ausbildung und nehmen besondere Risiken unter besonderen Vorkehrungen auf sich. Das gilt auch für Journalisten, die im Kriegsgebiet tätig sind. Nicht, dass mir nie etwas passieren könnte. Aber ich kann meine Aufgabe erfüllen, ohne mehr gefährdet zu sein, als wenn ich (bei verantwortungsvoller Fahrweise!) auf deutschen Straßen unterwegs bin.

Absolute Sicherheit kann niemand garantieren. Aber so wie es zu verantworten ist, Auto zu fahren, so kann man heute auch nach Israel reisen, noch dazu, wenn man dies im Rahmen einer organisierten Reise tut, die von erfahrenen Reiseorganisationen und in Zusammenarbeit mit Einheimischen veranstaltet wird.

Schließlich kommt es aber vor allem anderen auf die Motivation an. Warum soll man überhaupt nach Israel fahren?

Sonnenhungrige, die dem trüben Winterwetter entkommen wollen, können direkt nach Eilat ans Rote Meer fliegen. Dabei gehen sie kaum ein größeres Risiko ein als an vielen anderen, vergleichbaren Ausflugszielen. Problem: Eilat wird als Zufluchtsort vor dem Golfkrieg gehandelt und viele Israelis suchen dort Erholung vor der Spannung des Alltags. Deshalb muss man rechtzeitig buchen. Dasselbe gilt für Kuren am Toten Meer, wo man vom israelischen Alltag nichts mitbekommt. Die Stille der Wüste wird nur vom Luxus der Hotelburgen gestört.

Der eigentliche Grund, warum man sich wenigstens einmal im Leben eine Israelreise leisten sollte, ist aber die besondere Verbindung dieses Landes zur Bibel und damit zu den Wurzeln unseres Glaubens und unserer Kultur. In Galiläa kann man wie nie zuvor in aller Ruhe in den Fußstapfen Jesu wandeln. Die Pilgerströme fehlen. Dasselbe gilt für die heiligen Stätten in Jerusalem, die man (abgesehen vom Tempelberg, der seit September 2000 für alle nichtmuslimischen Besucher gesperrt ist) fast jederzeit besuchen kann. Wer auf Nummer Sicher gehen will, meidet die Stadt an Wochenenden und grundsätzlich größere Menschenansammlungen.

Problematisch wird's, wenn man auf einem Besuch am Geburtsort Jesu besteht. Reiseorganisationen, die mit dem israelischen Tourismusministerium kooperieren, meiden die PA grundsätzlich. Außerdem rät das Auswärtige Amt in Berlin von Besuchen in der PA ab, was konkret bedeutet, dass jeglicher Versicherungsschutz in diesen Gebieten hinfällig wird. Darauf müsste man als Pilger also verzichten.

Immer wieder kommen Multiplikatoren und Entscheidungsträger, die sich vor Ort ein Bild von der Lage in Nahost machen und mit Vertretern beider Seiten ins Gespräch kommen wollen. Auch das ist grundsätzlich möglich. Israelis wie Palästinenser haben ein Interesse am Gespräch mit der Außenwelt und bislang sind hier selbst unter den Extremisten noch keine grundsätzlich fremdenfeindlichen Tendenzen festzustellen.

Dass Touristen gezielt von Terroristen bedroht werden, wie etwa in Tunesien, auf Bali, in Ägypten oder in der Türkei, ist in Israel und der PA bislang nicht der Fall gewesen. Wichtig ist bei solchen Vorhaben, dass beide Seiten von den Reisevorhaben wissen und man nicht aus Versehen zwischen die Fronten der Kämpfenden gerät.

Die meisten Israelreisenden wollen dieser Tage aber dem jüdischen Volk ihre Solidarität bezeugen. Sie kommen, um sich gerade in schwerer Zeit an der Seite des auserwählten Volkes Gottes zu zeigen. Finanziell reißen diese Besucher Israel nicht aus der Misere, aber es ist eine nicht zu unterschätzende Ermutigung, wenn Christen sich zu ihren Wurzeln bekennen und bezeugen: Israel, du bist nicht allein!

Leben aus den Toten

Wenn ihre Verwerfung die Versöhnung der Welt ist,
was wird ihre Annahme anderes sein
als Leben aus den Toten! (Römer 11,15)

Die Gemeinde Jesu ist historisch im jüdischen Glauben verwurzelt. Das Heil kommt von den Juden (Johannes 4,22). Die Heilige Schrift ist eine Sammlung von Büchern, die jüdische Menschen verfasst haben. Wer den christlichen Glauben verstehen will, stößt unweigerlich auf Israel. Nicht erst seit das deutsche Volk furchtbare Schuld auf sich geladen hat, ist unsere Geschichte ohne das jüdische Volk und seinen Einfluss undenkbar.

Der Nahostkonflikt scheint auch eher kühl veranlagte Beobachter zu einer Stellungnahme zu zwingen. Ungewöhnlich ist, wenn eine Woche vergeht, in der Israel nicht in die Schlagzeilen gerät. In Gemeinde und Theologie ist die Bedeutung des jüdischen Volkes für die Gegenwart unbestritten. Hitzig wird die Diskussion um den Auftrag der Gemeinde Jesu an Israel geführt.

Dass das jüdische Volk unterschieden von den Nichtjuden eine Zukunft hat, wird von denen bestritten, die sich als »geistliches Israel« an Israels Stelle sehen. Jüdische Menschen haben demnach lediglich eine Hoffnung, wenn sie sich der christlichen Kirche anschließen und ihre jüdische Identität aufgeben. Theologen, die mit Paulus daran festhalten, dass »Gottes Gaben und Berufung ihn nicht gereuen« (Römer 11,29), sehen dagegen, dass Gott auch künftig an der Unterscheidung zwischen Israel und den Heidenvölkern festhält. Eine Eschatologie ohne Israel ist biblisch nicht haltbar.

Erstaunlich ist allerdings, dass selbst bei Christen, die an der bleibenden Bedeutung Israels festhalten, der Zusammenhang zwischen einer künftigen Erweckung der nichtjüdischen Völker und dem Volk Israel kaum zur Sprache kommt. Dabei ist doch genau dieser unauflösbare Zusammenhang das Hauptanliegen des Paulus in den zentralen Kapiteln des Römerbriefes: Der geistliche Zustand der

Heidenvölker ist direkt abhängig vom geistlichen Zustand Israels – gestern, heute und auch in Zukunft.

In einem ersten Schritt zeigt der Apostel, wie das Heil erst durch den Fall Israels zu den Heiden kommen konnte (Römer 11,1-11). Jesus von Nazareth ist der Messias Israels. »Ich bin nur gesandt zu den verlorenen Schafen des Hauses Israel«, hatte er einst seine Jünger gelehrt (Matthäus 15,24). Deshalb musste Paulus das Evangelium auch immer »zuerst den Juden« verkündigen (Römer 1,16). Erst deren Ablehnung Jesu als Messias und Erlöser Israels machte den Weg frei zu den Nichtjuden (vergleiche zum Beispiel Apostelgeschichte 13,46).

Das war für Paulus nicht nur ein theologisches Kuriosum. Zu Recht musste sich Petrus den Vorwurf gefallen lassen: »Du bist zu Männern gegangen, die nicht Juden sind, und hast mit ihnen gegessen!« (Apostelgeschichte 11,3). Erst nachdem Paulus auf breiter Front die Ablehnung des Evangeliums von Jesus Christus durch das jüdische Volk festgestellt hatte, konnte er verkünden: »So sei es euch kundgetan, dass den Heiden dies Heil Gottes gesandt ist« (Apostelgeschichte 28,28).

In einem zweiten Schritt zeigt Paulus, dass dies nicht nur für die Vergangenheit gilt: Auch in der Gegenwart ist die Gemeinde Jesu geistlich vom jüdischen Volk abhängig. Dazu gebraucht der Apostel das alte biblische Bild vom Ölbaum und seinen Zweigen (Römer 11,16-24).

Der Olivenbaum war im antiken Orient ein entscheidender Wirtschaftsfaktor. In der Bibel stehen seine Früchte und die daraus gewonnenen Produkte für Reichtum, Luxus und Segen. Abgesehen von der täglichen Nahrung lieferte er Licht, Kosmetik und Heilung. Deshalb steht das Öl als Symbol des Geistes Gottes und seiner Gnadengaben.

Im Propheten Jeremia wird Israel als »grüner, schöner, fruchtbarer Ölbaum« bezeichnet (Jeremia 11,16). Paulus konkretisiert den Reichtum dieses Ölbaumes: Den Israeliten gehören die Gotteskindschaft, die Gegenwart des lebendigen Gottes, die Bundesschlüsse, das Wort Gottes einschließlich dessen Weitervermittlung, der Gottesdienst, die Verheißungen, die Väter und der Messias (Römer 9,4-5).

Seinen nichtjüdischen Lesern macht der Apostel klar, dass sie lediglich Zweige im Ölbaum sind, und: »Nicht du trägst die Wurzel, sondern die Wurzel trägt dich« (Römer 11,18). Ein nichtjüdischer Nachfolger Jesu wurde als wilder Zweig in den Ölbaum eingepfropft. Erst sekundär hat er an der Wurzel und dem Saft des Ölbaumes Teil bekommen.

Faszinierend ist, dass wir schon heute in unseren Gemeinden ganz praktisch erleben dürfen, dass in Christus der Zaun abgebrochen ist, dass Gott die beiden – Juden und Heiden – versöhnt hat in einem Leib durch das Kreuz (Epheser 2,11-18). Damit ist der funktionelle Unterschied zwischen den Heiden und Israel aber genauso wenig aufgehoben, wie der Unterschied zwischen Mann und Frau oder soziale Unterschiede in einer Gesellschaft. Wichtig ist, dass wir diesen scheinbaren Widerspruch als bereichernde und fruchtbringende Spannung begreifen.

Daraus folgt ein Drittes: Auch die geistliche Zukunft der nichtjüdischen Welt steht in einem direkten Zusammenhang mit dem geistlichen Zustand des jüdischen Volkes. Ausgehend von der historischen Abfolge, dass der Fall Israels zum Heil für die Heiden wurde, zeigt Paulus eine atemberaubende Perspektive auf, die weit über die Errettung ganz Israels hinausgeht: »Wenn aber schon ihr Fall Reichtum für die Welt ist und ihr Schade Reichtum für die Heiden, wie viel mehr wird es Reichtum sein, wenn ihre Zahl voll wird« (Römer 11,12).

Paulus zeigt hier eine heilsgeschichtliche Gesetzmäßigkeit auf, die ihre Gültigkeit bis zum heutigen Tage nicht eingebüßt hat. Die Heiden haben nicht nur in der Vergangenheit aus dem Bruch im Verhältnis zwischen Gott und seinem Volk profitiert, sondern sie werden noch viel mehr dadurch gesegnet werden, wenn die Beziehung zwischen Israel und seinem Gott geheilt werden wird. Drei Verse weiter sagt Paulus dasselbe noch einmal in anderen Worten: »Wenn ihre Verwerfung die Versöhnung der Welt ist, was wird ihre Annahme anderes sein als Leben aus den Toten?!« (Römer 11,15).

Der Ausdruck »Leben aus den Toten« kommt nur an dieser Stelle im Neuen Testament vor. Traditionell deuten ihn Ausleger als einen Hinweis auf die Auferstehung von Toten. Die Frage aber bleibt, warum Paulus dann nicht gleich von der »Auferstehung von den Toten« geschrieben hat?

In Römer 6,13 gebraucht der Apostel, ebenfalls einmalig, einen ganz ähnlichen Ausdruck. Er fordert seine Leser auf, sich selbst Gott hinzugeben, »als solche, die tot waren und nun lebendig sind«. Wörtlich übersetzt steht da: »als aus den Toten Lebende«. Gemeint sind Leute, die »erweckt« sind, die ihr Leben dem Heiland Jesus anvertraut haben und sich so des ewigen Heils gewiss sein dürfen.

Aufgrund dieser Parallele gehe ich davon aus, dass Paulus für die nichtjüdischen Völker eine Erweckung von bislang unbekanntem Ausmaß voraussagt, wenn die Beziehung Gottes mit seinem Volk geheilt wird. Der »Reichtum«, den die Heidenwelt durch Israels Fall erfahren hat, war die Entstehung der weltweiten Gemeinde Jesu, wie wir sie heute kennen. »Mehr Reichtum« könnte ein Gemeindewachstum weltweit bedeuten, wie wir es uns heute in unseren kühnsten Träumen nicht auszumalen wagen.

Der Schlüssel dazu sind allerdings nicht etwa neue Missionsstrategien, mehr Geld für Evangelisation oder geistlichere Gebetspraktiken, sondern ist Gottes Handeln an seinem Volk Israel. Deshalb ist die Beschäftigung mit dem Thema Israel zwingend für jeden, der am unerlösten Zustand dieser Welt leidet. Und deshalb ist es so wichtig, dass wir als Gemeinde Jesu unseren biblischen Auftrag am jüdischen Volk wahrnehmen.

Was aber ist dieser Auftrag? – Über einen Predigt- und Lehrauftrag an Israel wird viel diskutiert, nicht nur zwischen Liberalen und Bibeltreuen, sondern auch innerhalb von Kreisen, die die Heilige Schrift als Wort Gottes ernst nehmen. Unbestritten sollte indes sein, dass unser Auftrag als Heidenchristen ist, Israel eifersüchtig zu machen (siehe Römer 10,19; 11,11 und 11,13-14).

Da sind nicht unsere Überzeugungen oder Erfahrungen gefragt, sondern unser Sein und unser Umgang mit einer schulddurchtränkten christlichen Geschichte. Das ist eine Herausforderung, die wir nicht einfach in Angriff nehmen können. Uns bleibt nur, vor unserem Herrn auf die Knie gehen und zu erflehen, dass er Unmögliches durch seinen Heiligen Geist in uns wirkt.

Johannes Gerloff
Verflucht und von Christus getrennt
Tb, 11 x 18 cm, 224 S.
Nr. 394.268, ISBN 3-7751-4268-1

»Der Apostel Paulus ist der neutestamentliche Zeuge für die Heilszukunft Israels. »Gott hat sein Volk nicht verstoßen!« Theologie, die Israels Heilslinie verneint, irrt. Dabei geht es nicht zuerst um die Zukunft Israels. Das eigentliche Thema ist Gottes Treue: Sein einmal gesprochenes Verheißungswort wird sich erfüllen und erfüllt sich – heute!

Johannes Gerloff geht in dieser ausführlichen Auslegung von Römer 9-11 den theologischen Fragen um Israel nach. Mit teilweise überraschenden Erkenntnissen beleuchtet er den Text nicht zuletzt auf dem Hintergrund der heutigen Situation im Nahen Osten.

Letztes entscheidendes Ziel der biblischen Verheißungen an Israel ist und bleibt: Dass Gottes Ehre groß wird vor allen Völkern.«

Dr. Heiko Krimmer